QUINTA EDIÇÃO
2023

Nehemias Domingos de Melo

LIÇÕES DE DIREITO CIVIL

Prefácio
Dra. **Andrea Wild**

TEORIA GERAL
Das **Pessoas**, dos **Bens** e dos **Negócios Jurídicos**

1

3ª. Edição: 2016, Editora Rumo Legal
4ª. Edição: 2018, Editora Rumo Legal
5ª. edição 2023, Editora Foco.

Dados Internacionais de Catalogação na Publicação (CIP) de acordo com ISBD

M528l   Melo, Nehemias Domingos de
      Lições de civil: teoria geral das pessoas, dos bens e dos negócios jurídicos / Nehemias Domingos de Melo - 5. ed. - Indaiatuba : Editora Foco, 2023.

      304 p. ; 16cm x 23cm. - (v.1).

      Inclui bibliografia e índice.

      ISBN: 978-65-5515-656-0

      1. Direito. 2. Direito civil. 3. Processo Civil. 4. Responsabilidade Civil. I. Título.

2022-3366   CDD 347   CDU 347

Elaborado por Odilio Hilario Moreira Junior - CRB-8/9949

Índices para Catálogo Sistemático:

1. Direito civil 347

2. Direito civil 347

1

QUINTA EDIÇÃO

Nehemias **Domingos** de Melo

LIÇÕES DE **DIREITO CIVIL**

Prefácio
Dra. **Andrea Wild**

TEORIA GERAL

Das **Pessoas,** dos **Bens** e dos **Negócios Jurídicos**

2023 © Editora Foco

Autor: Nehemias Domingos de Melo
Diretor Acadêmico: Leonardo Pereira
Editor: Roberta Densa
Assistente Editorial: Paula Morishita
Revisora Sênior: Georgia Renata Dias
Revisora: Simone Dias
Capa Criação: Leonardo Hermano
Diagramação: Ladislau Lima e Aparecida Lima
Impressão miolo e capa: FORMA CERTA

DIREITOS AUTORAIS: É proibida a reprodução parcial ou total desta publicação, por qualquer forma ou meio, sem a prévia autorização da Editora FOCO, com exceção do teor das questões de concursos públicos que, por serem atos oficiais, não são protegidas como Direitos Autorais, na forma do Artigo 8º, IV, da Lei 9.610/1998. Referida vedação se estende às características gráficas da obra e sua editoração. A punição para a violação dos Direitos Autorais é crime previsto no Artigo 184 do Código Penal e as sanções civis às violações dos Direitos Autorais estão previstas nos Artigos 101 a 110 da Lei 9.610/1998. Os comentários das questões são de responsabilidade dos autores.

NOTAS DA EDITORA:

Atualizações e erratas: A presente obra é vendida como está, atualizada até a data do seu fechamento, informação que consta na página II do livro. Havendo a publicação de legislação de suma relevância, a editora, de forma discricionária, se empenhará em disponibilizar atualização futura.

Erratas: A Editora se compromete a disponibilizar no site www.editorafoco.com.br, na seção Atualizações, eventuais erratas por razões de erros técnicos ou de conteúdo. Solicitamos, outrossim, que o leitor faça a gentileza de colaborar com a perfeição da obra, comunicando eventual erro encontrado por meio de mensagem para contato@editorafoco.com.br. O acesso será disponibilizado durante a vigência da edição da obra.

Impresso no Brasil (11.2022) – Data de Fechamento (11.2022)

2023

Todos os direitos reservados à
Editora Foco Jurídico Ltda.
Avenida Itororó, 348 – Sala 05 – Cidade Nova
CEP 13334-050 – Indaiatuba – SP

E-mail: contato@editorafoco.com.br
www.editorafoco.com.br

DEDICATÓRIA

A presente obra é fruto da experiência de vários anos em salas de aulas da graduação em direito na Universidade Paulista (UNIP) e também, durante um período, na Faculdade de Direito do Centro Universitário das Faculdades Metropolitanas Unidas (FMU).

Os textos foram coligidos a partir do estudo das obras dos maiores civilistas brasileiros, abaixo relacionados (em ordem alfabética), cujos ensinamentos, ainda que por vias transversas, estão contidos no presente trabalho.

Assim, rendo minhas homenagens e, de forma singela, dedico este trabalho (ainda que alguns sejam in memoriam) aos Professores:

Antônio Chaves

Caio Mário da Silva Pereira

Carlos Roberto Gonçalves

Maria Helena Diniz

Orlando Gomes

Roberto Senise Lisboa

Silvio Rodrigues

Sílvio de Salvo Venosa

Washington de Barros Monteiro

AGRADECIMENTOS

Agradeço aos queridos(as) amigos(as) e professores(as) que carinhosamente prefaciaram os 5 volumes da presente coleção (em ordem alfabética):

Adriana Galvão Moura Abilio

Andrea Wild

Carlos Alberto Garbi

Paulo Hamilton Siqueira Junior

Roberta Densa.

Também à ANA LIGIA,

Pelo apoio, carinho e incentivo de sempre.

NOTA DO AUTOR

A presente obra é fruto de vários anos de experiência em salas de aulas nos Cursos de Graduação em Direito na Universidade Paulista (UNIP) e, durante certo período, nas Faculdades Metropolitanas Unidas (FMU). Ela resulta da convivência com os alunos e da aferição de suas dificuldades ou facilidades na compreensão dos temas apresentados.

O resultado dessa experiência me orientou na elaboração desta coleção que, a meu ver, tem alguns traços distintivos com relação a todas as obras similares disponíveis no mercado; senão vejamos:

a) nas citações de artigos de Lei, especialmente do Código Civil, o leitor encontrará em notas de rodapé o texto do artigo mencionado. Pergunta-se: qual é a importância disso? Resposta: o aluno não necessitará ter ao lado o Código Civil e não necessitará ficar folheando-o, para frente e para trás, em busca dos artigos mencionados. Ou seja, da forma como os temas são apresentados, qualquer um poderá facilmente confrontar as notas do autor com o fiel texto de lei.

b) na abordagem dos temas não houve preocupação em reforçar os conceitos apresentados, visando dar maior envergadura ao texto, o que normalmente aconteceria com a colação de notas de doutrina e citação de autores, além de jurisprudência. Quer dizer, a apresentação é direta, seca, objetiva, sem citação de autores ou de julgados. O resultado disso é uma obra de fácil leitura, cuja abordagem direta dos temas, ainda que não seja de forma aprofundada, fornece ao aluno o embasamento técnico suficiente para o conhecimento básico do direito civil.

c) também não há notas de reminiscência com relação aos artigos similares do Código Civil de 1916, pois, embora isso tenha relevância histórica, para o estudo nos cursos de graduação minha experiência ensina que esse tipo de citação mais confunde os alunos do que ajuda na compreensão dos temas apresentados.

d) evitei ao máximo a utilização de linguagem muito técnica, assim como citações em latim, procurando traduzir os textos em linguagem simples e acessível, contudo, sem perder o rigor técnico e científico necessário.

Em suma, a obra não pretende ser um tratado doutrinário, mas sim uma obra de caráter didático e objetivo, abordando de forma direta e clara todos os conceitos indispensáveis ao conhecimento básico da matéria tratada em cada volume. Quer dizer, a obra é, como o próprio nome da coleção diz, Lições de Direito Civil.

Para aqueles que necessitam se aprofundar no estudo do direito civil, ao final de cada volume da coleção apresento bibliografia qualificada, útil ao estudo mais aprofundado dos temas em análise. São obras que consultei e consulto sempre, cujos fragmentos, ainda que por vias transversas, se encontram presentes neste trabalho.

Assim, esperamos que a obra possa contribuir para a formação de nossos futuros operadores do direito nos cursos de graduação e pós-graduação em direito, e também possa ser útil àqueles que vão prestar concursos e o Exame da Ordem dos Advogados do Brasil.

A coleção completa é composta de 5 (cinco) volumes, uma para cada ano do curso de direito, com os seguintes títulos:

Livro I – Teoria Geral – Das pessoas, dos bens e dos negócios jurídicos

Livro II – Obrigações e Responsabilidade Civil

Livro III – Dos Contratos e dos Atos Unilaterais

Livro IV – Direitos das Coisas

Livro V – Família e Sucessões

31 de janeiro de 2014.

O Autor

PREFÁCIO

É com renovada alegria e satisfação que apresento a quinta edição da obra *Lições de Direito Civil, Volume I – Parte Geral* da autoria de Nehemias Domingos de Melo. Ilustre Advogado em São Paulo, Nehemias, que, além de dar provas de ser um grande profissional da área jurídica, é amigo dos bancos acadêmicos da Universidade Paulista (UNIP) e um comunicador por excelência!

Festejado pelos alunos, Nehemias é também um grande educador, sobretudo, na disciplina Direito Civil, ramo importantíssimo do direito privado como base fundamental para a formação de nossos futuros operadores do Direito. Esta obra, sem sombra de dúvidas, reflete sua vasta experiência no campo acadêmico enquanto Docente, Mestre e Doutor em Direito. A prova inconteste do sucesso da referida obra está no fato de ela estar na sua quinta edição. Adotada no curso de Direito, é muito bem aceita pelos alunos em virtude da clareza da didática do seu autor. Agora, certamente, terá ainda maior aceitação na medida em foi revista e atualizada.

O autor demonstra uma preocupação intrínseca com o método de ensino do Direito Civil na atualidade. O diferencial repousa na apresentação dos textos de forma direta e de exposição clara e objetiva. As referências feitas à legislação, inclusive do Código Civil Brasileiro, têm sua aprendizagem sobremaneira facilitada pela transcrição integral dos dispositivos legais nas notas de rodapé, constituindo uma consulta rápida e imediata dos tópicos de estudo.

Importante destacar que esta obra integra a Coleção completa do autor intitulada *Lições de Direito Civil*, sendo o seu primeiro volume. A Coleção exaure a matéria de Direito Civil, abordando o estudo de todos os Livros do Código Civil Brasileiro, Parte Geral e Parte Especial, proporcionando aos alunos, aos candidatos dos concursos das diversas carreiras jurídicas, assim como, aos operadores do Direito uma obra de conteúdo fundamental, de linguagem acessível e de fácil manuseio, profícua à autoaprendizagem.

Mérito de Nehemias em transformar um ramo tão complexo do Direito numa leitura tão agradável, direta e convidativa para o estudo do Direito Civil, sem macular sua natureza técnica. A habilidade do autor decorre, certamente, da sua vasta experiência em salas de aula como Professor universitário e dos auditórios como Conferencista e Palestrante em diversos Estados do Brasil. Em cada tópico de estudo o autor parece antecipar as dúvidas quando interage com o leitor ao chamar a sua atenção para determinados pontos da matéria.

A obra demonstra um estudo atualizado do Direito Civil na sua Parte Geral, em consonância com as novas tendências do mundo jurídico. E para o leitor que pretenda aprofundar seus estudos no Direito Civil, o autor faz referência à bibliografia qualificada ao final de cada volume.

De fato, não me surpreende o sucesso desta particular coleção, porque Nehemias é autor de diversas outras obras jurídicas que têm sido orientadoras de decisões complexas nos Tribunais de todo o Brasil que confirmam o reconhecimento do doutrinador.

São Paulo, junho de 2022.

Profa. Dra. Andrea Wild

Advogada. Graduada em Direito, Especialista em Teoria Geral do Processo (1996), Especialista em Formação em Educação a Distância (2011) e Mestre em Comunicação pela Universidade Paulista - UNIP. Doutora em Educação pela PUC/SP. Coordenadora Auxiliar do Curso de Direito do Campus Paraíso, da Universidade Paulista - UNIP. Professora na mesma Universidade nas disciplinas Instituições Judiciárias e Ética, Direitos Humanos, Organização do Estado e Controle de Constitucionalidade. Professora colaboradora da Pós-Graduação, nível Mestrado da Universidade Metropolitana de Santos - Unimes, do Programa de Mestrado Profissional em Práticas Docentes no Ensino Fundamental. Professora do Curso de Direito da Universidade Metropolitana de Santos - Unimes. Ex-Assessora da 20ª Turma Disciplinar do TED-OAB/SP. Ex-Membro da Comissão de Ensino Jurídico da OAB/SP.

OBRAS DO AUTOR

I – LIVROS

1. Lições de processo civil – Teoria geral do processo e procedimento comum, 3ª. ed. Indaiatuba: Foco, 2022, v. 1.

2. Lições de processo civil – Processo de execução e procedimentos especiais, 3ª. ed. Indaiatuba: Foco, 2022, v. 2.

3. Lições de processo civil – Dos processos nos tribunais e dos recursos, 3ª. ed. Indaiatuba: Foco, 2022, v. 3.

4. Manual de prática jurídica civil para graduação e exame da OAB. 5ª. ed. Indaiatuba: Foco, 2022.

5. Lições de direito civil – Obrigações e responsabilidade civil, 5ª. ed. Indaiatuba: Foco, 2023, v. 2.

6. Lições de direito civil – Dos contratos e dos atos unilaterais, 4ª. ed. Indaiatuba: Foco, 2023, v. 3.

7. Lições de direito civil – Direito das coisas, 5ª ed. Indaiatuba: Foco, 2023, v. 4.

8. Lições de direito civil – Família e Sucessões, 5ª. ed. Indaiatuba: Foco, 2023, v. 5.

9. Novo CPC Comentado e Comparado, 3ª ed. Indaiatuba: Foco, 2023.

10. Como advogar no cível com o Novo CPC – Manual de prática jurídica, 4ª. ed. Araçariguama: Rumo Legal, 2018.

11. Novo CPC Comparado – 2015 X 1973. Araçariguama: Rumo Legal, 2016 (esgotado).

12. Dano moral trabalhista, 3ª. ed. São Paulo: Atlas, 2015 (esgotado).

13. Responsabilidade civil por erro médico: doutrina e jurisprudência. 4ª. ed. Leme: Mizuno (prelo).

14. Da culpa e do risco como fundamentos da responsabilidade civil. 2ª. ed. São Paulo: Atlas, 2012 (esgotado).

15. Dano moral nas relações de consumo. 2ª. ed. São Paulo: Saraiva, 2012.

16. Dano moral – problemática: do cabimento à fixação do quantum, 2ª. ed. São Paulo: Atlas, 2011 (esgotado).

17. Da defesa do consumidor em juízo. São Paulo: Atlas, 2010 (esgotado).

II – CAPÍTULOS DE LIVROS EM OBRAS COLETIVAS

1. Breves considerações a respeito das tutelas provisórias. In: DEL SORDO NETO, Stefano; DITÃO, Ygor Pierry Piemonte. Processo civil constitucionalizado. Curitiba: Instituto Memória, 2020.

2. O direito de morrer com dignidade. In: GODINHO, Adriano Marteleto; LEITE, Salomão Jorge e DADALTO, Luciana (coord.). Tratado brasileiro sobre o direito fundamental à morte digna. São Paulo: Almedina, 2017.

3. Dano moral pela inclusão indevida na Serasa (indústria do dano moral ou falha na prestação dos serviços?). In: STOCO, Rui (Org.). Dano moral nas relações de consumo. São Paulo: Revistas dos Tribunais, 2015.

4. Uma reflexão sobre a forma de indicação dos membros do Supremo Tribunal Federal brasileiro. In: ARAGÃO, Paulo; ROMANO, Letícia Danielle; TAYAH, José Marco (Coord.). Reflexiones sobre derecho latinoamericano. Buenos Aires: Editorial Latino Americano, 2015, v. 20.

5. O princípio da dignidade humana como fonte jurídico-positiva para os direitos fundamentais. In: BALESTERO, Gabriela Soares; BEGALLI, Ana Silvia Marcatto (Coord.). Estudos de direito latino americano. Brasília: Kiron, 2014, v. 2.

6. Fundamentos da reparação por dano moral trabalhista no Brasil e uma nova teoria para sua quantificação. In: ARAGÃO, Paulo; ROMANO, Letícia Danielle; TAYAH, José Marco (Coord.). Reflexiones sobre derecho latinoamericano. Buenos Aires: Editorial Latino Americano, 2014, v. 13.

7. Comentários aos artigos 103 e 104 do CDC e à Lei Estadual dos Combustíveis. In: MACHADO, Costa; FRONTINI, Paulo Salvador (Coord.). Código de Defesa do Consumi- dor interpretado. São Paulo: Manole, 2013.

8. La familia ensamblada: una analisis a la luz del derecho argentino y brasileño. In: BALESTERO, Gabriela Soares; BEGALLI, Ana Silvia Marcatto (Coord.). Estudos de direito latino-americano. São Paulo: Lexia, 2013.

9. Da dificuldade de prova nas ações derivadas de erro médico. In: AZEVEDO, Álvaro Villaça; LIGIEIRA, Wilson Ricardo (Coord.). Direitos do paciente. São Paulo: Saraiva, 2012.

10. O princípio da dignidade humana como fonte jurídico-positiva para os direitos fundamentais. In: ARAGÃO, Paulo; ROMANO, Letícia Danielle; TAYAH, José Marco (Coord.). Reflexiones sobre derecho latinoamericano. Rio de Janeiro: Livre Expressão, 2012, v. 8.

11. Reflexões sobre a inversão do ônus da prova. In: MORATO, Antonio Carlos; NERI, Paulo de Tarso (Org.). 20 anos do Código de Defesa do Consumidor: estudos em homenagem ao professor José Geraldo Brito Filomeno. São Paulo: Atlas, 2010.

III – ARTIGOS PUBLICADOS (ALGUNS TÍTULOS)

1. Da Gratuidade da Justiça no Novo CPC e o Papel do Judiciário. Revista Síntese de Direito Civil e Processual Civil. São Paulo: Síntese, nº 97, set./out. 2015. Publicado também na Revista Lex Magister, Edição nº 2.484, 19 outubro 2015.

2. Análise crítica da forma de indicação dos membros do Supremo Tribunal Federal. Revista Jus Navigandi, Teresina, ano 20, n. 4341, 21 maio 2015. Disponível em: <http://jus.com. br/artigos/39290>

3. Fundamentos da reparação por dano moral trabalhista e uma nova teoria para sua quantificação. Revista Brasileira de Direitos Humanos. Lex-Magister, U. S. abr./jun. 2013.

4. A família ensamblada: uma análise à luz do direito argentino e brasileiro. Revista Síntese de Direito de Família, v. 78, jun./jul. 2013. Publicado também na Revista Jurídica Lex, v. 72, mar./abr. 2013.

OBRAS DO AUTOR **XV**

5. Ulysses Guimarães: uma vida dedicada à construção da democracia brasileira. Publicado no site da Revista Lex-Magister em 19-12-2012. Disponível em: <http:// www.editoramagister. com/doutrina_24064820>.

6. Dano moral: por uma teoria renovada para quantificação do valor indenizatório (teoria da exemplaridade). Revista Magister de Direito Empresarial, Concorrencial e do Consumidor, v. 44, abr./mai. 2012. Publicado também na Revista Síntese de Direito Civil e Processual Civil. São Paulo: Síntese, nº 79, set./out. 2012.

7. Responsabilidade civil nas relações de consumo. Revista Magister de Direito Empresarial, Concorrencial e do Consumidor. Porto Alegre: Magister, nº 34, ago./set. 2010. Publicado também na Revista Síntese de Direito Civil e Processual Civil, nº 68, nov./ dez. 2010 e na Revista Lex do Direito Brasileiro, nº 46, jul./ago. 2010.

8. Erro médico e dano moral: como o médico poderá se prevenir? Revista Magister de Direito Empresarial, Concorrencial e do Consumidor. Porto Alegre: Magister, nº 18, dez./jan. 2008.

9. Excludentes de responsabilidade em face do Código de Defesa do Consumidor. Revista Magister de Direito Empresarial, Concorrencial e do Consumidor. Porto Alegre: Magister, nº 23, out./nov. 2008.

10. O princípio da dignidade humana e a interpretação dos direitos humanos. São Paulo: Repertório de Jurisprudência IOB nº 07/2009.

11. Responsabilidade dos bancos pelos emitentes de cheques sem fundos. Juris Plenum, Caxias do Sul: Plenum, nº 88, maio 2006. CD-ROM.

12. Dano moral pela inclusão indevida na Serasa (indústria do dano moral ou falha na prestação dos serviços?). Revista de Direito Bancário e do Mercado de Capitais, nº 28. São Paulo: Revista dos Tribunais, abr./jun. 2005. Publicado também na Revista do Factoring, São Paulo: Klarear, nº 13, jul./ago./set. 2005 e na Revista Magister de Direito Empresarial, Concorrencial e do Consumidor. Porto Alegre: Magister, nº 12 dez./jan. 2007.

13. Da ilegalidade da cobrança da assinatura mensal dos telefones. Juris Plenum. Especial sobre tarifa básica de telefonia. Caxias do Sul: Plenum, nº 82. maio 2005. CD-ROM.

14. Abandono moral: fundamentos da responsabilidade civil. Revista Síntese de Direito Civil e Processual Civil, nº 34. São Paulo: Síntese/IOB, mar./abr. 2005. Incluído também no Repertório de Jurisprudência IOB nº 07/2005 e republicado na Revista IOB de Direito de Família, nº 46, fev./mar. 2008.

15. Por uma nova teoria da reparação por danos morais. Revista do Instituto dos Advogados de São Paulo, nº 15. São Paulo: Revista dos Tribunais, jan./jun. 2005. Publicado também na Revista Síntese de Direito Civil e Processual Civil, nº 33, jan./ fev. 2005.

16. Responsabilidade civil por abuso de direito. Juris Síntese, São Paulo: Síntese/IOB, nº 51, jan./fev. 2005. CD-ROM.

17. União estável: conceito, alimentos e dissolução. Revista IOB de Direito de família nº 51, dez./jan. 2009.

18. Dano moral coletivo nas relações de consumo. Juris Síntese, Porto Alegre: Síntese, nº 49, set./out. 2004. CD-ROM.

19. Do conceito ampliado de consumidor. Revista Síntese de Direito Civil e Processual Civil. São Paulo: Síntese/IOB, nº 30, jul./ago. 2004.

ABREVIATURAS

AC – Apelação Cível

ACP – Ação Civil Pública

ADCT – Ato das Disposições Constitucionais Transitórias

ADIn – Ação Direta de Inconstitucionalidade

Art. – artigo

BGB – Burgerliches Gesetzbuch (Código Civil alemão)

CBA – Código Brasileiro de Aeronáutica

CC – Código Civil (Lei nº 10.406/02)

CCom – Código Comercial (Lei nº 556/1850)

CDC – Código de Defesa do Consumidor (Lei nº 8.078/90)

CF – Constituição Federal

CLT – Consolidação das Leis do Trabalho (Dec-Lei nº 5.452/43)

CP – Código Penal (Dec-Lei nº 2.848/40)

CPC – Código de Processo Civil (Lei nº 13.105/15)

CPP – Código de Processo Penal (Dec-Lei nº 3.689/41)

CTB – Código de Trânsito Brasileiro (Lei nº 9.503/97)

CTN – Código Tributário Nacional (Lei nº 5.172/66)

D – decreto

Dec-Lei – Decreto-Lei

Des. – Desembargador

DJU – Diário Oficial da Justiça da União

DOE – Diário Oficial do Estado (abreviatura + sigla do Estado)

DOU – Diário Oficial da União

EC – Emenda Constitucional

ECA – Estatuto da Criança e do Adolescente (Lei nº 8.069/90)

EOAB – Estatuto da Ordem dos Advogados do Brasil (Lei nº 8.906/94)

EPD – Estatuto da Pessoa com Deficiência (Lei nº 13.146/15)

IPTU – Imposto sobre a propriedade predial e territorial urbana

IPVA – Imposto sobre a propriedade de veículos automotores

IR – Imposto sobre a renda e proventos de qualquer natureza

IRPJ – Imposto de renda de pessoa jurídica

ISS – Imposto sobre serviços

ITBI – Imposto de Transmissão de Bens Imóveis

j. – julgado em (seguido de data)

JEC – Juizado especial Cível (Lei nº 9.099/95

JEF – Juizado Especial Federal (Lei nº 10.259/01)

LACP – Lei da Ação Civil Pública (Lei nº 7.347/85)

LA – Lei de alimentos (Lei nº 5.478/68)

LAF – Lei das Alienações Fiduciárias (Dec-Lei nº 911/69)

LAJ – Lei de Assistência Judiciária (Lei nº 1.060/50)

LAP – Lei da Ação Popular (Lei nº 4.717/65)

LArb – Lei da Arbitragem (Lei nº 9.307/96)

LC – Lei Complementar

LCh – Lei do cheque (Lei nº 7.357/85)

LD – Lei de duplicatas (Lei nº 5.474/68)

LDA – Lei de Direitos Autorais (Lei nº 9.610/98)

LDC – Lei de Defesa da Concorrência (Lei nº 8.158/91)

LDi – Lei do Divórcio (Lei nº 6.515/77)

LDP – Lei da Defensoria Pública (LC nº 80/94)

LEF – Lei de Execução Fiscal (Lei nº 6.830/80)

LEP – Lei de Economia Popular (Lei nº 1.521/51)

LI – Lei do inquilinato (Lei nº 8.245/91)

LICC – Lei de Introdução ao Código Civil (Dec-Lei nº 4.657/42)

LINDB – Lei de Introdução às Normas do Direito Brasileiro

LMI – Lei do mandado de injunção (Lei nº 13.300/16).

LMS – Lei do mandado de segurança (Lei nº 1.533/51)

LPI – Lei de propriedade industrial (Lei nº 9.279/96)

LRC – Lei do representante comercial autônomo (Lei nº 4.886/65)

LRF – Lei de recuperação e falência (Lei nº 11.101/05)

LRP – Lei de registros públicos (Lei nº 6.015/73)

LSA – Lei da sociedade anônima (Lei nº 6.404/76)

LU – Lei Uniforme de Genebra (D nº 57.663/66)

Min. – Ministro

MP – Ministério Público

MS – Mandado de Segurança

ONU – Organização das Nações Unidas

Rec. – Recurso

rel. – Relator ou Relatora

REsp – Recurso Especial

ss. – seguintes

STF – Supremo Tribunal Federal

STJ – Superior Tribunal de Justiça

Súm – Súmula

TJ – Tribunal de Justiça

TRF – Tribunal Regional Federal

TRT – Tribunal Regional do Trabalho

TST – Tribunal Superior do Trabalho

v.u. – votação unânime

SUMÁRIO

DEDICATÓRIA.. V

AGRADECIMENTOS... VII

NOTA DO AUTOR IX

PREFÁCIO XI

OBRAS DO AUTOR.. XIII

    I – Livros.. XIII

    II – Capítulos de livros em obras coletivas... XIII

    III – Artigos publicados (alguns títulos) XIV

ABREVIATURAS.. XVII

PARTE I
DAS PESSOAS E DOS BENS

CAPÍTULO 1
INTRODUÇÃO AOS ESTUDOS DO DIREITO CIVIL

LIÇÃO 1 – CONCEITOS GERAIS SOBRE O DIREITO CIVIL.................................. 5

    1.   Conceito de direito... 5

    2.   Conceito de justiça 6

    3.   Diferença entre direito e moral... 7

    4.   Direito subjetivo e direito objetivo.. 7

    5.   Direito público, privado e transindividual....................................... 8

    6.   Direito positivo e direito natural 9

    7.   Fontes do direito 10

    8.   A lei como fonte principal do direito... 10

| 8.1 | Conceito de lei | 10 |

8.1 Conceito de lei 10

8.2 Características das leis 11

8.3 Classificação das normas jurídicas 12

    8.3.1 Classificação das normas tendo em vista sua força obrigatória 12

    8.3.2 Classificação das leis quanto à sanção 13

    8.3.3 Classificação das leis segundo sua natureza 14

    8.3.4 Classificação das normas quanto à hierarquia 15

    8.3.5 Classificação das normas segundo o território 17

    8.3.6 Classificação das normas quanto ao seu alcance: 18

8.4 Vigência das leis 18

8.5 Revogação das leis 18

8.6 Conflitos de leis (antinomia) 19

8.7 *Vacatio legis* 20

9. Fontes subsidiárias do direito 20

9.1 Usos e costumes 20

9.2 Os princípios gerais de direito 21

9.3 O direito comparado 22

9.4 O Direito Romano 23

9.5 Jurisprudência 23

9.6 Doutrina 24

10. Teoria tridimensional de Miguel Reale 25

LIÇÃO 2 – A LEI DE INTRODUÇÃO ÀS NORMAS DO DIREITO BRASILEIRO E SUA IMPORTÂNCIA 27

1. Conceito da LINDB 27

2. Extensão e alcance da LINDB 27

3. Repristinação 30

4. Integração da norma jurídica 30

5. Equidade 31

6. Aplicação e interpretação das normas jurídicas 32

7. Conflito de leis no tempo 33

8.	O direito adquirido, o ato jurídico perfeito e a coisa julgada	34
9.	Princípio da obrigatoriedade das leis	35
10.	Inafastabilidade do poder judiciário	35
11.	Eficácia da lei no espaço	35

LIÇÃO 3 – O CÓDIGO CIVIL BRASILEIRO E SUAS FONTES 37

1.	Conceito de Direito Civil	37
2.	Origens do Direito Civil	37
3.	Evolução do Direito Civil	37
4.	O Direito Civil Brasileiro	39
5.	O Código Civil de 2002	40
6.	Princípios orientadores do atual Código Civil	41
	6.1 Princípio da socialidade	41
	6.2 Princípio da eticidade	43
	6.3 Princípio da operabilidade	43

CAPÍTULO 2
DAS PESSOAS E DOS DIREITOS DA PERSONALIDADE

LIÇÃO 4 – A PESSOA NATURAL E OUTROS SUJEITOS DE DIREITO: INÍCIO E FIM DA PERSONALIDADE 47

1.	Conceito de pessoa	47
2.	Da personalidade jurídica	48
3.	Capacidade jurídica	49
4.	Capacidade de direito e capacidade de fato	50
	4.1 Capacidade de direito (capacidade de gozo)	50
	4.2 Capacidade de fato (capacidade para o exercício de ação):	50
	4.3 Legitimação:	50
5.	A pessoa como sujeito do direito	51
6.	Início da personalidade	52
7.	A proteção especial ao nascituro	52
8.	Extinção da personalidade	53

9.	Situação jurídica dos incapazes	54
	9.1 Incapacidade absoluta:	54
	9.2 Incapacidade relativa:	55
	9.3 Atos que os relativamente incapazes podem praticar sozinhos:	56
10.	Emancipação	57
11.	Alterações no código civil promovidas pela Lei nº 13.146/15	59

LIÇÃO 5 – OS DIREITOS DA PERSONALIDADE 63

1.	Histórico dos direitos da personalidade	63
2.	Conceituação dos direitos da personalidade	65
3.	Importância dos direitos da personalidade	65
4.	O princípio da dignidade humana como corolário dos direitos da personalidade	65
5.	A divisão dos direitos da personalidade	66
6.	Características dos direitos da personalidade	67
7.	Declaração universal dos direitos humanos (ONU)	68

LIÇÃO 6 – PROTEÇÃO AOS DIREITOS DA PERSONALIDADE 71

1.	Proteção aos direitos da personalidade	71
2.	Proteção preventiva	72
3.	Direito à integridade física	72
4.	Tratamento médico de risco	73
5.	Proteção ao nome	74
6.	Da imutabilidade do nome e da sua retificação	77
7.	Da alteração do sobrenome	78
8.	Proteção à palavra, à imagem e à voz	82
9.	O direito à intimidade e à vida privada	82
10.	A proteção de dados pessoais	83

LIÇÃO 7 – DOS AUSENTES 85

1.	Conceito de ausente	85
2.	Qual a importância do instituto?	85

3.	Curadoria de ausente	86
4.	Sucessão provisória	86
5.	Legitimidade para requerer a abertura da sucessão	87
6.	Sucessão definitiva	89
7.	Retorno do ausente	89
8.	Ausência e dissolução do casamento	89

LIÇÃO 8 – PESSOA JURÍDICA 91

1.	Conceito	91
2.	Origem histórica	91
3.	Classificação	92
	3.1 Quanto à função	92
	3.2 Quanto à nacionalidade	93
	3.3 Quanto à estrutura	93
4.	Pessoas jurídicas de direito privado	94
5.	Natureza jurídica	94
6.	A teoria adotada pelo direito brasileiro	95
7.	Nascimento da pessoa jurídica	95
8.	Extinção da pessoa jurídica	96
9.	Desconsideração da personalidade jurídica (*disregard doctrine*)	96
10.	Entes despersonalizados	98
11.	Dano moral e a pessoa jurídica	99
12.	Das organizações religiosas e dos partidos políticos	100
13.	Cooperativas	100
14.	Sindicatos	100

LIÇÃO 9 – DO DOMICÍLIO 103

1.	Conceito	103
2.	Importância	103
3.	Domicílio da pessoa natural	104
4.	Residência	104

5. Morada 104

6. Domicílio plúrimo 105

7. Domicílio aparente ou ocasional 105

8. Mudança do domicílio 105

9. Espécies de domicílio 106

    9.1   Voluntário 106

    9.2   Necessário ou legal 106

10. Diferenças entre domicílio e residência 108

LIÇÃO 10 – REGISTRO CIVIL 109

1. Histórico do registro civil no Brasil 109

2. Importância do registro 109

3. Averbação 110

4. Finalidade do registro 110

5. Efeitos do ato registral 110

6. Abrangência 111

7. Aspectos importantes da LRP 111

CAPÍTULO 3
DOS BENS

LIÇÃO 11 – DOS BENS 115

1. Alguns conceitos preliminares 115

2. Classificação dos bens 117

3. Dos bens considerados em si mesmos 118

    3.1   Bens imóveis 118

    3.2   Bens móveis 119

    3.3   Bens fungíveis e infungíveis 120

    3.4   Bens consumíveis e inconsumíveis 121

    3.5   Bens divisíveis e indivisíveis 123

    3.6   Bens singulares e coletivos 124

4. Bens reciprocamente considerados 125

4.1	Importância prática da divisão em principal e acessório	126
4.2	Os bens acessórios	126
4.3	Destaque especial para benfeitorias	128
4.4	Não são benfeitorias	130
5.	Bens quanto ao titular do domínio	131
6.	Bens fora do comércio	133
7.	Bens corpóreos e incorpóreos	134

PARTE II
DOS FATOS E NEGÓCIOS JURÍDICOS

CAPÍTULO 4
DOS FATOS E NEGÓCIOS JURÍDICOS

LIÇÃO 12 – DOS FATOS JURÍDICOS (OU JURÍGENOS)		139
1.	Conceito de fato jurídico	139
2.	Nem todo fato da vida é fato jurídico	139
3.	Classificação dos fatos jurídicos	140
3.1	Fatos naturais ou fatos jurídicos em sentido estrito (*stricto sensu*)	140
3.1.1	Ordinários	140
3.1.2	Extraordinários	140
3.2	Fatos humanos ou fato jurídico em sentido amplo (*lato sensu*)	141
3.2.1	Atos lícitos	141
3.2.2	Atos ilícitos	142
4.	Modos de aquisição de direitos	143
4.1	Originários	143
4.2	Derivados	143
LIÇÃO 13 – NEGÓCIO JURÍDICO		145
1.	Conceito de negócio jurídico	145
2.	Manifestação da vontade	146
3.	Intenção ou causa	146
4.	O silêncio	147

5.	Autonomia da vontade		147
6.	Limitação à autonomia da vontade		148
7.	Validade dos negócios jurídicos		149
8.	Finalidade dos negócios jurídicos		149
	8.1	Aquisição de direitos	149
	8.2	Conservação de direitos	150
	8.3	Modificação de direitos	151
	8.4	Extinção de direitos	152
9.	Classificação dos negócios jurídicos		153
	9.1	Quanto ao número de declarantes	153
	9.2	Quanto às vantagens para as partes	154
	9.3	Quanto ao momento de produção dos efeitos	155
	9.4	Quanto ao modo de existência	155
	9.5	Quanto à formalidade	156
	9.6	Quanto aos atos necessários	157
	9.7	Quanto ao conteúdo	157
	9.8	Quanto aos efeitos	157
10.	Outras classificações		158

LIÇÃO 14 – ELEMENTOS DO NEGÓCIO JURÍDICO 159

1.	Elementos constitutivos do negócio jurídico		159
2.	O trinômio: existência, validade e eficácia		160
	2.1	Requisitos de existência	160
		2.1.1 Declaração de vontade	161
		2.1.2 Finalidade negocial	162
		2.1.3 Idoneidade do objeto	162
	2.2	Requisitos de validade	163
		2.2.1 Agente capaz	163
		2.2.2 Objeto lícito, possível e determinado ou determinável	164
		2.2.3 Forma prescrita e não defesa em lei	165
	2.3	Requisitos de eficácia	166
3.	Teoria do negócio jurídico inexistente		167

SUMÁRIO — XXIX

LIÇÃO 15 – INTERPRETAÇÃO DOS NEGÓCIOS JURÍDICOS............................. 169

1. Interpretação dos negócios jurídicos... 169
2. A intenção.. 169
3. Boa-fé e usos e costumes 170
4. Negócios benéficos e renúncia.. 170
5. Contratos de adesão 171
6. Fiança.. 171
7. Transação... 171
8. Testamento 171
9. Regras gerais de interpretação 172

LIÇÃO 16 – REPRESENTAÇÃO.. 173

1. Conceito de representação 173
2. Espécies de representação 174
3. Espécies de representantes 174
4. Prova da representação... 175
5. Atos que podem ser praticados por representantes....................... 175
6. Capacidade do representante e do representado............................ 175
7. Contrato consigo mesmo (autocontratação) 176
8. Procuração em causa própria.. 176
9. Substabelecimento... 177
10. Núncio ou emissário 178
11. Negócio realizado em conflito de interesse com o representado.............. 178
12. Procuração ad judicia (mandato judicial)...................................... 179

LIÇÃO 17 – DOS ELEMENTOS ACIDENTAIS DOS NEGÓCIOS JURÍDICOS.... 181

I – NOÇÕES GERAIS... 181
1. Conceito dos elementos acidentais 181
2. São eles: condição, termo e encargo.. 182

II – CONDIÇÃO 182
3. Conceito de condição... 182

4. Requisitos necessários	182
5. Condição legal	183
6. Negócios que não admitem condições	184
7. Classificação das condições	184
7.1 Quanto à licitude	184
7.2 Quanto à possibilidade	184
7.3 Quanto às origens	185
7.4 Quanto aos efeitos	186
8. Retroatividade e irretroatividade da condição (efeitos *ex tunc ou ex nunc*)	187
9. Pendência, implemento e frustração da condição	187
III – TERMO	188
10. Conceito de termo	188
11. Espécies de termo	189
11.1 Quanto à origem	189
11.2 Quanto à sua ocorrência	189
12. Prazo	190
13. Contagem do prazo	190
14. Negócios que não admitem termos	191
15. Diferença entre termo e condição	191
IV – ENCARGO OU MODO	191
16. Conceito de encargo ou modo	191
17. Campo de incidência	192
18. Característica principal	192
19. Outras características importantes	192
LIÇÃO 18 – DEFEITOS DOS NEGÓCIOS JURÍDICOS	195
I – NOÇÕES GERAIS	195
1. Defeito do negócio jurídico	195
2. Defeitos que podem invalidar o negócio jurídico	196
II – ERRO OU IGNORÂNCIA	196

3.	Conceito de erro e ignorância	196
4.	Espécies	196
5.	Características do erro substancial	197
6.	Erro escusável	199
7.	Erro real	199
8.	Erro obstativo ou impróprio	199
9.	Falso motivo	199
10.	Transmissão errônea da vontade	199
11.	Erro na indicação de pessoa ou coisa	200
12.	Erro de conta ou de cálculo	200
13.	Convalescimento do erro	200
III – DOLO		200
14.	Conceito de dolo	200
15.	Diferenciação do dolo com outros vícios	201
16.	Espécies de dolo	201
IV – COAÇÃO		203
17.	Conceito de coação	203
18.	Espécies de coação	203
19.	Requisitos	204
20.	Exercício regular de direito e temor reverencial	205
21.	Coação de terceiro	205
V – ESTADO DE PERIGO		206
22.	Conceito de estado de perigo	206
23.	Requisitos	206
24.	Justificativas para anulação do negócio	207
VI – LESÃO		208
25.	Conceito de lesão	208
26.	Requisitos	208
27.	Premência e inexperiência	209
28.	Efeitos da lesão	210
29.	Presença da lesão em outras leis	210

VII – FRAUDE CONTRA CREDORES.. 210

30. Conceito de fraude a credores 210

31. Requisitos da ação pauliana 211

32. Terceiro de boa-fé... 212

33. Hipóteses legais... 212

34. Ação cabível contra a fraude 214

35. Fraude à execução 214

VIII – CONCLUSÃO.. 215

36. Resumo quanto aos vícios da vontade..................................... 215

37. Decadência 215

LIÇÃO 19 – INVALIDADE DOS NEGÓCIOS JURÍDICOS E SEUS EFEITOS....... 217

I – DAS NULIDADES... 217

1. Nulidade 217

2. Espécies de nulidades.. 217

3. Conversão do negócio jurídico nulo.. 220

4. Anulabilidade... 220

5. Diferenças entre nulidade e anulabilidade 220

II – NEGÓCIO JURÍDICO INEXISTENTE.. 222

6. Negócio jurídico inexistente 222

7. Previsão em lei... 222

8. Principais aspectos 222

III – DA SIMULAÇÃO... 223

9. Conceito de simulação.. 223

10. Características... 223

11. Espécies de simulação... 224

12. Simulação por interposta pessoa.. 225

13. Negócio real, mas declaração falsa... 225

14. Simulação por documento com data falsa 225

15. Consequência da simulação.. 226

16. Terceiro de boa-fé... 226

17. Diferenças entre a simulação e outros institutos afins............. 226

LIÇÃO 20 – DOS ATOS ILÍCITOS... 227

1. Conceito.. 227

2. Requisitos 228

3. Responsabilidade contratual e extracontratual 228

4. Responsabilidade civil e penal 229

5. Responsabilidade subjetiva e objetiva..................................... 230

6. Culpa presumida... 230

7. Abuso de direito.. 230

8. Dano, agente ou responsável e nexo causal............................ 231

9. Excludentes de responsabilidade subjetiva 232

10. Exclusão do nexo causal 233

LIÇÃO 21 – DA PRESCRIÇÃO 235

1. Conceito de prescrição 235

2. Pretensões imprescritíveis.. 236

3. Direitos imprescritíveis e as ações para obter indenização em face de sua violação 237

4. Impedem a prescrição (não corre a prescrição) 238

5. Interrompem a prescrição 239

6. Suspende a prescrição 241

7. Prescrição intercorrente.. 241

8. Momento em que se pode alegar a prescrição......................... 241

9. Algumas observações importantes... 242

LIÇÃO 22 – DECADÊNCIA 245

1. Conceito.. 245

2. Alguns prazos decadenciais 245

   2.1 Negócio jurídico anulável: 245

   2.2 Prazo subsidiário do negócio jurídico anulável: 246

   2.3 Prazo para o exercício do direito a retrovenda: 246

3. Diferenças entre prescrição e decadência................................ 247

4. Questões comuns à prescrição e à decadência 248

LIÇÃO 23 – DAS PROVAS DO NEGÓCIO JURÍDICO 249

1. Conceito de prova.. 249

2. Necessidade das provas.. 249

3. Alcance e importância das provas... 250

4. Meios de provas 250

    4.1   Provas diretas... 251

    4.2   Provas indiretas 251

    4.3   Todos os meios realizadores de provas 251

5. Ônus probatório 254

6. Ônus probatório e o papel do juiz na coleta de provas........................... 255

7. Observações importantes sobre as provas.. 255

BIBLIOGRAFIA CONSULTADA E RECOMENDADA 259

PARTE I
DAS PESSOAS E DOS BENS

Capítulo 1
Introdução aos estudos do direito civil

Lição 1
CONCEITOS GERAIS
SOBRE O DIREITO CIVIL

Sumário: 1. Conceito de direito – 2. Conceito de justiça – 3. Diferença entre direito e moral – 4. Direito subjetivo e direito objetivo – 5. Direito público, privado e transindividual – 6. Direito positivo e direito natural – 7. Fontes do direito – 8. A lei como fonte principal do direito; 8.1 Conceito de lei; 8.2 Características das leis; 8.3 Classificação das normas jurídicas; 8.3.1 Classificação das normas tendo em vista sua força obrigatória; 8.3.2 Classificação das leis quanto à sanção; 8.3.3 Classificação das leis segundo sua natureza; 8.3.4 Classificação das normas quanto à hierarquia; 8.3.5 Classificação das normas segundo o território; 8.3.6 Classificação das normas quanto ao seu alcance; 8.4 Vigência das leis; 8.5 Revogação das leis; 8.6 Conflitos de leis (antinomia); 8.7 *Vacatio legis* – 9. Fontes subsidiárias do direito; 9.1 Usos e costumes; 9.2 Os princípios gerais de direito; 9.3 O direito comparado; 9.4 O Direito Romano; 9.5 Jurisprudência; 9.6 Doutrina – 10. Teoria tridimensional de Miguel Reale.

1. CONCEITO DE DIREITO

Direito é o conjunto de normas que regulam a conduta humana em sociedade, estabelecida pelo Estado e dotada de força coercitiva, imposta a todos indistintamente, como forma de garantir a convivência harmoniosa entre os seres humanos.

O ser humano é um ser gregário por natureza, não vive isolado, sempre em grupos. De outro lado é dentre os animais o único capaz de pensar, programar e premeditar o seu agir. Ocorre que nesse agir as pessoas podem extrapolar o limite do seu direito e assim lesionar ou cercear direitos de outros. Aí reside a importância do Direito, pois ele serve como instrumento de limitações aos excessos, garantindo a convivência social harmônica.

Assim, o Direito nasce da necessidade de organizar a vida em sociedade, tendo em vista que nenhuma sociedade, por mais primitiva que seja, sobreviveria sem um mínimo de ordem.

Daí a atualidade do antigo brocardo jurídico: *ubi societas, ibi jus* (onde está a sociedade está o Direito).

Cabe ainda assinalar que a palavra "direito" se origina do latim *directum* significando aquilo que é reto, correto, direito e justo. Por isso é que Maria Helena Diniz diz que direito não é um termo unívoco (explica uma coisa só) ou equívoco (que explica duas coisas desconexas), mas plurívoco porque pode ter vários conceitos, conforme sejam as realidades estudadas.[1]

2. CONCEITO DE JUSTIÇA

Justiça (do latim *iustitia*), segundo Aristóteles, da maneira mais sintética possível, significa dar a cada um o que é seu (*suum cuique*). A justiça assim seria uma virtude que, partindo da premissa que se deve dar a cada um o que é seu, poder-se-ia atingi-la pela concessão do Estado (**justiça distributiva**) ou através das relações privadas (**justiça comutativa**).[2]

A célebre imagem da estátua com olhos vendados talvez seja o melhor símbolo para representar o ideal de justiça, pois ela significa em última análise que "todos são iguais perante a lei" e "todos têm iguais direitos". Ou seja, a justiça deve olhar para todas as pessoas de maneira igual, isto é, sem distinção de raça, credo, status social, político ou econômico, enfim garantir a verdadeira igualdade entre todos. A justiça a bem da verdade é um ideal a ser buscado por cada um e de forma diferente, pois seu conceito e alcance vai variar conforme seja a pessoa que a expressa, tendo em vista que cada um terá um conceito de justiça que poderá ser diferente em face da educação e cultura recebida, da religião professada, ou até mesmo, em face da convivência social.

O conceito de justiça, portanto, varia de pessoa para pessoa, porque cada um faz um julgamento de qualquer situação, conforme seus valores éticos, morais, religiosos e sociais.

Se dúvida ainda restar, basta vocês pensarem em um processo judicial no qual duas partes estão litigando sobre um determinado direito: aquele que se sair vitorioso considerará que a justiça foi feita; já o perdedor, se sentirá injustiçado. Assim, **não se confunda direito com justiça!**... Embora o direito seja criado com a finalidade de fazer justiça, sabemos que muitas leis podem até ser injustas. Outras podem até ser imorais... É só lembrar que nos Estados Unidos da América, país símbolo da democracia, até pouco tempo existia a segregação racial e ela era

---

1. Curso de direito civil, p. 18.
2. Sugiro a leitura da obra de Aristóteles, *Ética a Nicômacos*.

tutelada pelas leis daquele país, logo era legal e de direito, mas não se pode dizer que fosse uma regra de justiça.

Aliás, sempre digo para meus alunos que justiça e direito são coisas distintas, tanto é verdade que eles não estão fazendo a faculdade de justiça, mas sim a faculdade de direito!...

3. DIFERENÇA ENTRE DIREITO E MORAL

A regra moral, embora importante para a convivência humana, limita-se à sanção de foro íntimo e à eventual reprovação pública, assim como as regras de etiquetas, as regras religiosas etc. Em outras palavras, **uma regra moral será regra jurídica quando receber do Estado o atributo da coerção**, impondo a quem não respeitá-la a devida sanção.

Podemos afirmar que, de certo modo, toda regra do Direito é, no fundo, uma regra moral que foi tornada jurídica, mas nem toda regra moral é uma regra do Direito. Muitas regras jurídicas, antes de serem jurídicas, foram regras de ordem moral. Por óbvio que existem disposições de leis que não têm nenhum conteúdo moral (são amorais), como, por exemplo, as leis que regulam o trânsito ou as leis tributárias, mas isso não quer dizer que elas sejam imorais.

O que diferencia fundamentalmente a moral do direito é a sanção a ser imposta a quem transgrediu as regras. O descumprimento de uma regra moral ficará no foro íntimo de quem a desrespeitou (foro de consciência); enquanto o descumprimento de uma regra de direito irá gerar consequência a ser imposta ao transgressor pelo Estado, até coercitivamente se necessário.

Em síntese: ninguém está obrigado a cumprir uma norma de ordem moral (não há força coercitiva), diferentemente do direito que obriga a todos (força coercitiva imposta pelo Estado).

4. DIREITO SUBJETIVO E DIREITO OBJETIVO

Direito objetivo é o conjunto de normas que a todos se dirige e obriga, sob pena de sanção pelo descumprimento. Em resumo: direito objetivo é a norma de agir (***norma agendi***).

Direito subjetivo é a opção que tem o indivíduo de invocar a norma em seu favor. Ou seja, é a possibilidade que a ordem jurídica outorga a alguém de agir e de exigir dos outros um determinado comportamento. Assim, direito subjetivo é a faculdade de agir (***facultas agendi***).

Exemplificando: a Constituição Federal garante a todos o direito de propriedade, isto é o que se chama Direito objetivo. Já a prerrogativa de o proprietário fazer uso desse direito para defender seu interesse de proprietário é o que chamamos de Direito subjetivo.

Quando se trata de direito objetivo e subjetivo, temos duas correntes de pensamentos, até certo ponto antagônicas:

a) **Doutrina negativista:**

Os defensores dessa teoria não admitem a existência do direito subjetivo. Para Kelsen, considerando que o Estado dita as regras com poder de coerção imposta a todos, não se pode admitir tenham as pessoas prerrogativas individuais em relação ao direito.[3]

b) **Doutrina afirmativa:**

Para os defensores dessa corrente, o direito subjetivo deve ser reconhecido e aceito. Os adeptos dessa corrente se dividem em três teorias: a **teoria da vontade** (o direito subjetivo deriva do poder da vontade de cada um, reconhecida pelo Estado); a **teoria do interesse** (o direito subjetivo nada mais é do que o interesse juridicamente protegido); e a **teoria mista ou eclética** (mescla os elementos das duas outras teorias).

5. DIREITO PÚBLICO, PRIVADO E TRANSINDIVIDUAL

Embora o direito objetivo constitua uma unidade, sua divisão em público e privado é aceita por ser útil e necessária, não só sob o prisma da ciência do direito, mas também do ponto de vista didático. Mais recentemente, surgiu outra categoria para a defesa dos interesses chamados coletivos, o direito transindividual, que se situa a meio-termo entre o público e o privado; vejamos:

a) **Direito público:**

É o conjunto de normas que regem as relações em que o sujeito é o Estado, tutelando os interesses gerais e visando um fim social, quer perante os seus membros, quer perante os outros Estados. São ramos do direito público o direito constitucional, administrativo, tributário, penal, processual, internacional etc.

b) **Direito privado:**

Compreende o direito civil e o direito empresarial e disciplina todas as relações entre os particulares, sejam pessoas físicas ou pessoas jurídicas,

---

3. Nesse sentido ver a obra de Hans Kelsen intitulada "Teoria pura do direito". Com outro viés, mas também negativista, ver a obra de Leon Duguit, "Fundamentos do direito".

mesmo pessoas jurídicas de direito público, como o próprio Estado, desde que nessas relações intervenham despidas de poder político ou jurisdicional.

c) **Direitos transindividuais ou coletivos:**

São os direitos chamados de terceira geração, baseados na solidariedade e fraternidade. Estes não são públicos, por ser menos que este, nem privado, por ser mais do que o interesse individual. Seria uma espécie de direito intermédio por se encontrar a meio-termo do direito público e do privado. São espécies de direito-dever, cujo destinatário é o ser humano indistintamente, caracterizando-se pela indeterminação do sujeito e por ser intransmissível, inegociável e irrenunciável.

Exemplos: o direito ambiental, o direito à paz, o direito dos consumidores, o direito dos idosos, direito das crianças e dos adolescentes etc.

6. DIREITO POSITIVO E DIREITO NATURAL

Esta é uma divisão de grande embate filosófico e seu estudo desperta grande interesse em face do jusnaturalismo de São Tomás de Aquino, que opôs o direito natural ao direito positivo de Augusto Comte.

a) **Direito positivo:**

É o conjunto de normas que regula a vida em um determinado país e numa determinada época, como, por exemplo, o direito brasileiro, romano, americano etc. É o direito legislado que ninguém pode se escusar de cumprir sob pena da respectiva sanção (é o direito posto).

b) **Direito natural** (jusnaturalismo):

É a ideia abstrata do direito ideal, condizente com o anseio de justiça universal. É o direito que independe de qualquer legislador e destina-se a satisfazer exigências naturais do ser humano, fundado num conjunto de princípios e anseios universais, e não de regras, como, por exemplo, a vida, igualdade, liberdade, fraternidade, em suma, os direitos dos homens. Está muito intimamente ligado a conceitos éticos, morais e religiosos. Aristóteles traduziu bem a ideia do que seja o Jusnaturalismo quando cunhou a seguinte frase: "assim como fogo que queima em todas as partes, o homem é natural como a natureza e por isso todos têm direito à defesa".

c) **Opção do mundo atual:**

Atualmente a quase totalidade daquilo que poderia ser chamado de direito natural está hoje universalmente positivado. Atualmente quando se fala em direitos fundamentais da pessoa humana como a dignidade, a vida, a liberdade, a honra, a saúde, dentre outros, estamos falando de direito natural que se encontra positivado nos ordenamentos jurídicos das nações modernas. O direito natural serve ainda, por assim dizer, como limite e interpretação na aplicação do direito positivo.

7. FONTES DO DIREITO

Fonte é o nascedouro de alguma coisa. Fonte do direito é o local onde o direito nasce, onde ele surge para o mundo real, de forma concreta. Podemos afirmar que as **fontes do direito serão os modos pelos quais ele virá ao mundo**, destacando-se:

a) **Fonte principal:**

São as leis as fontes principais do Direito. A palavra *lei* aqui utilizada é no sentido geral das normas emanadas do Estado tal qual a própria lei, os decretos, as portarias, os regulamentos e outros atos normativos.

b) **Fontes subsidiárias:**

São os costumes, os princípios gerais de direito, o direito comparado, o direito romano, a jurisprudência e a doutrina.

c) **Fontes formais** (diretas, próprias ou puras):

Nesta classificação incluímos como fontes formais as leis, os costumes, a analogia e os princípios gerais de direito.

d) **Fontes não formais** (indiretas, impróprias ou impuras):

As fontes não formais do direito são a doutrina e a jurisprudência. Por óbvio que os estudos da ciência do direito (doutrina), bem como a aplicação prática das leis através dos tribunais (jurisprudência), são fontes importantes do direito.

8. A LEI COMO FONTE PRINCIPAL DO DIREITO

A fonte principal do direito é a lei e não poderia ser de outra forma. Afinal de contas, depois de promulgada, a lei obriga a todos. Basta lembrar que **"ninguém será obrigado a fazer ou deixar de fazer alguma coisa senão em virtude da lei"** (ver CF, art. 5º, II).

8.1 Conceito de lei

Lei é uma regra geral de conduta, emanada de autoridade competente, imposta, coativamente, à obediência de todos, ordenando o convívio social.

8.2 Características das leis

Há várias características próprias das leis, que as distinguem de outras normas de conduta (moral, religiosa, etiquetas etc.), cabendo destacar as seguintes:

a) **Generalidade:**

A lei se destina a todos de maneira indistinta, seja para toda a coletividade, seja para determinados grupos sociais. Mesmo quando se destina a determinado grupo social como o Estatuto da Advocacia (Lei nº 8.906/94), por exemplo, ainda assim não perde seu caráter de generalidade porque não é dirigida, nesse caso, a um determinado advogado, mas a todos os advogados indistintamente. Quer dizer, **a lei é abstrata, não casuística**.

b) **Imperatividade:**

A lei se impõe como um dever de conduta a ser obedecido por todos indistintamente. É a obrigatoriedade da norma jurídica, sem a qual, não estaremos diante de uma lei, mas sim de uma norma social, moral ou religiosa.

c) **Coercibilidade:**

É o atributo outorgado às partes de fazerem uso da norma e de exigir do Estado que imponha o seu respeito e cumprimento, bem como seja aplicada as sanções ao ofensor, quando dela decorra violação.

d) **Perenidade:**

A lei, como regra geral, é editada para perdurar no tempo e no espaço só perdendo sua vigência quando revogada por outra lei.

Atenção: por exceção podem existir **leis com vigência limitada**, quando se destina a regulamentar um fato extraordinário (chamadas de **excepcional**) como, por exemplo, no caso de calamidade cujo prazo de validade é a cessação da causa que lhe deu origem (fim da anormalidade); e as leis que se destinam a regulamentar uma determinada situação transitória (denominadas de **temporária**), como, por exemplo, uma lei autorizando por determinado lapso de tempo a prática de juros num determinado patamar (a vigência vem expressa no próprio corpo da norma).[4]

e) **Legitimidade:**

A lei como ato emanado do Estado deve se originar de órgão legitimado a prolatá-la e de conformidade com as competências legislativas próprias, sob pena de serem declaradas inconstitucionais (CF, art. 97).[5]

---

4. A doutrina denomina essas leis como leis de vigência temporária, ou autorrevogáveis, ou ainda, leis intermitentes.

5. CF, Art. 97. Somente pelo voto da maioria absoluta de seus membros ou dos membros do respectivo órgão especial poderão os tribunais declarar a inconstitucionalidade de lei ou ato normativo do Poder Público.

8.3 Classificação das normas jurídicas

A doutrina adota diversas formas para classificar as leis e demais normas emanadas do Estado, contudo o importante para o aluno é assimilar os conceitos básicos para saber bem interpretar o arcabouço jurídico. Quer dizer, diversos são os critérios utilizados para classificarem-se as normas jurídicas, porém o importante não é a denominação que se atribua a esta ou aquela classificação, mas que o estudante possa assimilar o seu conteúdo.

Entender as diferentes formas de classificação das leis é importante porque vai ajudar o interprete a resolver problemas de antinomia, isto é, de conflito ou contradição entre diferentes normas, problema sempre possível de acontecer na vida prática.

Vejamos a classificação que adotamos:

8.3.1 Classificação das normas tendo em vista sua força obrigatória

A doutrina classifica as normas segundo sua força obrigatória, para demonstrar que, embora toda norma vise regular um fato social, há alguns fatos que são de interesse primário da sociedade e outros que são secundários. Assim, conforme sejam os interesses envolvidos, classificamos as normas em:

a) Cogente ou de ordem pública:

São aquelas leis que, por atender ao interesse geral, não podem ser alteradas pela vontade das partes, tendo em vista que se impõem de modo absoluto. Dividem-se em **mandamentais**, que são aquelas que impõem uma determinada conduta como, por exemplo, a irrenunciabilidade dos alimentos (CC, art. 1.707 CC);[6] e **proibitivas**, que são aquelas que determinam uma abstenção como, por exemplo, a proibição de casar para determinadas pessoas (CC, art. 1.521).[7]

---

6. CC, Art. 1.707. Pode o credor não exercer, porém lhe é vedado renunciar o direito a alimentos, sendo o respectivo crédito insuscetível de cessão, compensação ou penhora.

7. CC, Art. 1.521. Não podem casar:

I – os ascendentes com os descendentes, seja o parentesco natural ou civil;

II – os afins em linha reta;

III – o adotante com quem foi cônjuge do adotado e o adotado com quem o foi do adotante;

IV – os irmãos, unilaterais ou bilaterais, e demais colaterais, até o terceiro grau inclusive;

V – o adotado com o filho do adotante;

VI – as pessoas casadas;

VII– o cônjuge sobrevivente com o condenado por homicídio ou tentativa de homicídio contra o seu consorte.

LIÇÃO 1 • CONCEITOS GERAIS SOBRE O DIREITO CIVIL **13**

Importante: quando a norma é de ordem pública o juiz está autorizado a conhecê-la e aplicá-la de ofício, isto é, independentemente de provocação das partes.

b) **Não cogentes, dispositiva, supletiva ou interpretativa:**

São aquelas leis que, por não estarem diretamente ligadas aos interesses da sociedade, podem ser derrogadas por convenção entre as partes.

Exemplo: independentemente das normas que estabelecem o foro para propositura de ações (CPC, art. 46 e ss.), as partes podem eleger um determinado foro para dirimir suas pendências contratuais, é o chamado foro de eleição (CPC, art. 63);[8] ou, independentemente dos contratos regulados no Código Civil (CC, arts. 481 e ss.), as partes são livres para estabelecerem quaisquer outros tipos de contratos, desde que não contrarie a lei (CC, art. 425),[9] ou ainda, a opção dos nubentes pelo regime de casamento (CC, art. 1.639).[10]

8.3.2 Classificação das leis quanto à sanção

Tendo em vista a sanção aplicada ao caso concreto, classificamos as leis em:

a) **Perfeitas:**

São as leis que estabelecem uma nulidade para a realização de um determinado ato sem, contudo, prever nenhuma sanção (CC, art. 166).[11]

---

8. CPC, Art. 63. As partes podem modificar a competência em razão do valor e do território, elegendo foro onde será proposta ação oriunda de direitos e obrigações.

§ 1º. A eleição de foro só produz efeito quando constar de instrumento escrito e aludir expressamente a determinado negócio jurídico.

§ 2º. O foro contratual obriga os herdeiros e sucessores das partes.

§ 3º. Antes da citação, a cláusula de eleição de foro, se abusiva, pode ser reputada ineficaz de ofício pelo juiz, que determinará a remessa dos autos ao juízo do foro de domicílio do réu.

§ 4º. Citado, incumbe ao réu alegar a abusividade da cláusula de eleição de foro na contestação, sob pena de preclusão.

9. CC, Art. 425. É lícito às partes estipular contratos atípicos, observadas as normas gerais fixadas neste Código.

10. CC, Art. 1.639. É lícito aos nubentes, antes de celebrado o casamento, estipular, quanto aos seus bens, o que lhes aprouver.

(omissis).

11. Art. 166. É nulo o negócio jurídico quando:

I – celebrado por pessoa absolutamente incapaz;

II – for ilícito, impossível ou indeterminável o seu objeto;

III – o motivo determinante, comum a ambas as partes, for ilícito;

IV – não revestir a forma prescrita em lei;

V – for preterida alguma solenidade que a lei considere essencial para a sua validade;

b) Mais que perfeitas:

Nesta classificação incluímos aquelas normas que preveem duas sanções para um mesmo fato. A pessoa condenada ao pagamento de pensão alimentícia, no caso de inadimplemento poderá ter sua prisão decretada e mesmo cumprindo o decreto de prisão, ainda continuará devendo (a prisão nesse caso atua como uma coerção para o cumprimento da obrigação alimentar, não como elemento para a quitação do pagamento).

c) Menos que perfeitas:

São aquelas normas que reconhecem uma nulidade, mas optam por impor outra sanção ao violador que não a nulidade do negócio jurídico como no caso da pessoa divorciada realizar o casamento sem ter previamente realizado a partilha quando então o casamento será válido, porém o regime obrigatório será o de separação total de bens (ver CC, art. 1.523, III c/c art. 1.641, I).

d) Imperfeitas:

São aquelas que proíbem um determinado proceder, sem estabelecer nenhuma sanção para o caso de sua violação. Aqui se encaixa as obrigações chamadas de naturais, tais como a dívida de jogo onde o perdedor não está obrigado a pagar, mas se o fizer não poderá pedir de volta o que pagou, ainda que o pagamento possa ser considerado indevido (CC, art. 814).[12]

8.3.3 Classificação das leis segundo sua natureza

Quanto à natureza classificamos as normas em **substantivas** ou materiais, também denominadas "de fundo"; e **adjetivas**, também chamadas de processuais (instrumentais) ou formais:

a) Substantivas ou materiais:

São aquelas que definem direito e deveres e estabelecem seus requisitos e forma de exercício.

Exemplo: o Código Civil.

VI – tiver por objetivo fraudar lei imperativa;

VII – a lei taxativamente o declarar nulo, ou proibir-lhe a prática, sem cominar sanção.

12. CC, Art. 814. As dívidas de jogo ou de aposta não obrigam a pagamento; mas não se pode recobrar a quantia, que voluntariamente se pagou, salvo se foi ganha por dolo, ou se o perdente é menor ou interdito.

b) Adjetivas, processuais ou formais:

São aquelas que traçam os meios para a realização dos direitos, regulando as fases procedimentais do processo com o fim de garantir a efetivação dos direitos substantivos.

Exemplo: Código de Processo Civil.

Atenção: existem leis que, ao mesmo tempo, definem direitos e obrigações (por este aspecto podem ser chamadas de substantivas) e também definem formas processuais para realização daquele determinado direito, ainda que parcialmente (podendo também ser classificadas como adjetivas). Quer dizer, existem normas que podem ser, a um só tempo, substantivas e adjetivas como, por exemplo, a lei que regula as locações urbanas (Lei nº 8.245/91) ou mesmo a CLT (Decreto-Lei nº 5.452/43) que, ao mesmo tempo, disciplinam direitos e obrigações e também trazem em seu bojo algumas normas processuais.

8.3.4   Classificação das normas quanto à hierarquia

A ordem jurídica é composta das mais variadas normas que devem conviver harmonicamente, todas elas decorrentes da Lei Maior e, dependendo da forma como foi elaborada, ocupam posições diferentes hierarquicamente. A importância dessa classificação reside no fato de que uma lei de hierarquia menor não pode contrariar as disposições de outra hierarquicamente superior. Vejamos:

a) Constitucionais:

São as normas insculpidas na própria Constituição, que é a lei das leis, bem como as emendas constitucionais que se incorporam ao texto da Constituição e lhe dão nova regulação. A Constituição é assim a norma máxima, se colocando no topo do ordenamento jurídico e funcionando como um farol a indicar a rota para todas as demais normas jurídicas.

b) Complementares:

São as leis que se situam entre a Constituição e as leis ordinárias, tratando de matérias especiais, regulando textos constitucionais, aprovadas com *quórum*[13] diferenciado, exigindo-se maioria absoluta (CF, art. 69).[14] Quer dizer, são leis cujo objetivo é o de completar ou explicitar o texto

---

13. Entendendo a questão do quórum para aprovação das leis brasileiras: Emenda Constitucional (PEC) exige três quintos dos parlamentares do Congresso Nacional (deputados e senadores); Leis Complementares e os projetos de Decreto Legislativo requerem maioria absoluta (metade mais um de todos os parlamentares); Leis Ordinárias e Medidas Provisórias exigem tão somente maioria simples.
14. CF, Art. 69. As leis complementares serão aprovadas por maioria absoluta.

constitucional. Dentre os vários exemplos podemos citar a Lei Orgânica da Magistratura (CF, art. 93).[15]

c) Ordinárias:

São as leis mais comuns que vão regular os fatos típicos ocorrentes na sociedade. É o conjunto das leis que, aprovadas pelo Congresso Nacional (por maioria simples), passam a integrar o ordenamento jurídico pátrio, regulando as mais diversas atividades humanas.

d) Delegadas:

São leis elaboradas pelo Executivo, mediante autorização expressa do Legislativo, tendo mesma posição hierárquica das leis ordinárias (CF, art. 68).[16]

e) Medidas provisórias:

Não são propriamente leis, mas têm força de lei ordinária durante sua vigência, sendo editadas pelo Poder Executivo, que exerce o papel de propor determinada medida legislativa cuja plena eficácia dependerá de posterior aprovação pelo Congresso Nacional. Tão logo editada, ela entra em vigor, porém, não aprovada no prazo de 60 dias (que pode ser prorrogado), a medida provisória perde eficácia. Depois de aprovada pelo Congresso Nacional, ela se transforma em lei.

Atenção: em tese este instituto se justifica em face de matérias que sejam de grande importância e urgência; não podendo abranger matérias como o Direito Penal, Processual Penal e Processual Civil, dentre outros (CF, art. 62, especialmente o § 1º).[17]

---

15. CF, Art. 93. Lei complementar, de iniciativa do Supremo Tribunal Federal, disporá sobre o Estatuto da Magistratura (Omissis).

16. CF, Art. 68. As leis delegadas serão elaboradas pelo Presidente da República, que deverá solicitar a delegação ao Congresso Nacional.
(omissis)

17. CF, Art. 62. Em caso de relevância e urgência, o Presidente da República poderá adotar medidas provisórias, com força de lei, devendo submetê-las de imediato ao Congresso Nacional.
§ 1º É vedada a edição de medidas provisórias sobre matéria
I – relativa a:
a) nacionalidade, cidadania, direitos políticos, partidos políticos e direito eleitoral;
b) direito penal, processual penal e processual civil;
c) organização do Poder Judiciário e do Ministério Público, a carreira e a garantia de seus membros;
d) planos plurianuais, diretrizes orçamentárias, orçamento e créditos adicionais e suplementares, ressalvado o previsto no art. 167, § 3º;
II – que vise a detenção ou sequestro de bens, de poupança popular ou qualquer outro ativo financeiro;
III – reservada a lei complementar;

f) Decretos:

São atos normativos expedidos pelo Poder Executivo (presidente, governadores e prefeitos) normalmente com a finalidade de explicitar melhor a aplicação de uma determinada lei ou fazer nomeações. Tem uma função regulamentar e não poderá inovar nem criar novos direitos ou obrigações.

g) Outros regulamentos:

Existem outras normas com força de lei dentro dos limites de suas atribuições e que permeiam o nosso ordenamento jurídico disciplinando atos e procedimentos os mais diversos, tais como portarias, circulares, provimentos, instruções, avisos e ordens de serviços que são utilizados pela Administração Pública para editar procedimentos acerca da aplicação de determinadas leis ou regulamentos, editar normas para execução de serviços, fazer nomeações, promover demissões, aplicar punições, ou qualquer outra determinação de sua competência.

Atenção: por óbvio que, em face do princípio da hierarquia das leis, estes instrumentos não podem colidir nem contrariar texto constitucional, nem das leis ordinárias, por exemplo.

8.3.5 Classificação das normas segundo o território

Não se esqueçam de que vivemos numa federação. Nesse sistema de organização do Estado podem conviver harmonicamente leis emanadas dos três entes federativos: da União, dos Estados e dos Municípios.

Assim, temos as leis e normas federais, de aplicação em todo território nacional (editadas pela União); as leis e normas estaduais aplicáveis somente no âmbito do Estado-membro que a promulgou (editadas pelos poderes estaduais); e as leis e normas municipais, com aplicação válida somente dentro do município em questão (editadas pelos poderes municipais).

Atenção: apesar da obviedade, vale alertar que existe também uma hierarquia entre as leis conforme sejam editadas pela União, pelos Estados ou pelos municípios. Quer dizer, uma lei municipal não pode se contrapor a uma lei estadual, assim como uma lei estadual não pode estar em confronto com uma lei federal, sob pena de inconstitucionalidade.

IV – já disciplinada em projeto de lei aprovado pelo Congresso Nacional e pendente de sanção ou veto do Presidente da República.

(omissis).

8.3.6 Classificação das normas quanto ao seu alcance:

Por essa classificação podemos identificar as **leis gerais** como, por exemplo, o Código Civil (Lei nº 10.406/02) ou o Código de Processo Civil (Lei nº 13.105/15), que regulam as mais diversas relações jurídicas; e as **leis especiais**, que regulam determinado aspecto da vida social como, por exemplo, a lei das locações (Lei nº 8.245/91) ou a lei de alimentos (Lei nº 5.478/68), também chamadas de leis esparsas.

8.4 Vigência das leis

Como tudo na vida, as leis nascem, vivem e morrem. O nascer é quando de sua entrada em vigor;[18] a vida é o período em que a mesma possa ter vigência; e a morte ocorre quando de sua revogação, o que normalmente ocorre por outra lei que a substitui.

> **Atenção:** não confundir vigência com validade ou eficácia da norma jurídica. A **validade** está relacionada com os aspectos formais e materiais da norma como, por exemplo, a legitimidade do órgão para expedir aquele determinado ato normativo. Já a **eficácia** está relacionada com os efeitos que a norma pode produzir como, por exemplo, uma lei da época do império que regulava a circulação de carroças na cidade de São Paulo ainda está em vigor, mas não tem mais nenhuma eficácia. A **vigência** é o tempo de validade da norma que começa após o *vacatio legis* (se houver), e se estende até que outra norma a revogue.

8.5 Revogação das leis

A revogação das leis tanto pode ser total (**ab-rogação**), nos casos em que a lei anterior é totalmente substituída por outra; quanto parcial (**derrogação**), nos casos em que a alteração atinge um ou mais dispositivos da lei anterior, deixando os demais em vigor.

A revogação pode ocorrer de forma expressa ou mesmo de forma tácita; vejamos:

a) Expressa:

> A revogação será expressa quando constar no próprio corpo da nova norma que ela está revogando a anterior. Quer dizer, a nova lei taxativamente declara que está revogando a norma antiga.

---

18. Alguns autores afirmam que o nascer da lei se daria com o ato de promulgação; outros no ato de publicação; e, outros no ato de aprovação pelo órgão legitimado. Apesar de respeitarmos tais opiniões ousamos discordar porque enquanto a lei (ou qualquer outra norma) não entrar em vigor ela não existe para o mundo do direito.

Exemplo: ver o art. 2.045[19] do atual Código Civil que taxativamente revoga o Código de 1916 – Lei nº 3.071.

b) **Tácita:**

Diremos que a revogação foi tácita quando a matéria disciplinada na lei nova for incompatível com outra norma preexistente, como ocorreu, por exemplo, com a promulgação da Constituição de 1988, que equiparou todos os filhos sem nenhuma distinção, derrogando dispositivos do Código Civil de 1916, que tratava de forma diferente os filhos conforme suas origens. Também pode ocorrer a revogação tácita quando a lei nova regulamente inteiramente a matéria que constava na lei anterior.

Exemplo: É muito comum encontrarmos no artigo final de muitas leis a expressão "revogam-se as disposições em contrário". Quer dizer, há uma revogação tácita de todo e qualquer dispositivo que com a nova lei colida, no todo ou em parte.

Importante: Há um preceito clássico que diz que "lei geral posterior, não derroga a lei especial anterior" (Lex posterior generalis non derrogat legi priori speciali). Contudo, esse princípio não é absoluto e deve ser compreendido com a devida cautela tendo em vista ser possível haver exceções. Vejamos um exemplo recente: o Código Civil de 2002 é uma lei geral e revogou tacitamente alguns dispositivos da lei especial que regulava o condomínio edilício (Lei nº 4.591/64).

8.6 Conflitos de leis (antinomia)

Muitas vezes vão surgir dúvidas sobre qual norma deve ser aplicada ao caso concreto em face de existirem duas ou mais normas aplicáveis ao caso em análise ou da existência de uma lei nova regulando determinada matéria cuja regulação se encontrava em lei anterior (geral ou especial).

Quando isso ocorrer, o intérprete deve se valer dos seguintes critérios:

a) **Cronológico:**

A norma mais nova deve prevalecer sobre a anterior. Quer dizer, parte-se da premissa de que, se entre duas normas existe incompatibilidade, a que deve prevalecer é a posterior (*lex posterior derogat priori*).

---

19. CC, Art. 2.045. Revogam-se a Lei nº 3.071, de 1º de janeiro de 1916 – Código Civil e a Parte Primeira do Código Comercial, Lei nº 556, de 25 de junho de 1850.

b) Especialidade:

A norma de caráter especial deve prevalecer sobre a norma de caráter geral (*lex specialis*).

c) Hierarquia:

A norma de hierarquia superior derroga norma inferior naquilo que com ela conflita.

8.7 Vacatio legis

É o intervalo que medeia a publicação da lei e o início de sua vigência. Este prazo, se não houver outro estabelecido na própria lei, será de 45 dias. Aliás, muitas vezes algumas leis entram em vigor no próprio dia de sua publicação, basta que assim esteja previsto em seu próprio corpo normativo (ver LINDB, art. 1º).

Vacatio legis é uma expressão latina que significa "vacância de lei", algo como "ausência de lei". Está previsto na Constituição Federal (art. 59, parágrafo único) e foi explicitado pela Lei Complementar nº 95/98 que exatamente dispõe sobre a elaboração, a redação, a alteração e a consolidação das leis no Brasil (ver especialmente o art. 8º).

Importante: os atos praticados durante o *vacatio legis* devem ser resolvidos à luz da lei revogada.

Outro detalhe: se durante a espera para entrada em vigor houver alguma alteração na lei e nova publicação, o prazo do *vacatio legis* deverá ser contado a partir desse ato modificativo.

9. FONTES SUBSIDIÁRIAS DO DIREITO

Já vimos que as fontes subsidiárias dos direitos são os costumes, os princípios gerais de direito, o direito comparado, o direito romano, a jurisprudência e a doutrina.

Vejamos cada uma delas, com mais detalhes:

9.1 Usos e costumes

Podemos definir os costumes como sendo a prática reiterada e prolongada de um determinado hábito social, de conhecimento dos membros daquela comunidade e que, numa certa medida, obriga a todos.

Os costumes podem ser identificados a partir de dois elementos, que seriam determinantes para sua configuração: material (*corpus*), que significa a repetição

LIÇÃO 1 • CONCEITOS GERAIS SOBRE O DIREITO CIVIL **21**

de uma determinada prática social, por um período prolongado; e psicológico (*animus*), representado pela certeza de que se deve obediência àquela conduta reiterada e aceita socialmente.

Desta forma, os costumes podem ser fontes de inspiração para o legislador propor sua incorporação ao ordenamento jurídico, transformando-o em lei. Enquanto isso não ocorre, os costumes servem como fonte suplementar do direito e também como regra de interpretação.

> **Exemplo:** todos conhecem a prática usual do cheque pós-datado (chamado erroneamente de pré-datado). Na Lei nº 7.357/85 (Lei do Cheque) não existe esta figura, tendo em vista que o cheque é uma ordem de pagamento à vista. Quer dizer, o pós-datado não está previsto em lei, é uma criação do povo brasileiro através dos usos e costumes e virou "lei". Todos os tribunais reconhecem a figura do cheque pré-datado. O STJ, por exemplo, considera que está configurado o dano moral pelo simples depósito antecipado do cheque pré-datado (ver súmula 370).

9.2 Os princípios gerais de direito

Por primeiro, é importante esclarecer que os princípios, de forma geral, são proposições básicas ou diretrizes que orientam e fundamentam o estudo de qualquer ciência, funcionando como espécie de pilares que dão sustentação às proposições emanadas.

Quanto aos princípios jurídicos, em qualquer ordenamento estudado, são "**verdades fundantes**", quer dizer, são proposituras fundamentais que estruturam e dão coesão ao sistema jurídico estudado, permitindo a integração das partes ao todo, independentemente de estarem, ou não, positivados. Para Miguel Reale, os princípios gerais de direitos "são enunciações normativas de valor genérico, que condicionam e orientam a compreensão do ordenamento jurídico, quer para sua aplicação e integração, quer para elaboração de novas normas".

Assim, **os princípios funcionam como os alicerces e pilares de qualquer sistema jurídico**, sendo, a bem da verdade, as regras gerais que devem orientar o legislador e o aplicador da norma, de forma lógica e coerente para que haja coesão e integração do sistema normativo estudado.

É importante frisar que qualquer dispositivo legal deve ser interpretado em harmonia com os princípios gerais que orientam o ordenamento jurídico, sejam os princípios gerais de caráter constitucional, alguns até positivados em nossa Constituição Federal, sejam os princípios específicos do ramo do direito estudado.

É exatamente em face de os princípios permearem todo o sistema jurídico nacional, fornecendo-lhe unidade e coesão, que ousamos afirmar que já se foi o tempo da aplicação mecânica do direito ao caso concreto. Na atualidade, é imperioso que o intérprete busque extrair da norma seu real sentido, porém de forma revitalizada e consentânea com os fins sociais a que ela se destina, utilizando-se, se for o caso, da analogia, dos costumes, da doutrina, da jurisprudência e, especialmente, dos princípios gerais de direito (ver LINDB, arts. 4º e 5º).

9.3 O direito comparado

Podemos dizer que o Direito Comparado é o estudo das semelhanças e diferenças existentes entre dois ou mais ordenamentos jurídicos diversos. Na verdade, **é o estudo comparativo entre dois ou mais sistemas jurídicos diferentes**.

Com a globalização da economia e a revolução das comunicações e dos transportes, o Direito Comparado ganhou muita importância, tendo em vista que diversas práticas jurídicas internacionais não vão encontrar previsão no ordenamento jurídico interno de um determinado país, forçando o intérprete a ir buscar soluções no direito e nos costumes internacionais (direito internacional privado).

Só por curiosidade, a Consolidação das Leis do Trabalho é clara ao prever que o intérprete, na ausência de norma específica, deve se servir da analogia, doutrina, jurisprudência, princípios gerais de direito, mas também do direito comparado (CLT, art. 8º).[20]

Para efeito de estudos, podemos agrupar alguns sistemas jurídicos que, em face de suas peculiaridades, podem ser classificados da seguinte forma:

a) **Sistema jurídico de tradição romano-germânica:**

Aqui se vincula o Brasil e podemos incluir os sistemas jurídicos dos países da América Latina, de praticamente toda a Europa continental, de parte da Ásia e de alguns países da África, cujo fundamento principal é o direito escrito. Sua origem remonta ao direito romano.

b) **Sistema jurídico anglo-saxão ou do *common law*:**

O fundamento é o direito costumeiro, cujas normas vão sendo criadas a partir de decisões judiciais sobre casos concretos, tal como praticado na Grã-Bretanha e nos Estados Unidos da América (USA).

---

20. CLT, Art. 8º – As autoridades administrativas e a Justiça do Trabalho, na falta de disposições legais ou contratuais, decidirão, conforme o caso, pela jurisprudência, por analogia, por equidade e outros princípios e normas gerais de direito, principalmente do direito do trabalho, e, ainda, de acordo com os usos e costumes, o direito comparado, mas sempre de maneira que nenhum interesse de classe ou particular prevaleça sobre o interesse público.

c) Sistema jurídico socialista:

É o sistema de direito utilizado pelos países socialistas como China, Cuba, Vietnã etc.

d) Sistema jurídico muçulmano:

É o direito vigente nos países árabes, em especial naqueles cuja religião oficial é o Islã.

e) Sistema jurídico misto:

Nesta classificação enquadramos os países africanos e asiáticos, que mesclam, por assim dizer, direitos próprios com os usos, costumes e direitos herdados dos colonizadores.

9.4   O Direito Romano

A influência do direito romano no nosso ordenamento jurídico é enorme. A origem e os fundamentos de nosso direito estão no direito romano.

Embora o direito romano não seja aplicado em nenhum país em especial, os estudos de seus fundamentos são importantes para compreensão do próprio sentido do direito na atualidade.

9.5   Jurisprudência

Jurisprudência é o resultado da aplicação e interpretação reiteradas das leis pelos tribunais. Dependendo do grau de reiteração das decisões, podemos falar em jurisprudência majoritária quando existe um grande número de decisões no mesmo sentido; ou minoritária, quando existem poucas decisões com determinado enfoque sobre o tema em julgamento, enquanto a maioria se posiciona no sentido contrário (atenção: um único julgado não pode ser chamado de jurisprudência).

Como a jurisprudência é o resultado da aplicação das leis aos casos concretos que são submetidos aos tribunais, temos como consequência lógica que a jurisprudência acaba por revitalizar as leis, dando-lhe ares de atualidade, de sorte que se pode dizer que o judiciário estará criando uma norma orientativa a partir do caso concreto.

Quando as decisões se tornam frequentes e unânimes numa mesma direção, os tribunais editam súmulas como forma de unificar seu pensamento. É como sinalizar para a sociedade, e especialmente para os operadores do direito, qual é o pensamento dominante naquele órgão, com relação àquela determinada questão jurídica. Essas súmulas não são obrigatórias, quer dizer, mesmo elas existindo os magistrados podem decidir de maneira contrária.

Importante repetir que a jurisprudência, como regra, não obriga nem vincula os magistrados, tendo em vista que eles podem decidir diferentemente do que os tribunais possam estar decidindo, contudo, existem duas exceções:

a) **Súmulas vinculantes:**

São súmulas editadas pelo Supremo Tribunal Federal (STF) em face de casos bem específicos que obrigam todos os magistrados a seguirem esta orientação. Quer dizer, as súmulas vinculantes acabam por ter força de lei, criando um vínculo jurídico obrigatório cujos efeitos a todos sujeitam (*erga omnes*). Este instituto foi criado em 2004 através da EC-45 que incluiu o art. 103-A, caput, na Constituição Federal.[21]

b) **Precedentes jurisprudenciais:**

Embora já existissem precedentes vinculantes no ordenamento jurídico brasileiro, o novo CPC (Lei nº 13.105, de 16 de março de 2015) potencializou esta figura cuja existência obriga todos os magistrados a seguirem a orientação fixada pelos tribunais. Dentre os vários precedentes o exemplo mais marcante dessa nova orientação jurisprudencial é o do julgamento de "casos repetitivos", tanto pelo STF quanto pela STJ. Quer dizer, julgado um processo paradigma, a decisão nele tomada deverá ser aplicada, obrigatoriamente, a todos os processos iguais que estejam em tramitação em todo o território brasileiro, bem como a todos os futuros processos versando sobre a mesma tese jurídica que foi objeto do repetitivo (ver CPC, arts. 1.036 a 1.041).

9.6 Doutrina

Doutrina é o estudo realizado pelos doutos. Quer dizer, é o estudo das leis e do sistema jurídico de um determinado país, realizado pelos jurisconsultos, que se projetam no mundo real através de livros, artigos, teses acadêmicas, pareceres e pesquisas.

O doutrinador é assim como um filósofo e a sua reflexão sobre determinado aspecto jurídico acaba por ter um viés científico na análise e compreensão dos textos de leis. Por isso sua importância para o mundo do direito enquanto ciência jurídica.

---

21. CF, Art. 103-A. O Supremo Tribunal Federal poderá, de ofício ou por provocação, mediante decisão de dois terços dos seus membros, após reiteradas decisões sobre matéria constitucional, aprovar súmula que, a partir de sua publicação na imprensa oficial, terá efeito vinculante em relação aos demais órgãos do Poder Judiciário e à administração pública direta e indireta, nas esferas federal, estadual e municipal, bem como proceder à sua revisão ou cancelamento, na forma estabelecida em lei.

Muitos estudos doutrinários propõem inovações, mudanças, aperfeiçoamentos das leis vigentes e, às vezes, propugnam por leis ainda não existentes.

10. TEORIA TRIDIMENSIONAL DE MIGUEL REALE

Embora seja matéria atinente à filosofia do direito, como boa parte dessa nossa primeira lição, entendo ser importante mostrar um pouco do que seja a teoria tridimensional do direito.

O professor Miguel Reale, partindo da premissa de que o Direito é um fenômeno complexo, que não pode contar apenas com uma única fonte, desenvolveu a teoria tridimensional do direito, composto basicamente de *fato* (o direito como fato social), *valor* (o direito como valor de justiça) e *norma* (o direito como ciência normativa).

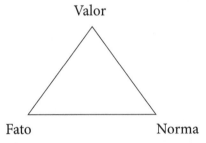

Para Hans Kelsen, direito é só a norma, pouco importando o fato. A ele se contrapôs Miguel Reale ao lançar sua teoria tridimensional do direito, pela qual os elementos integrantes do direito são fato, valor e norma, que estão em permanente sintonia, um atraindo o outro.

Para o grande filósofo brasileiro, "onde quer que haja um fundamento jurídico, há, sempre e necessariamente, um fato subjacente (fato econômico, geográfico, demográfico, de ordem técnica etc.); um valor, que confere determinada significação a esse fato, inclinando ou determinando a ação dos homens no sentido de atingir ou preservar certa finalidade ou objetivo; e, finalmente, uma regra ou norma, que representa a relação ou medida que integra um daqueles elementos ao outro, o fato ao valor; tais elementos (fato, valor e norma) não existem separados um dos outros, mas coexistem numa unidade concreta; mais ainda, esses elementos ou fatores não só se exigem reciprocamente, mas atuam como elos de um processo (já vimos que o Direito é uma realidade histórico-cultural), de tal modo que a vida do Direito resulta da interação dinâmica e dialética dos três elementos que a integram".

Em resumo: "Direito não é só norma, como quer Kelsen, Direito, não é só fato como rezam os marxistas ou os economistas do Direito, porque Direito não é economia. Direito não é produção econômica, mas envolve a produção econômica e nela interfere; o Direito não é principalmente valor, como pensam os adeptos do Direito Natural tomista, por exemplo, porque o Direito ao mesmo tempo é norma, é fato e é valor".[22]

---

22. Para uma melhor compreensão e aprofundamento dos temas tratados nesta primeira lição, sugerimos a leitura da obra *Lições preliminares de direito*, do professor Migue Reale, que trata com maestria dos conceitos de direito, da moral, das fontes do direito, da hermenêutica, da divisão e dos fundamentos do direito.

LIÇÃO 2
A LEI DE INTRODUÇÃO ÀS NORMAS DO DIREITO BRASILEIRO E SUA IMPORTÂNCIA

Sumário: 1. Conceito da LINDB – 2. Extensão e alcance da LINDB – 3. Repristinação – 4. Integração da norma jurídica – 5. Equidade – 6. Aplicação e interpretação das normas jurídicas – 7. Conflito de leis no tempo – 8. O direito adquirido, o ato jurídico perfeito e a coisa julgada – 9. Princípio da obrigatoriedade das leis – 10. Inafastabilidade do poder judiciário – 11. Eficácia da lei no espaço.

1. CONCEITO DA LINDB

A Lei de Introdução às Normas do Direito Brasileiro (LINDB), anteriormente chamada de "Lei de Introdução ao Código Civil Brasileiro" (LICC),[1] é uma legislação autônoma (Decreto-lei n° 4.657 de 4-9-1942) em relação ao Código Civil e às demais legislações em vigor, sendo composta por um conjunto de regras que disciplinam as próprias normas jurídicas brasileiras, determinando o seu modo de aplicação e interpretação, no tempo e no espaço, bem como consagrando alguns conceitos como o ato jurídico perfeito, a coisa julgada e o direito adquirido, além da irretroatividade das leis e seu efeito repristinatório.

2. EXTENSÃO E ALCANCE DA LINDB

Esta lei ultrapassa os limites do direito civil, pois regula a forma de elaboração de todas as leis brasileiras, sua vigência, aplicação no tempo e no espaço, inclusive suas fontes, por isso pode ser considerada como **um verdadeiro código**

---

1. A alteração foi promovida pela Lei n° 12.376/10, para adequar melhor o nome ao verdadeiro alcance da referida norma.

de normas, aplicável a todos os ramos do direito, cabendo destacar os seguintes e importantes aspectos:

a) **Vigência da lei:**

Regula a vigência e eficácia de todas as normas jurídicas brasileiras (LINDB, arts. 1º).[2] De regra, a própria lei deve trazer em seu corpo a data de sua entrada em vigor, porém, se houver omissão, esse prazo será de 45 dias contados da publicação (vigência interna) ou de três meses para países estrangeiros onde seja admitida (vigência externa).

b) **Revogação das normas:**

Estabelece que as leis, quando não sejam temporárias, só se revogam por outra lei de forma expressa (quando a lei mencionar que está revogando a outra) ou de maneira tácita (quando for com a lei anterior incompatível), disciplinando ainda o instituto da repristinação (LINDB, art. 2º).[3]

c) **Conflito de leis:**

Também apresenta soluções para dirimir os conflitos das normas no tempo (LINDB, art. 6º)[4] e no espaço (LINDB, art. 7º).[5]

---

2. LINDB, Art. 1º Salvo disposição contrária, a lei começa a vigorar em todo o país quarenta e cinco dias depois de oficialmente publicada.

§ 1º Nos Estados, estrangeiros, a obrigatoriedade da lei brasileira, quando admitida, se inicia três meses depois de oficialmente publicada.

§ 2º (Revogado pela Lei 12.036, de 2009).

§ 3º Se, antes de entrar a lei em vigor, ocorrer nova publicação de seu texto, destinada a correção, o prazo deste artigo e dos parágrafos anteriores começará a correr da nova publicação.

§ 4º As correções a texto de lei já em vigor consideram-se lei nova.

3. LINDB, Art. 2º Não se destinando à vigência temporária, a lei terá vigor até que outra a modifique ou revogue.

§ 1º. A lei posterior revoga a anterior quando expressamente o declare, quando seja com ela incompatível ou quando regule inteiramente a matéria de que tratava a lei anterior.

§ 2º. A lei nova, que estabeleça disposições gerais ou especiais a par das já existentes, não revoga nem modifica a lei anterior.

§ 3º. Salvo disposição em contrário, a lei revogada não se restaura por ter a lei revogadora perdido a vigência.

4. LINDB, Art. 6º A Lei em vigor terá efeito imediato e geral, respeitados o ato jurídico perfeito, o direito adquirido e a coisa julgada.

§ 1º Reputa-se ato jurídico perfeito o já consumado segundo a lei vigente ao tempo em que se efetuou.

§ 2º Consideram-se adquiridos assim os direitos que o seu titular, ou alguém por ele, possa exercer, como aqueles cujo começo do exercício tenha termo prefixo, ou condição preestabelecida inalterável, a arbítrio de outrem.

§ 3º Chama-se coisa julgada ou caso julgado a decisão judicial de que já não caiba recurso.

5. LINDB, Art. 7º A lei do país em que domiciliada a pessoa determina as regras sobre o começo e o fim da personalidade, o nome, a capacidade e os direitos de família.

LIÇÃO 2 • A LEI DE INTRODUÇÃO ÀS NORMAS DO DIREITO BRASILEIRO E SUA IMPORTÂNCIA | **29**

d) **Regras de integração e de interpretação:**

Referida lei fornece critério de integração e de hermenêutica das normas jurídicas ao julgador, podendo se afirmar que a lei pode ser omissa, porém o sistema jurídico não (LINDB, arts. 4º e 5º).[6]

a) **Fontes do direito:**

Ao mesmo tempo em que fornece regras de integração, a LINDB também estabelece a lei como fonte principal do direito e a analogia, os costumes e os princípios gerais de direito como fontes acessórias (ver art. 4º, já citado).

b) **Irretroatividade da lei:**

Ao estabelecer que se deva respeitar o **ato jurídico perfeito** (aquele já consumado à luz do direito vigente quando de sua elaboração), o **direito adquirido** (aquele que já poderia ser exercido quando da edição da lei nova) e a **coisa julgada** (decisão judicial da qual não cabe mais recurso), a LINDB fornece segurança jurídica ao sistema, de sorte a afirmar que nenhuma lei retroagirá para alterar situações que já estejam consolidadas pelo tempo ou por decisão judicial transitada em julgado (ver art. 6º).

---

§ 1º Realizando-se o casamento no Brasil, será aplicada a lei brasileira quanto aos impedimentos dirimentes e às formalidades da celebração.

§ 2º O casamento de estrangeiros poderá celebrar-se perante autoridades diplomáticas ou consulares do país de ambos os nubentes.

§ 3º Tendo os nubentes domicílio diverso, regerá os casos de invalidade do matrimônio a lei do primeiro domicílio conjugal.

§ 4º O regime de bens, legal ou convencional, obedece à lei do país em que tiverem os nubentes domicílio, e, se este for diverso, a do primeiro domicílio conjugal.

§ 5º O estrangeiro casado, que se naturalizar brasileiro, pode, mediante expressa anuência de seu cônjuge, requerer ao juiz, no ato de entrega do decreto de naturalização, se apostile ao mesmo a adoção do regime de comunhão parcial de bens, respeitados os direitos de terceiros e dada esta adoção ao competente registro.

§ 6º O divórcio realizado no estrangeiro, se um ou ambos os cônjuges forem brasileiros, só será reconhecido no Brasil depois de 1 (um) ano da data da sentença, salvo se houver sido antecedida de separação judicial por igual prazo, caso em que a homologação produzirá efeito imediato, obedecidas as condições estabelecidas para a eficácia das sentenças estrangeiras no país. O Superior Tribunal de Justiça, na forma de seu regimento interno, poderá reexaminar, a requerimento do interessado, decisões já proferidas em pedidos de homologação de sentenças estrangeiras de divórcio de brasileiros, a fim de que passem a produzir todos os efeitos legais.

§ 7º Salvo o caso de abandono, o domicílio do chefe da família estende-se ao outro cônjuge e aos filhos não emancipados, e o do tutor ou curador aos incapazes sob sua guarda.

6. LINDB, Art. 4º Quando a lei for omissa, o juiz decidirá o caso de acordo com a analogia, os costumes e os princípios gerais de direito.

LINDB, Art. 5º Na aplicação da lei, o juiz atenderá aos fins sociais a que ela se dirige e às exigências do bem comum.

3. REPRISTINAÇÃO

É o fenômeno pelo qual uma lei que é revogada por outra pode voltar a ter plena vigência se a lei que a revogou vier a ser posteriormente revogada.

> **Entendendo melhor:** imaginem que estava em vigor uma lei "A" que é revogada pela aprovação de uma lei "B". Depois o órgão legislativo aprova uma lei "C" revogando a lei "B" e com isso restaurando a vigência da lei "A".

No Brasil esse fenômeno não ocorre de maneira automática ou implícita, por força do que dispõe a LINDB (art. 2º, § 3º),[7] sendo necessário que a lei nova faça expressa menção à restauração da lei anteriormente revogada. Portanto, **no Brasil só se admite a repristinação expressa**.

4. INTEGRAÇÃO DA NORMA JURÍDICA

Como o legislador não consegue prever todas as situações presentes e futuras, estabelece a LINDB (ver art. 4º) que, se não houver uma lei específica a ser aplicada ao caso concreto, o juiz não poderá deixar de julgar o caso que lhe foi submetido à apreciação e para isso deverá aplicar a analogia, os costumes e os princípios gerais de direito, nesta exata ordem.

a) **Analogia:**

Para situações semelhantes, deve-se aplicar a mesma regra de direito. Quer dizer, julgar por analogia significa julgar pelas semelhanças dos fatos acontecidos. Exemplo: o Código Civil ao regular a ausência refere-se a cônjuge e nada fala em relação aos companheiros; logo, se chegar à justiça um caso de ausência envolvendo companheiros, o juiz deverá aplicar a mesma norma do casamento para a união estável (CC, art. 25).[8]

b) **Costumes:**

O Direito costumeiro nasce da prática reiterada de um determinado comportamento social que depois passa a ter relevância jurídica. A sua utilização na solução de conflitos muitas vezes está prevista na própria lei (ver CC, arts. 596 e 615 dentre vários outros).[9] Um exemplo típico

---

7. LINDB, Art. 2º (Omissis)

    § 3º Salvo disposição em contrário, a lei revogada não se restaura por ter a lei revogadora perdido a vigência.

8. CC, Art. 25. O cônjuge do ausente, sempre que não esteja separado judicialmente, ou de fato por mais de dois anos antes da declaração da ausência, será o seu legítimo curador.

    (omissis).

9. CC, Art. 596. Não se tendo estipulado, nem chegado a acordo as partes, fixar-se-á por arbitramento a retribuição, segundo o costume do lugar, o tempo de serviço e sua qualidade. CC, Art. 615. Concluída

LIÇÃO 2 • A LEI DE INTRODUÇÃO ÀS NORMAS DO DIREITO BRASILEIRO E SUA IMPORTÂNCIA **31**

presente em nossos dias é a prática costumeira de emissão do cheque pós-datado (popularmente chamado de pré-datado). Essa figura não existe no ordenamento jurídico, tendo em vista que o cheque é, ao contrário da prática, uma ordem de pagamento à vista.

c) **Princípios gerais de direito:**

São enunciações de valor genérico que estão na consciência de um povo e são universalmente aceitas e que, por sua importância, estão na sua maioria positivados em lei, como, por exemplo, o princípio constitucional da dignidade da pessoa humana (art. 1º, III) ou o princípio da isonomia (art. 5º, *caput*). Existem outros princípios que não estão expressamente previstos em lei, mas são universalmente aceitos, como, por exemplo, o princípio de que "**ninguém pode se beneficiar da sua própria torpeza**" ou "**ninguém pode transferir mais direito do que os que possuem**", ou ainda, "**na dúvida, pró mísero**".

Atenção: o fato de os princípios estarem relacionados em terceiro lugar não significa que eles são menos importantes do que a analogia e os costumes. Em verdade, ele é o mais importante instituto de integração das normas jurídicas porque se não existir lei normatizando determinado comportamento e o julgador não encontrar algo similar na analogia ou nos costumes, deverá então, como última e mais importante regra, servir-se dos princípios gerais de direito.[10]

5. EQUIDADE

Este também é um elemento de integração das normas jurídicas (ver LINDB, art. 5º). Significa **a busca da justiça aplicada ao caso concreto**. Vale rememorar que a lei é fria e estática e que sua aplicação de maneira rigorosa pode implicar em injustiça. Assim, o julgador tem a prerrogativa de temperar e abrandar o rigor da lei frente a cada situação que se lhe apresente. Exemplo típico é a possibilidade de o juiz decidir de maneira diferente do disposto na lei sobre a guarda dos filhos quando outra forma se mostrar mais benéfica para as crianças (CC, art. 1.586),[11] entre outros.

---

a obra de acordo com o ajuste, ou o costume do lugar, o dono é obrigado a recebê-la. Poderá, porém, rejeitá-la, se o empreiteiro se afastou das instruções recebidas e dos planos dados, ou das regras técnicas em trabalhos de tal natureza.

10. Segundo Miguel Reale: Os princípios gerais do direito são "verdades fundantes", espécie de alicerces de qualquer ordenamento jurídico, que condiciona e orienta a compreensão do ordenamento jurídico estudado, independentemente de estarem positivados em norma legal (*Lições preliminares de direito*, p. 299-300).

11. CC, Art. 1.586. Havendo motivos graves, poderá o juiz, em qualquer caso, a bem dos filhos, regular de maneira diferente da estabelecida nos artigos antecedentes a situação deles para com os pais.

6. APLICAÇÃO E INTERPRETAÇÃO DAS NORMAS JURÍDICAS

Quando a norma se aplica perfeitamente a uma determinada situação, dizemos que ocorreu a subsunção da norma ao caso concreto. Muitas vezes, tal enquadramento não ocorre e o juiz é obrigado a fazer a integração da norma aplicável ao caso *sub judice*, daí surgindo a necessidade de se fazer a interpretação da lei, ou seja, de procurar **identificar qual é o "espírito da lei"**.

A **hermenêutica é a ciência de interpretação das leis** e para compreensão de sua importância, peço vênia para colacionar as palavras do mestre Miguel Reale: "se o executor de Beethoven pode dar-lhe uma interpretação própria, através dos valores de sua subjetividade, a música não pode deixar de ser a de Beethoven. No direito, ao contrário, o intérprete pode avançar mais, dando à lei uma significação imprevista, completamente diversa da esperada ou querida pelo legislador, em virtude de sua correlação com outros dispositivos, ou então pela sua compreensão à luz de novas valorações emergentes no processo histórico".[12]

Embora existam vários métodos para realizar a busca da finalidade da lei é importante consignar que **não se deve utilizar um único meio de interpretação**, tendo em vista que eles não se excluem; longe disso, se completam.

Para efeitos de estudos, podemos classificar os métodos interpretativos da seguinte forma:

a) **Quanto às fontes:**

Os métodos de interpretação se dividem em **autêntica** (quando o próprio legislador edita outra norma para melhor esclarecer a que estava anteriormente em vigor); **jurisprudencial ou judicial** (é aquela fixada pelos juízes e tribunais nas decisões reiteradas de casos concretos e na edição de súmulas); e **doutrinária** (aquela feita pelos estudiosos do direito, os jurisconsultos).

b) **Quanto aos meios:**

A interpretação pode ser **gramatical ou literal** (analisa o texto de lei do ponto de vista linguístico); **lógica ou racional** (é aquela que procurar atender ao espírito da lei, sua finalidade e a intenção do legislador).

c) **Quanto ao sistema:**

É o método **sistemático** de interpretação que parte da premissa de que as leis não existem isoladamente, todas fazem parte de um mesmo sistema, de sorte que cada uma deve ser interpretada conforme os princípios que

---

12. *Lições preliminares de direito*, p. 287-288.

regem o próprio sistema (exemplo: a autonomia da vontade é limitada em face da função social dos contratos).

d) Quanto à história:

É o método chamado **histórico** que procura interpretar a lei conforme os antecedentes históricos e sociais que a fizeram surgir (exemplo: Decreto-lei nº 22.626/33, Lei da Usura, editada em um momento de crise financeira com o intuito de frear os juros abusivos).

e) Quanto ao momento de aplicação da lei:

É o modo de interpretação que chamamos de **sociológica ou teleológica**, que procura adaptar a aplicação das normas às exigências sociais do momento de sua aplicação (conforme consta estabelecido no art. 5º da LINDB, já citado).

f) Quanto aos valores protegidos:

Dizemos que a interpretação é **axiológica** quando o intérprete busca traduzir os valores que serão concretizados pela norma. É a forma mais adequada de dirimir aparentes conflitos de normas, pois em cada caso concreto é possível afastar uma norma, ou mesmo um princípio, privilegiando outro, sem com isso dizer que um está derrogando o outro. Por exemplo: quando se admite a prisão civil do devedor de pensão alimentícia, está se **privilegiando a vida do alimentando**, em **detrimento da liberdade do alimentante**. No caso concreto são dois valores em aparente conflito: a vida e a liberdade.

7. CONFLITO DE LEIS NO TEMPO

As leis são editadas para regularem situações futuras, porém em muitos casos ela conflita com situações que já se encontravam sedimentadas. Para solução de impasses, há duas soluções:

a) As disposições transitórias:

São disposições acessórias que visam compatibilizar as regras da nova lei que entra em vigor com as regras que constavam da lei revogada. Nesse sentido, ver como exemplo os prazos de prescrição que constavam no Código Civil de 1916 e foram reduzidos pelo Código Civil de 2002 (CC, art. 2.028).[13]

---

13. CC, Art. 2.028. Serão os da lei anterior os prazos, quando reduzidos por este Código, e se, na data de sua entrada em vigor, já houver transcorrido mais da metade do tempo estabelecido na lei revogada.

b) O princípio da irretroatividade das leis:

Conforme consta expressamente da Constituição Federal (CF, art. 5º, XXXVI)[14] e da própria Lei de Introdução às Normas do Direito Brasileiro – LINDB (ver art. 6º), nenhuma lei pode retroagir para prejudicar o direito adquirido, o ato jurídico perfeito e a coisa julgada.

8. O DIREITO ADQUIRIDO, O ATO JURÍDICO PERFEITO E A COISA JULGADA

A previsão Constitucional da imutabilidade do direito adquirido, do ato jurídico perfeito e da coisa julgada, mesmo em face de lei nova que tenha modificado essa relação jurídica anterior, está diretamente ligada à necessidade de o Estado oferecer à sociedade estabilidade e segurança jurídica. A ideia que prevalece é que a lei nova projete seus efeitos para o futuro, resguardando as situações consolidadas no passado.

Por **direito adquirido** deve ser entendido como aquele direito que já está integrado ao patrimônio da pessoa que apenas não o exerceu ainda por alguma conveniência. Vamos imaginar que amanhã seja votada uma lei modificando a idade para aposentadoria de 65 para 70 anos. Mesmo com a lei entrando em vigor, toda pessoa que já tiver 65 anos de idade neste momento, não será atingida pela lei nova. As regras da aposentadoria mudaram, mas elas só valem para frente não prejudicando situações que já estavam consolidadas no direito anterior.

Já o **ato jurídico perfeito** é aquele negócio que já estava pronto e acabado quando da edição da lei nova. É aquele ato que se formou sob o pálio de uma determinada norma, no qual todos os requisitos necessários para sua validade foram cumpridos à luz daquela norma vigente. Ainda que venha a surgir uma lei nova, deverão ser preservados os negócios jurídicos praticados sob a vigência da lei revogada, por uma questão de segurança jurídica.

Coisa julgada é a decisão judicial que não é mais possível de modificação seja porque a parte interessada não interpôs o recurso cabível no prazo determinado; seja porque interpôs todos os recursos e agora já não há mais nenhum outro recurso possível de ser manejado. Ocorrendo o trânsito em julgado, a decisão tem caráter definitivo e faz lei entre as partes, não podendo ser alterado se legislação nova veio a disciplinar aquela situação de forma diferente.

---

14. CF, art. 5º, (omissis).

XXXVI – a lei não prejudicará o direito adquirido, o ato jurídico perfeito e a coisa julgada; (...).

LIÇÃO 2 • A LEI DE INTRODUÇÃO ÀS NORMAS DO DIREITO BRASILEIRO E SUA IMPORTÂNCIA | 35

9. PRINCÍPIO DA OBRIGATORIEDADE DAS LEIS

Ninguém pode alegar que desconhece a existência de uma lei para com isso tentar se eximir de responsabilidade (LINDB, art. 3º).[15]

Em razão disso há o **princípio da publicidade** que exige que todas as leis brasileiras sejam publicadas em Diário Oficial (Federal, Estadual ou Municipal), com o objetivo de tornar público a existência daquela determinada norma e a sua vigência.

Quer dizer, depois de publicada a lei, respeitando o período de *vacatio legis* se houver, ela passa a valer para todos, não podendo ninguém alegar desconhecimento de sua existência para se isentar de responsabilidade pelo seu descumprimento.

10. INAFASTABILIDADE DO PODER JUDICIÁRIO

No ordenamento jurídico brasileiro há um chamado "**direito de petição**" que está previsto na Constituição Federal (ver art. 5º, inciso XXXV),[16] pelo qual qualquer pessoa pode invocar o poder jurisdicional do Estado para dirimir controvérsias. Costumo dizer que ainda que você não tenha direito nenhum, pelo menos terá o direito de peticionar e pedir ao estado que declare isso.

Assim, toda pessoa (física ou jurídica) tem o direito de invocar a atividade jurisdicional a seu favor, como direito público subjetivo.

Provocado o Poder Judiciário surge para o sujeito um novo direito que é a garantia de que seu pedido será apreciado.

Assim, o juiz não poderá deixar de julgar qualquer causa alegando inexistência de lei ou ato normativo. Para suprir isso, deverá usar a analogia, os costumes, os princípios gerais de direito, a doutrina ou mesmo a jurisprudência (ver LINDB, art. 4º). O que não pode é deixar de julgar.

11. EFICÁCIA DA LEI NO ESPAÇO

Quando falamos de eficácia de lei no espaço estamos nos referindo à vigência da lei dentro de um determinado território.

Em face do princípio constitucional da soberania (CF, art. 1º, I), somente a lei brasileira tem força de aplicação dentro dos limites territoriais do Brasil.

---

15. LINDB, Art. 3º Ninguém se escusa de cumprir a lei, alegando que não a conhece.
16. CF, art. 5º (omissis).
    XXXV – a lei não excluirá da apreciação do Poder Judiciário lesão ou ameaça a direito; (...).

Vale anotar que cada Estado é soberano, ou seja, possui suas próprias normas que deverão ser aplicadas em todo o seu território. Dessa forma, a lei argentina só tem força dentro do seu território, não podendo ser aplicada para solução de casos no Paraguai ou noutro país qualquer (serve quando muito como regra de interpretação e preenchimento de lacunas, como direito comparado).

Dentro do Brasil, existem normas editadas pelos Estados federados que só têm vigência dentro daquele Estado, assim como os municípios que editam suas próprias normas para seus casos particulares, não tendo validade para outros municípios (sobre a extraterritorialidade, ver arts. 8º e ss. da LINDB).

> **Vale repisar:** dentro do território brasileiro só têm valor as normas brasileiras. Nenhuma outra lei, de nenhum país, por melhor que seja, não tem vigência aqui.

> **Atenção:** mesmo os tratados internacionais, para ter força de lei no Brasil, devem ser recepcionados pela forma que a lei brasileira estabelece. Quer dizer, os tratados internacionais depois de assinados pelo Presidente da República, para ter validade no Brasil, precisam ser aprovados pelo Congresso Nacional através de decreto legislativo, promulgados e publicados (ver CF, art. 84, III c/ art. 49, I).

Lição 3
O CÓDIGO CIVIL BRASILEIRO E SUAS FONTES

Sumário: 1. Conceito de direito civil – 2. Origens do direito civil – 3. Evolução do direito civil – 4. O direito civil brasileiro – 5. O código civil de 2002 – 6. Princípios orientadores do atual código civil; 6.1 Princípio da socialidade; 6.2 Princípio da eticidade; 6.3 Princípio da operabilidade.

1. CONCEITO DE DIREITO CIVIL

Direito Civil é o direito comum, também chamado de direito privado (quando incluímos o direito comercial), que rege as relações entre os particulares, disciplinando a vida e as relações das pessoas naturais, desde a sua concepção e até após a morte, bem como das pessoas jurídicas, regulando as relações pessoais e patrimoniais, bem como as formas de aquisição e transferência de bens.

2. ORIGENS DO DIREITO CIVIL

As origens do direito civil como hoje conhecemos remonta ao direito romano. Naquela época havia dois tipos de direito a ser aplicado aos particulares, conforme fosse o caso: o *jus civile* para os cidadãos romanos; e o *jus gentium*, para os estrangeiros.

À época de Justiniano houve uma tripartição: o *jus civile* seria o direito a ser aplicado dentro dos limites do Império Romano; o *jus gentium*, que seria aplicado em relação às nações estrangeiras; e o *jus naturale*, enquanto ideal de justiça a ser buscado.

3. EVOLUÇÃO DO DIREITO CIVIL

Tudo na vida evolui e se transforma. Com o direito não poderia ser diferente. O direito civil tal qual conhecemos hoje tem uma influência predominantemente romana, porém houve outras influências no transcorrer do tempo; vejamos:

a) **Idade Média:**

Na idade média o direito civil com fortes influências do direito romano passou a sofrer concorrência do direito canônico em face do poder da igreja católica e também do direito germânico (direito consuetudinário).

b) **Idade Moderna:**

Na idade moderna o direito civil, com a construção da ciência jurídica e a substituição do Estado absoluto pelo Estado liberal, tomou contornos mais especializados passando a regular todas as atividades privadas. Isso se deu como decorrência de fatores históricos tais como o *bill of rigths* inglês de 1689; a Declaração dos Direito de Virginia de 1776, do povo americano; e a Declaração dos Direito do Homem e do Cidadão proclamada pela Revolução Francesa de 1789.

c) **Surge a codificação:**

O primeiro Código Civil foi o da França, também chamado de Código de Napoleão (Napoleônico),[1] editado em 1804, que continua em vigor até hoje e serviu de modelo para os códigos de todos os demais povos, incluindo o do Brasil de 1916.

Curiosidade: até a presente data a França teve dez constituições diferentes, mas um só Código Civil que foi recepcionado por todas elas. Esse código é um orgulho para o povo francês

d) **O Código Comercial:**

A partir do século XIX, em face dos comerciantes, que exigiam normas especiais que regulassem suas atividades, surge o direito comercial, como um ramo autônomo do direito privado, desmembrado do direito civil. O primeiro Código Comercial foi o da França, editado em 1807. O Brasil também teve um Código Comercial, que foi editado em 1850 (curiosamente antes do Código Civil), revogado em parte pelo Código Civil brasileiro de 2002.

---

1. Napoleão Bonaparte teria declarado: "Minha verdadeira glória não foi ter vencido quarenta batalhas; Waterloo apagará a lembrança de tantas vitórias. O que ninguém conseguirá apagar, aquilo que viverá eternamente, é o meu Código Civil."

4. O DIREITO CIVIL BRASILEIRO

Até chegarmos ao Código Civil atual, o direito civil brasileiro percorreu caminhos tortuosos. Neste tópico vamos fazer um breve relato dessa caminhada.

a) **Ordenações Filipinas:**

Até o advento do primeiro Código Civil Brasileiro, em 1916, vigorou no Brasil as Ordenações Filipinas (editada em 1603 pela coroa portuguesa), mesmo após ter ocorrido a independência em 1822.

Curiosidade: a primeira das ordenações portuguesa foram as Afonsinas (D. Afonso V, no ano de 1446), seguidas pelas Manuelinas (compiladas pelo Rei D. Manuel, no ano de 1521).

b) **Consolidação das Leis Civis:**

Em 1855 o jurisconsulto **Augusto Teixeira de Freitas**[2] foi contratado pelo Governo brasileiro para elaborar uma consolidação das leis civis (condensar, classificar e ordenar todas as leis civis que estavam em vigor no Brasil àquela época), pois nossas leis não possuíam nenhuma sistemática ou ordem. Essa tarefa foi concluída no ano de 1858.

Curiosidade: esse trabalho foi considerado o primeiro grande monumento jurídico nacional e também o alicerce da codificação brasileira.

c) **Esboço Teixeira de Freitas:**

Em 1859, o mesmo Teixeira de Freitas é contratado pelo Governo brasileiro, dessa vez para elaborar o nosso Código Civil. Esse trabalho que constou de mais de 4.900 artigos acabou sendo conhecido como "Esboço" e, por ingerências políticas, não chegou sequer a ser submetido à aprovação.

Curiosidade: o esboço de Teixeira de Freitas acabou por influir decisivamente na elaboração do Código Civil de outros países, como Argentina, Paraguai, Uruguai, Chile, Nicarágua, e por vias transversas na legislação civil de outros países das Américas.

d) **O projeto Clóvis Beviláqua:**

Em 1899, Campo Sales, que era o então Presidente, escolheu o jovem Clóvis Beviláqua[3] para elaborar o projeto do primeiro Código Civil Bra-

---

2. Teixeira de Freitas era natural de Cachoeira, na Bahia, onde nasceu a 19 de agosto de 1816. Formou-se em direito pela Academia de Direito de Olinda, em 1837 (atual Faculdade de Direito de Recife). Morreu em 12 de dezembro de 1883 em Niterói/RJ.
3. Clóvis Beviláqua nasceu em Viçosa do Ceará, em 4 de outubro de 1859, e faleceu no Rio de Janeiro, em 26 de julho de 1944. Foi jurista, legislador, filósofo e historiador brasileiro.

sileiro, que foi encaminhado ao Congresso em 1900 e aprovado somente em 1916, entrando em vigor em 1º de janeiro de 1917 (Lei nº 3.071, de 1º de janeiro de 1916). Sua elaboração sofreu forte influência do Código Civil alemão (chamado de BGB) de 1896 e, naturalmente, do Código Napoleônico de 1804.

e) **As Leis especiais do século XX:**

A evolução da sociedade no curso do século XX fez surgir a necessidade de legislar sobre determinados aspectos peculiares da vida moderna. Assim, diversas leis esparsas passaram a ser editadas, algumas promovendo modificações no então Código Civil vigente, outras regulando matérias que não estavam previstas no mesmo.

Vejamos alguns exemplos: Lei da Usura (Decreto nº 22.626/33), Estatuto da Mulher Casada (Lei nº 4.121/62), Lei de Alimentos (Lei nº 5.478/68), Lei dos Registros Públicos (Lei nº 6.015/73), Lei do Divórcio (Lei nº 6.515/77), Código de Defesa do Consumidor (CDC – Lei nº 8.078/90), Estatuto da Criança e do Adolescente (ECA – Lei nº 8.069/90), Leis da União Estável (Lei nº 8.971/94 e nº 9.278/96), Lei do Inquilinato (Lei nº 8.245/91) etc.

f) **O Código Civil de 2002:**

Nasce o Código Civil de 2002, depois de duas tentativas de elaboração de um código que substituísse o de 1916, mas isso merece um capítulo especial que veremos a seguir.

5. O CÓDIGO CIVIL DE 2002

A revisão do Código de 1916 já havia sido tentada em 1941 com a apresentação do Anteprojeto do Código de Obrigações, elaborado pelos juristas Orozimbo Nonato, Filadelfo Azevedo e Hanemann Guimarães. Este projeto acabou recebendo muitas críticas, especialmente porque iria contra o direito codificado, que seria rompido com a aprovação isolada de um código de obrigações, sendo uma das razões de sua não aprovação.

Em 1961, uma nova tentativa. O governo nomeia uma comissão, formada por Orlando Gomes, Silvio Marcondes e Caio Mario da Silva Pereira, para elaboração de um novo Código. O projeto foi apresentado em 1965, mas também não chegou a ser votado. Caio Mario elaborou o Projeto de Código de Obrigações, que serviu de base para a elaboração do Código Civil de 2002.

Por fim, em 1967 o Governo nomeou uma comissão sob a supervisão de Miguel Reale composta dos seguintes juristas: José Carlos Moreira Alves (Parte Geral), Agostinho Alvim (Obrigações), Sylvio Marcondes (Empresas), Ebert

LIÇÃO 3 • O CÓDIGO CIVIL BRASILEIRO E SUAS FONTES 41

Vianna Chamoun (Direito das Coisas), Clovis do Couto e Silva (Direito de Família) e Torquato Castro (Direito das Sucessões).

O projeto foi entregue ao Congresso Nacional em 1975 e somente foi aprovado em 10 de janeiro de 2002 (Lei nº 10.406, de 10 de janeiro de 2002), com um período de *vacatio legis* de um ano, entrando em vigor em 11 de janeiro de 2003.

Durante a sua longa tramitação, o projeto sofreu diversas modificações através de emendas, especialmente depois da Constituição Federal de 1988, que promoveu profundas alterações nas relações civis, especialmente no direito de família. **Com a Constituição Federal de 1988 houve uma espécie de constitucionalização do direito civil**, com a inserção do princípio da dignidade humana (CF, art. 1º, III) e a necessária proteção aos direitos fundamentais da pessoa humana (CF, art. 5º e seus vários incisos); a nova concepção de família (CF, art. 226) e a proteção especial às crianças e adolescente (CF, art. 227), assim como aos idosos (CF, art. 230), dentre outros aspectos importantes.

Em face da defasagem entre sua elaboração e aprovação, o relator do Projeto na Câmara dos Deputados – Dep. Ricardo Fiúza, apresentou o Projeto no 6.960/02, com a proposta de alteração de 160 artigos do atual Código Civil, visando atualizá-lo (o projeto ainda não foi aprovado).

6. PRINCÍPIOS ORIENTADORES DO ATUAL CÓDIGO CIVIL

O Código Civil de 2002 positivou vários princípios, enquanto cláusulas abertas, cujo alcance só se pode medir na aplicação frente ao caso concreto. Por isso, alguns chegam a afirmar que o Código Civil é um código dos magistrados na medida em que alarga o poder do juiz na interpretação e aplicação dos preceitos contidos no mesmo, na medida em que está autorizado a privilegiar mais os fatos e valores do que seguir o rigorismo técnico da lei.

São três os princípios fundamentais albergados no Código Civil de 2002, quais sejam: da socialidade, da eticidade e da operabilidade; vejamos:

6.1 Princípio da socialidade

Que deve ser entendido no sentido de que **os valores coletivos devem prevalecer sobre os interesses individuais**, tais como a função social da propriedade (CC, 1.228 e seus parágrafos),[4] que já estava inserida na Constituição Federal

---

4. CC, Art. 1.228. O proprietário tem a faculdade de usar, gozar e dispor da coisa, e o direito de reavê-la do poder de quem quer que injustamente a possua ou detenha.

(CF art. 5º, XXIII); a função social dos contratos (CC, art. 421),[5] que também já constava na Constituição de 1988; a posse-trabalho como forma de redução do prazo para aquisição da propriedade imóvel pela usucapião, tanto ordinário quanto extraordinário (CC, art. 1.238, parágrafo único e 1.242, parágrafo único);[6] a propriedade deixa de ser exclusivista e o seu proprietário agora passa a ter também uma responsabilidade social, especialmente com o meio ambiente (ver CC, art. 1.228, § 1º).

Até no direito de família o princípio da socialidade se faz presente, substituindo o individualismo marcante do Código anterior ao abolir o "pátrio poder", que era exercido exclusivamente pelo marido em relação aos filhos e ao lar, que agora foi substituído pelo "poder familiar", que deve ser exercido em conjunto por ambos os cônjuges. Quer dizer, agora a mulher também tem o direito de dirigir a família (CC, art. 1.631).[7]

---

§ 1º O direito de propriedade deve ser exercido em consonância com as suas finalidades econômicas e sociais e de modo que sejam preservados, de conformidade com o estabelecido em lei especial, a flora, a fauna, as belezas naturais, o equilíbrio ecológico e o patrimônio histórico e artístico, bem como evitada a poluição do ar e das águas.

§ 2º São defesos os atos que não trazem ao proprietário qualquer comodidade, ou utilidade, e sejam animados pela intenção de prejudicar outrem.

§ 3º O proprietário pode ser privado da coisa, nos casos de desapropriação, por necessidade ou utilidade pública ou interesse social, bem como no de requisição, em caso de perigo público iminente.

§ 4º O proprietário também pode ser privado da coisa se o imóvel reivindicado consistir em extensa área, na posse ininterrupta e de boa-fé, por mais de cinco anos, de considerável número de pessoas, e estas nela houverem realizado, em conjunto ou separadamente, obras e serviços considerados pelo juiz de interesse social e econômico relevante.

§ 5º No caso do parágrafo antecedente, o juiz fixará a justa indenização devida ao proprietário; pago o preço, valerá a sentença como título para o registro do imóvel em nome dos possuidores.

5. CC, Art. 421. A liberdade de contratar será exercida em razão e nos limites da função social do contrato.

6. CC, Art. 1.238. Aquele que, por quinze anos, sem interrupção, nem oposição, possuir como seu um imóvel, adquire-lhe a propriedade, independentemente de título e boa-fé; podendo requerer ao juiz que assim o declare por sentença, a qual servirá de título para o registro no Cartório de Registro de Imóveis.

Parágrafo único. O prazo estabelecido neste artigo reduzir-se-á a dez anos se o possuidor houver estabelecido no imóvel a sua moradia habitual, ou nele realizado obras ou serviços de caráter produtivo.

CC, Art. 1.242. Adquire também a propriedade do imóvel aquele que, contínua e incontestadamente, com justo título e boa-fé, o possuir por dez anos.

Parágrafo único. Será de cinco anos o prazo previsto neste artigo se o imóvel houver sido adquirido, onerosamente, com base no registro constante do respectivo cartório, cancelada posteriormente, desde que os possuidores nele tiverem estabelecido a sua moradia, ou realizado investimentos de interesse social e econômico.

7. CC, Art. 1.631. Durante o casamento e a união estável, compete o poder familiar aos pais; na falta ou impedimento de um deles, o outro o exercerá com exclusividade.

Parágrafo único. Divergindo os pais quanto ao exercício do poder familiar, é assegurado a qualquer deles recorrer ao juiz para solução do desacordo.

6.2 Princípio da eticidade

É o princípio que **busca valorizar a pessoa humana**, enquanto ser dotado de dignidade (ver CF, art. 1º, III), e que procura vedar que as pessoas abusem do seu direito em prejuízo das outras (CC, art. 187),[8] daí defluindo os seguintes *stardards*:

a) **Equidade:**

Enquanto poder conferido ao julgador para decidir a causa conforme o que lhe pareça mais justo (ver CC, arts. 317, 478, 575, parágrafo único, 928, parágrafo único, 944, parágrafo único, dentre outros).

b) **Boa-fé objetiva:**

É o princípio pelo qual se exige dos contratantes, tanto na fase preliminar quanto na conclusão e até mesmo na execução do contrato que procedam com **honestidade, lealdade, ética e sinceridade**, sob pena de não o fazendo poder ser revisto, ou mesmo anulado judicialmente, o negócio jurídico (nesse sentido ver CC, arts. 113, 422, 765, dentre outros).

c) **Probidade:**

Este princípio guarda estreita relação com o princípio da boa-fé objetiva, devendo ser entendido como o proceder de forma honesta, proba, escorreita, sem prejudicar os outros (ver CC, art. 422 e 1.735).

6.3 Princípio da operabilidade

Deve ser entendido no sentido de que **o direito é feito para ser efetivado**, isto é, executado. Significa dizer que se deve legislar tanto quanto possível para o indivíduo, evitando-se noções abstratas de difícil concretização na vida prática, tudo com a finalidade de dotar o julgador do poder de melhor aplicar os princípios contidos na Lei de Introdução às Normas Brasileiras (LINDB).

---

8. CC, Art. 187. Também comete ato ilícito o titular de um direito que, ao exercê-lo, excede manifestamente os limites impostos pelo seu fim econômico ou social, pela boa-fé ou pelos bons costumes.

Capítulo 2
Das pessoas e dos direitos da personalidade

Lição 4
A PESSOA NATURAL E OUTROS SUJEITOS DE DIREITO: INÍCIO E FIM DA PERSONALIDADE

Sumário: 1. Conceito de pessoa – 2. Da personalidade jurídica – 3. Capacidade jurídica – 4. Capacidade de direito e capacidade de fato; 4.1 Capacidade de direito (capacidade de gozo); 4.2 Capacidade de fato (capacidade para o exercício de ação); 4.3 Legitimação – 5. A pessoa como sujeito do direito – 6. Início da personalidade – 7. A proteção especial ao nascituro – 8. Extinção da personalidade – 9. Situação jurídica dos incapazes; 9.1 Incapacidade absoluta; 9.2 Incapacidade relativa; 9.3 Atos que os relativamente incapazes podem praticar sozinhos – 10. Emancipação – 11. Alterações no código civil promovidas pela lei nº 13.146/15

1. CONCEITO DE PESSOA

Pessoa é uma construção cultural que o direito tomou emprestado para definir aquele ser que pode ser **sujeito de direito com capacidade para adquirir, resguardar e transferir bens, direitos e deveres.**

Sempre que falarmos em *pessoa*, tenha-se a ideia de que por trás dessa palavra haverá seres humanos. Quer dizer, estaremos falando individualmente do ser humano nascido com vida (pessoa física ou natural) ou estaremos falando de pessoa jurídica (grupos de seres humanos que se associam para determinado fim).

Uma curiosidade: a origem da palavra *pessoa* remonta à Antiguidade e vem do latim *persona*. Em verdade, *persona* era uma máscara que os atores usavam para, dentre outras funções, reverberar a voz quando de suas apresentações teatrais (lembre-se de que na Antiguidade não havia microfones, nem amplificadores). Com o passar do tempo, *persona* passou a significar o personagem que os atores interpretavam. Depois, passou a confundir-se com o próprio ator.

2. DA PERSONALIDADE JURÍDICA

O conceito de personalidade guarda estreita relação com o conceito de pessoa, daí por que podemos afirmar que é a capacidade genérica para adquirir direitos e contrair obrigações ou deveres na ordem civil e nasce juntamente com a pessoa. Afirmar que **todo ser humano tem personalidade jurídica** equivale a dizer que ele tem capacidade para ser titular de direito e de deveres na órbita civil (CC, art. 1º).[1]

Embora neste e no próximo capítulo o objeto central de estudos seja a pessoa humana, é importante registrar desde logo que **existe também a pessoa jurídica**, que nada mais é do que uma ficção de lei para legitimar os agrupamentos de pessoas humanas que se associam com objetivos econômicos, sociais, religiosos, de benemerência ou mesmo políticos.

Além disso, **o direito protege também alguns entes despersonalizados**, isto é, entes que não são pessoas (físicas ou jurídicas), mas que apesar disso merecem proteção legal, cujo exemplo mais marcante é o nascituro;[2] vejamos.

a) **Pessoa humana:**

Também chamada de pessoa física ou de pessoa natural, é o ser humano considerado enquanto sujeito capaz de adquirir direitos e obrigações, cuja **personalidade é adquirida ao nascer com vida** (CC, art. 2º, 1ª parte).[3]

b) **Pessoa jurídica:**[4]

Com o desenvolvimento da sociedade e a necessidade de somar esforços, especialmente econômico, para fazer frente a determinados empreendimentos, surgiu a necessidade de o direito reconhecer personalidade jurídica para determinado **agrupamento de pessoas físicas, que se associam com o fim de atingir objetivos econômicos ou mesmo sociais**, tais como as associações, sociedades, fundações, entidades religiosas e partidos políticos. A pessoa jurídica de direito privado adquire personalidade com o registro dos atos constitutivos junto ao órgão competente (CC, art. 45).[5]

---

1. CC, Art. 1º Toda pessoa é capaz de direitos e deveres na ordem civil.
2. Outros tipos de entes despersonalizados podem ser encontrados no Código de Processo Civil, quais sejam, a massa falida, o espólio, a herança jacente, a herança vacante, a sociedade irregular e o condomínio edilício (CPC, art. 75).
3. CC, Art. 2º A personalidade civil da pessoa começa do nascimento com vida; mas a lei põe a salvo, desde a concepção, os direitos do nascituro.
4. Trataremos em detalhe da pessoa jurídica em aula futura.
5. CC, Art. 45. Começa a existência legal das pessoas jurídicas de direito privado com a inscrição do ato constitutivo no respectivo registro, precedida, quando necessário, de autorização ou aprovação do Poder Executivo, averbando-se no registro todas as alterações por que passar o ato constitutivo. (omissis).

LIÇÃO 4 • A PESSOA NATURAL E OUTROS SUJEITOS DE DIREITO: INÍCIO E FIM DA PERSONALIDADE | **49**

c) **Nascituro:**

É a pessoa em formação, isto é, alguém que está por vir. Nesse sentido a lei não poderia ignorar essa realidade, de sorte que o Código Civil ressalva que ele, **embora ainda não tenha personalidade, terá a proteção da lei desde a sua concepção**, mas para que possa adquirir direitos deverá nascer com vida (ver CC, art. 2°, 2ª parte).[6]

3. CAPACIDADE JURÍDICA

É a **capacidade para o exercício do direito de ação**, isto é, a capacidade de exercer por si só os direitos e obrigações decorrentes da vida civil.

Nesse sentido, **alguns terão capacidade plena**, ao atingir 18 anos ou nas condições especificadas em lei (CC, art. 5°)[7]; e **outros terão capacidade de forma limitada**, pois necessitarão serem representados ou assistidos para o exercício de seus direitos como é o caso, por exemplo, dos menores de 16 (dezesseis) anos (CC, art. 3°) [8] e dos ébrios habituais (CC, art. 4°).[9]

Contudo, não se deve confundir personalidade jurídica (que todas as pessoas têm) com capacidade jurídica (algumas pessoas têm mais do que outras).

---

6. Na doutrina moderna existem três teorias para explicar o fenômeno do nascituro: a natalista (que o nosso Código Civil adotou), a da personalidade condicional, que nada mais é do que uma variação da natalista (ver Washington de Barros Monteiro), e a concepcionista (ver Silmara Chinelato e Almeda).

7. CC, Art. 5°. A menoridade cessa aos dezoito anos completos, quando a pessoa fica habilitada à prática de todos os atos da vida civil.

   Parágrafo único. Cessará, para os menores, a incapacidade:

   I – pela concessão dos pais, ou de um deles na falta do outro, mediante instrumento público, independentemente de homologação judicial, ou por sentença do juiz, ouvido o tutor, se o menor tiver dezesseis anos completos;

   II – pelo casamento;

   III – pelo exercício de emprego público efetivo;

   IV – pela colação de grau em curso de ensino superior;

   V – pelo estabelecimento civil ou comercial, ou pela existência de relação de emprego, desde que, em função deles, o menor com dezesseis anos completos tenha economia própria.

8. CC, Art. 3°. São absolutamente incapazes de exercer pessoalmente os atos da vida civil os menores de 16 (dezesseis) anos.

9. Art. 4°. São incapazes, relativamente a certos atos ou à maneira de os exercer:

   I – os maiores de dezesseis e menores de dezoito anos;

   II – os ébrios habituais e os viciados em tóxico;

   III – aqueles que, por causa transitória ou permanente, não puderem exprimir sua vontade;

   IV – os pródigos.

   Parágrafo único. A capacidade dos indígenas será regulada por legislação especial.

4. CAPACIDADE DE DIREITO E CAPACIDADE DE FATO

Vimos no item anterior a capacidade jurídica e dizemos que uns tem mais do que outros. Pois bem, a capacidade de direito e de fato resulta exatamente nisso, na diferenciação entre as pessoas quanto ao pleno exercício de seus direitos ou em alguma limitação neste exercício, vejamos:

4.1 Capacidade de direito (capacidade de gozo)

Capacidade de direito é a capacidade que todas as pessoas têm de ser sujeito de direito numa determinada relação jurídica.

É aquela capacidade que todos adquirem ao nascer com vida, significando a possibilidade de receber e utilizar os bens e direitos que, por exemplo, lhes possam ter sido deixados por herança ou por doação.

É importante lembrar que todos têm a capacidade de aquisição de direitos, desde a criancinha de tenra idade até mesmo os amentais e desse direito ninguém pode ser privado (CC, art. 1º).[10]

4.2 Capacidade de fato (capacidade para o exercício de ação):

Como já mencionado, quando se trata de capacidade algumas pessoas terão de forma plena e absoluta, quer dizer, não necessitarão de ninguém para exercer seus direitos.

Outros, em função da idade ou de alguma anomalia, não terão essa capacidade plena de defesa dos seus direitos, pois alguns necessitarão serem assistidos (menor entre 16 e 18 anos; os ébrios habituais e os viciados em tóxicos); e, outros necessitarão serem representados (os menores até 16 anos incompletos).

Quer dizer, os incapazes têm capacidade de direito (ver CC, art. 1º), mas não têm capacidade de fato (ver CC, art. 3º e 4º), já que para o exercício de seus direitos eles necessitam de ser representados ou assistidos por seus representantes legais.

4.3 Legitimação:

Não se deve confundir legitimação com capacidade. Muitas vezes a pessoa tem plena capacidade, mas não terá legitimidade para a prática de determinados atos.

---

10. CC, Art. 1º. Toda pessoa é capaz de direitos e deveres na ordem civil.

LIÇÃO 4 • A PESSOA NATURAL E OUTROS SUJEITOS DE DIREITO: INÍCIO E FIM DA PERSONALIDADE **51**

Entendendo melhor: para ser tutor a pessoa necessita ser plenamente capaz, isto é, deve ter plena capacidade civil. Porém, para aquisição dos bens do tutelado, ele não terá legitimação, pois estará impedido de o fazer (CC, art. 1.749, I).[11]

5. A PESSOA COMO SUJEITO DO DIREITO

Conforme já frisado, **somente as pessoas** (físicas ou jurídicas) **podem ser sujeito de direitos e obrigações na órbita civil** (ver CC, art. 1º). Quer dizer, para o nosso sistema jurídico somente quem seja pessoa humana isoladamente considerada (pessoa física ou natural) ou o agrupamento de pessoas em torno de uma entidade coletiva (pessoa jurídica) é que pode ser sujeito de direito, nada mais.

Dessa forma, objetos animados ou inanimados não podem ser sujeitos de direito por lhes faltar a qualidade de pessoas. Podem ser, quando muito, objetos do direito, jamais sujeitos.

Por exemplo, quando alguém (pessoa física ou jurídica) firma um contrato, faz surgir um vínculo jurídico pelo qual o credor naquela determinada relação (sujeito ativo) poderá exigir do devedor (sujeito passivo) a realização de um determinado ato ou fato. Nessa situação é inconcebível que possa uma obrigação ser exigida de quem não seja pessoa (como cobrar algo dos animais, ou das plantas, ou dos imóveis, por exemplo).

Por essa razão, **os animais não são considerados sujeitos de direito**, embora possam merecer proteção legal. Se não são sujeitos de direitos, não podem adquirir ou dispor de nada, bem como não podem ser beneficiados por testamento ou por doações.

> **Esclarecendo melhor:** às vezes as pessoas confundem o fato de haver legislação protegendo os animais e o meio ambiente. Porém, é preciso entender que a tutela protecionista do meio ambiente, nele incluídas a fauna e a flora, é voltada para a satisfação das necessidades dos seres humanos. Quer dizer, o direito ambiental possui uma necessária visão antropocêntrica, sendo o homem o destinatário da proteção legal; somente por vias reflexas é que se protegem as outras espécies.

---

11. CC, Art. 1.749. Ainda com a autorização judicial, não pode o tutor, sob pena de nulidade:
I – adquirir por si, ou por interposta pessoa, mediante contrato particular, bens móveis ou imóveis pertencentes ao menor; (omissis)...

6. INÍCIO DA PERSONALIDADE

Quando se trata da pessoa humana (pessoa física ou natural) **a personalidade começa com o nascimento com vida**, respeitando-se os direitos do nascituro desde a sua concepção (ver CC, art. 2º).

Tratando-se de **pessoa jurídica, a personalidade começa com o registro dos atos constitutivos** (contrato social ou estatuto, conforme o caso), junto ao órgão competente (ver CC, art. 45).

> **Atenção:** a personalidade legal de uma pessoa jurídica não se confunde com a de seus sócios, sejam eles pessoas físicas ou mesmo pessoas jurídicas. Quer dizer, são personalidades diferentes.[12]

7. A PROTEÇÃO ESPECIAL AO NASCITURO

Anotem para nunca esquecer: nascituro é o ser já gerado, porém ainda não nascido. **O nascituro não é considerado pessoa no nosso ordenamento jurídico**, pois lhe falta personalidade jurídica, que somente irá adquirir se nascer com vida.

O Código Civil não fixa prazo a partir do qual passa a existir o nascituro. O Conselho Federal de Medicina considera embrião o óvulo fecundado após quatorze dias no útero da mulher (Resolução nº 1.358/92). Portanto, é este embrião, com mais de 14 dias de vida uterina, que chamaremos de nascituro.

Apesar disso, a lei protege o nascituro desde a concepção e até o nascimento, tanto é verdade que no Código Civil, e também na legislação esparsa, encontramos diversos dispositivos que a ele se referem e, dentre estes, destacamos:

a) **Curatela:**

O nascituro pode ter nomeação de um curador, se o pai vier a falecer, e a mãe grávida tenha perdido o poder familiar (CC, art. 1.779).[13]

b) **Reconhecimento da filiação:**

O pai do nascituro pode fazer o reconhecimento voluntário da filiação (CC, art. 1.609, parágrafo único).[14]

---

12. Veremos depois que existe a figura da desconsideração da personalidade jurídica. Aguardem!
13. CC, Art. 1.779. Dar-se-á curador ao nascituro, se o pai falecer estando grávida a mulher, e não tendo o poder familiar.
    Parágrafo único. Se a mulher estiver interdita, seu curador será o do nascituro.
14. CC, Art. 1.609. O reconhecimento dos filhos havidos fora do casamento é irrevogável e será feito:
    (Omissis)...

c) Pode receber doação e bens de herança:

Ele pode receber doação, desde que seu representante a aceite (CC, art. 542),[15] assim como pode ser contemplado em testamento (CC, art. 1.798).[16]

8. EXTINÇÃO DA PERSONALIDADE

Extingue-se a personalidade com a morte do ser humano, que tanto pode ser real quanto presumida:

Morte real:

A morte é a responsável pelo término da existência da pessoa natural e, por conseguinte, põe fim à personalidade (CC, art. 6º).[17] Quanto à morte real ou natural, não há nenhuma dificuldade em se reconhecer. Quando muito pode ser discutido qual método é mais seguro para aferir se a morte aconteceu mesmo. Atualmente o diagnóstico da morte real se dá a partir da constatação de paralisação de atividade cerebral (Lei nº 9.434/97, art. 3º).[18]

> **Curiosidade:** o atestado de óbito é o documento hábil a comprovar a morte real e deve ser, necessariamente, expedido e assinado por médico credenciado. Depois, este atestado é levado para ser registrado no Cartório de Registro Civil das Pessoas Naturais, onde o falecido tinha o assento de seu registro de nascimento (CC, art. 9º, I).[19]

a) Morte presumida:

Pode ocorrer de duas formas, **sempre mediante ação declaratória**, e são elas: sem necessidade de declaração de ausência, quando houver probabilidade de que a pessoa efetivamente faleceu, como, por exemplo, numa queda de avião em que a pessoa era transportada, ou nos casos de guerra em que a pessoa tenha sido considerada desaparecida (CC, art. 7º),[20] ou

---

Parágrafo único. O reconhecimento pode preceder o nascimento do filho ou ser posterior ao seu falecimento, se ele deixar descendentes.

15. CC, Art. 542. A doação feita ao nascituro valerá, sendo aceita pelo seu representante legal.
16. CC, Art. 1.798. Legitimam-se a suceder as pessoas nascidas ou já concebidas no momento da abertura da sucessão.
17. CC, Art. 6º. A existência da pessoa natural termina com a morte, presume-se esta, quanto aos ausentes, nos casos em que a lei autoriza a abertura de sucessão definitiva.
18. Essa é a Lei que dispõe sobre a remoção de órgãos, tecidos e partes do corpo humano para fins de transplante e tratamento.
19. CC, Art. 9º Serão registrados em registro público:
    I – os nascimentos, casamentos e óbitos; (omissis)...
20. CC, art. 7º Pode ser declarada a morte presumida, sem decretação de ausência:
    I – se for extremamente provável a morte de quem estava em perigo de vida;

com declaração de ausência,[21] depois de decorridos dez anos da sentença que reconheceu o desaparecimento (CC, art. 6º, 2ª parte c/c art. 22 e art. 37).

b) **Morte simultânea ou comoriência:**

Se dois ou mais indivíduos falecerem na mesma ocasião, ainda que em lugares diferentes, não se podendo determinar quem morreu primeiro, haverá de ser presumido que morreram simultaneamente (CC, art. 8º).[22]

Atenção: esse instituto só tem importância se uma das pessoas for herdeira ou beneficiária da outra, exemplo: se o casal morreu simultaneamente e não deixou ascendentes ou descendentes, os colaterais da mulher herdarão sua meação e os colaterais do homem herdarão sua meação. Se a mulher tivesse vivido mais do que o homem, ela herdaria os bens do marido e, com sua morte, transmitiria tudo a seus colaterais (nessa circunstância, os colaterais do marido nada herdariam).

9. SITUAÇÃO JURÍDICA DOS INCAPAZES

O Código Civil regula a capacidade das pessoas para a prática dos atos da vida civil. Atente-se para o fato de que outras legislações podem fixar prazos diferentes no tocante às incapacidades.

Só a título de exemplo, a Constituição Federal considera absolutamente incapaz para o exercício de qualquer trabalho o menor de até 14 anos. Assim mesmo, aos 14 e até os 16, somente poderá ser contratado como aprendiz (CF, art. 7º, XXXIII). Na mesma Constituição está consignado que os maiores de 16 anos poderão ser eleitores (CF, art. 14, II, letra *c*).

Contudo, o que nos interessa na presente obra é a capacidade para vida civil e, em sendo assim, temos as seguintes peculiaridades:

9.1 Incapacidade absoluta:

A incapacidade absoluta atinge os menores de 16 anos, também chamados de menores impúberes (ver CC, art. 3º). Nesse caso, a lei faz presumir que as pessoas menores de dezesseis anos ainda não têm a devida maturidade para gerir sua vida ou mesmo os seus negócios. O critério adotado pelo legislador foi exclusivamente

---

II – se alguém, desaparecido em campanha ou feito prisioneiro, não for encontrado até dois anos após o término da guerra. (omissis)...

21. A ausência também será objeto de uma aula específica. Aguardem!

22. CC, Art. 8º Se dois ou mais indivíduos falecerem na mesma ocasião, não se podendo averiguar se algum dos comorientes precedeu aos outros, presumir-se-ão simultaneamente mortos.

LIÇÃO 4 • A PESSOA NATURAL E OUTROS SUJEITOS DE DIREITO: INÍCIO E FIM DA PERSONALIDADE — 55

etário para definir qual seria o limite de idade entre o absolutamente incapaz e o relativamente incapaz.

Como consequência, temos a proibição total do exercício do direito pelo próprio detentor deste direito. O ato somente poderá ser praticado pelo seu representante legal.

A não observância desta regra implica em nulidade absoluta do ato realizado (CC, art. 166, I)[23], ato este que não está sujeito à confirmação, nem tampouco pode ser convalidado pelo passar do tempo (CC, art. 169).[24]

9.2   Incapacidade relativa:

Neste caso a restrição atinge os menores entre 16 e 18 anos; os ébrios habituais; os viciados em tóxicos; aqueles que, por causa transitória ou permanente, não puderem exprimir sua vontade; e, os pródigos. (ver CC, art. 4º).

A incapacidade relativa permite que o incapaz pratique atos da vida civil, porém deverá ser assistido pelo seu representante legal, sob pena de nulidade (CC, art. 171, I).[25]

O negócio jurídico realizado pelo relativamente incapaz poderá ser confirmado pelas partes (CC, art. 172),[26] bem como passará a ser plenamente válido pelo decurso de tempo (CC, art. 179).[27]

São incapazes relativamente:

a)   **Os maiores de dezesseis e menores de dezoito anos:**

Nesse caso, a pessoa já é quase capaz, porém por uma opção legislativa determinou-se que, para a prática de qualquer ato negocial, ela deverá ser assistida por quem lhe represente, sob pena de anulação do ato praticado.

b)   **Os ébrios habituais e os viciados em tóxicos:**

Aqui o legislador considerou que determinadas causas não incapacitam totalmente a pessoa, de sorte que poderá praticar os atos da vida civil, mas deverá ser assistido por quem lhe represente. Estas causas podem

---

23. CC, Art. 166. É nulo o negócio jurídico quando:
I – celebrado por pessoa absolutamente incapaz; (omissis)...
24. CC, Art. 169. O negócio jurídico nulo não é suscetível de confirmação, nem convalesce pelo decurso do tempo.
25. CC, Art. 171. Além dos casos expressamente declarados na lei, é anulável o negócio jurídico:
I – por incapacidade relativa do agente; (omissis)...
26. CC, Art. 172. O negócio anulável pode ser confirmado pelas partes, salvo direito de terceiro.
27. CC, Art. 179. Quando a lei dispuser que determinado ato é anulável, sem estabelecer prazo para pleitear-se a anulação, será este de dois anos, a contar da data da conclusão do ato.

ser afastadas com o tempo, especialmente em razão de tratamento que permita a pessoa superar a deficiência apontada.

c) Aqueles que por causa transitória ou permanente, não puderem exprimir sua vontade:

É o caso, por exemplo, de alguém que sofra de Alzheimer, Parkinson ou mesmo que esteja em coma em face de um acidente. Na redação original do Código Civil essas pessoas eram consideradas absolutamente incapazes, porém com a redação imposta pelo Estatuto da Pessoa com Deficiência essas pessoas passaram a ser relativamente incapazes.

d) Os pródigos:

Pródigo é o indivíduo que gasta sem noção dos limites. É uma espécie de vício. Nesse caso, o legislador querendo proteger o patrimônio do pródigo, lhe atribui capacidade relativa de sorte que, para atos de disposição do patrimônio, deverá ser assistido por quem lhe represente sob pena de invalidade. O pródigo fica proibido apenas de praticar atos de disposição do seu patrimônio (ver CC, art. 1.782).

9.3 Atos que os relativamente incapazes podem praticar sozinhos:

Os relativamente incapazes podem praticar alguns atos sem assistência do seu representante legal.

Por exemplo, o menor entre 16 e 18 anos pode aceitar mandato (CC, art. 666),[28] bem como pode ser testemunha (CPC, art. 447, III) e pode até fazer testamento (CC, art. 1860, parágrafo único),[29] além de outros atos. Os ébrios habituais e os viciados em tóxicos só não poderão praticar os atos que tenham sido determinados pela sentença de interdição que, mais das vezes, estará afeta a proibição de disposição de bens. (CC, art. 1772);[30] e os pródigos sofrerão restrições somente no que diz respeito a disposição ou oneração de seus bens (CC, art. 1782),[31] sendo certo que poderão praticar todos os demais atos da vida civil.

---

28. CC, Art. 666. O maior de dezesseis e menor de dezoito anos não emancipado pode ser mandatário, mas o mandante não tem ação contra ele senão de conformidade com as regras gerais, aplicáveis às obrigações contraídas por menores.

29. CC, Art. 1.860. Além dos incapazes, não podem testar os que, no ato de fazê-lo, não tiverem pleno discernimento.

    Parágrafo único. Podem testar os maiores de dezesseis anos.

30. A interdição de ébrios habituais e viciados em tóxicos é prevista na legislação brasileira, no artigo 1.767 do Código Civil Brasileiro.

31. CC, Art. 1.782. A interdição do pródigo só o privará de, sem curador, emprestar, transigir, dar quitação, alienar, hipotecar, demandar ou ser demandado, e praticar, em geral, os atos que não sejam de mera administração.

LIÇÃO 4 • A PESSOA NATURAL E OUTROS SUJEITOS DE DIREITO: INÍCIO E FIM DA PERSONALIDADE **57**

10. EMANCIPAÇÃO

É a aquisição da maioridade civil antes da idade legal, que pode ser adquirida por concessão dos pais (emancipação voluntária ou parental) ou por sentença do juiz (emancipação judicial), bem como por determinados fatos a que a lei atribui este efeito (emancipação legal).

Nesse sentido o Código Civil estabelece as formas de antecipação da maioridade através da emancipação (CC, art. 5º).[32] São as seguintes:

a) **Emancipação voluntária:**

Também chamada de parental, é aquela **concedida voluntariamente pelos pais, aos filhos que já tenham completado 16 anos**, podendo ser concedida por apenas um deles na eventualidade de morte ou ausência declarada do outro. É feita mediante escritura pública lavrada no Cartório de Notas e levada a registro no Cartório de Registro das Pessoas Naturais onde foi registrado o emancipado. Independe de homologação judicial.

b) **Emancipação judicial:**

É aquela concedida pelo juiz, através de sentença (substitui a escritura), quando os pais não existirem ou, mesmo eles existindo, um deles não tenha concordância com a emancipação. Nesse caso o menor irá a juiz representados por um dos pais ou por seu tutor e a sentença, se favorável, deverá ser levada a registro perante o Cartório Registro das Pessoas Naturais de onde o emancipado foi originalmente registrado.

c) **Emancipação legal pelo casamento:**

Tanto o homem quanto a mulher podem contrair matrimônio a partir dos 16 anos de idade, com autorização dos seus representantes legais e se casarem serão considerados legalmente emancipados (CC, art. 1.517).[33] Seria ilógico que as pessoas mesmo depois de casadas ficassem ainda na

---

32. CC, art. 5º A menoridade cessa aos dezoito anos completos, quando a pessoa fica habilitada à prática de todos os atos da vida civil.

Parágrafo único. Cessará, para os menores, a incapacidade:

I – pela concessão dos pais, ou de um deles na falta do outro, mediante instrumento público, independentemente de homologação judicial, ou por sentença do juiz, ouvido o tutor, se o menor tiver dezesseis anos completos;

II – pelo casamento;

III – pelo exercício de emprego público efetivo;

IV – pela colação de grau em curso de ensino superior;

V – pelo estabelecimento civil ou comercial, ou pela existência de relação de emprego, desde que, em função deles, o menor com dezesseis anos completos tenha economia própria.

33. CC, Art. 1.517. O homem e a mulher com dezesseis anos podem casar, exigindo-se autorização de ambos os pais, ou de seus representantes legais, enquanto não atingida a maioridade civil.

dependência de serem assistidas por seus representantes legais, por ainda não terem atingido a maioridade civil. Assim, a lei faz presumir que se as pessoas já se encontram aptas a casarem, também estarão aptas para todos os atos da vida civil.

Curiosidade: o eventual divórcio do casal não fará o emancipado voltar à condição de incapaz. Diferente será se o casamento for considerado nulo (CC, art. 1.563),[34] pois nesse caso o emancipado voltará à condição de incapaz, a não ser que prove ter agido de boa-fé (CC, art. 1.561).[35]

d) Emancipação legal pelo exercício de emprego público efetivo:

Se o Poder Público considera um jovem apto para a realização de serviço público, seria um contrassenso não considerar que essa pessoa esteja apta para todos os atos da vida civil. O emprego público aqui deve ser o efetivo, não se aplicando aos temporários, comissionados ou mesmo aos estagiários.

e) Emancipação legal pela colação de grau em curso superior:

Embora seja difícil de ocorrer na prática, porém é preciso lembrar que existem as pessoas dotadas de capacidade acima da média que podem ser submetidas a avaliação especial e assim obterem o diploma de curso superior. Se isso ocorrer, considera-se que a pessoa já tem maturidade suficiente para exercer todos os atos da vida civil.

f) Emancipação legal pelo estabelecimento de negócio próprio:

Essa também é uma hipótese de difícil realização, até porque, para ser titular ou mesmo sócio de qualquer empresa, será exigido que o participante tenha 18 anos ou seja emancipado, porque o próprio Código Civil exige que para o exercício de atividade empresarial a pessoa esteja no pleno exercício de sua capacidade civil (CC, art. 972).[36]

g) Emancipação legal pelo exercício de atividade que lhe dê autonomia econômica:

Essa hipótese é de maior probabilidade de ocorrer, pois bastaria ao menor provar, por exemplo, que tem um emprego e dele aufere rendimento suficiente para sua autonomia e assim obter a maioridade antecipada.

---

34. CC, Art. 1.563. A sentença que decretar a nulidade do casamento retroagirá à data da sua celebração, sem prejudicar a aquisição de direitos, a título oneroso, por terceiros de boa-fé, nem a resultante de sentença transitada em julgado.

35. CC, Art. 1.561. Embora anulável ou mesmo nulo, se contraído de boa-fé por ambos os cônjuges, o casamento, em relação a estes como aos filhos, produz todos os efeitos até o dia da sentença anulatória.
    § 1º Se um dos cônjuges estava de boa-fé ao celebrar o casamento, os seus efeitos civis só a ele e aos filhos aproveitarão.

36. CC, Art. 972. Podem exercer a atividade de empresário os que estiverem em pleno gozo da capacidade civil e não forem legalmente impedidos.

LIÇÃO 4 • A PESSOA NATURAL E OUTROS SUJEITOS DE DIREITO: INÍCIO E FIM DA PERSONALIDADE

11. ALTERAÇÕES NO CÓDIGO CIVIL PROMOVIDAS PELA LEI Nº 13.146/15

Em 6 de julho de 2015 foi sancionada a Lei nº 13.146, denominada de Estatuto da Pessoa com Deficiência (EPD) que alterou os dispositivos do Código Civil que tratavam da capacidade das pessoas.

O objetivo da lei vem expresso no art. 1º, in verbis: "É instituída a Lei Brasileira de Inclusão da Pessoa com Deficiência (Estatuto da Pessoa com Deficiência), destinada a assegurar e a promover, em condições de igualdade, o exercício dos direitos e das liberdades fundamentais por pessoa com deficiência, visando à sua inclusão social e cidadania".

Só para se ter uma ideia o art. 114 do referido diploma legal alterou o art. 3º e os incisos do art. 4º do Código Civil, revogando algumas disposições, vejamos como era regulada a questão da incapacidade antes da edição da referida lei:

a) **Absolutamente incapaz:**

No Código Civil de 2002 eram considerados absolutamente incapazes não só os menores de 16 anos, mas também os que, por enfermidade ou deficiência mental, não tivessem o necessário discernimento para a prática dos atos da vida civil; e, também, os que, mesmo por causa transitória, não pudessem exprimir sua vontade (constava do art. 3º).

A Lei nº 13.146/15 alterou o Código Civil excluindo do rol dos absolutamente incapazes aqueles que por enfermidade ou deficiência mental, não tivessem o necessário discernimento para a prática dos atos da vida civil; e, também, os que, mesmo por causa transitória, não pudessem exprimir sua vontade. Assim, só ficou como absolutamente incapaz o menor de 16 anos.

b) **Relativamente incapaz:**

No mesmo Código Civil os relativamente incapazes eram os menores entre 16 (dezesseis) e 18 (dezoito) anos, os ébrios habituais e os viciados em tóxicos, mas também se incluía nesta incapacidade relativa os "que, por deficiência mental, tenham o discernimento reduzido; os excepcionais, sem desenvolvimento mental completo"; além dos pródigos.

A Lei nº 13.146/15 alterou o Código Civil excluindo do texto de lei os que, por deficiência mental, tenham o discernimento reduzido e os excepcionais, sem desenvolvimento mental completo. Assim, essas pessoas deixam de ser relativamente incapazes e passam a ter capacidade plena.

É importante destacar que depois da edição da Lei nº 13.146/15 podemos afirmar que não existem mais pessoas maiores que possam ser consideradas absolutamente incapazes. Quer dizer, ainda que a pessoa sofra de algum problema mental ou físico que lhe reduza a capacidade de expressão ou de locomoção, ainda assim a referida lei, em respeito ao princípio da dignidade da pessoa humana, considera esta pessoa plenamente capaz para os atos da vida civil, tais como casar-se e constituir união estável, sem necessidade de autorização de seus pais, além de outros direitos quanto a constituição de família.

Afirma ainda a referida lei que a pessoa com deficiência tem assegurado o direito ao exercício de sua capacidade legal em igualdade de condições com as demais pessoas. Significa dizer que a curatela é medida excepcional proporcional às necessidades e às circunstâncias de cada caso, e durará o menor tempo possível e, somente afetará os atos relacionados aos direitos de natureza patrimonial e negocial (ver EPD, arts. 84 e 85).

Finalmente cumpre observar que o Estatuto da Pessoa com Deficiência cria uma figura nova no meio jurídico, intitulada "tomada de decisão apoiada". Este instituto foi inserido no Código Civil pela referida lei, para permitir que a pessoa com alguma deficiência possa eleger duas pessoas idôneas, com as quais mantenha vínculos e que gozem de sua confiança, para prestar-lhe apoio na tomada de decisão sobre atos da vida civil (negócios jurídicos mais complexos), fornecendo-lhes os elementos e informações necessários para que possa exercer sua capacidade (CC, art. 1.783-A, caput).[37]

---

37. CC, Art. 1.783-A. A tomada de decisão apoiada é o processo pelo qual a pessoa com deficiência elege pelo menos 2 (duas) pessoas idôneas, com as quais mantenha vínculos e que gozem de sua confiança, para prestar-lhe apoio na tomada de decisão sobre atos da vida civil, fornecendo-lhes os elementos e informações necessários para que possa exercer sua capacidade.

§ 1º. Para formular pedido de tomada de decisão apoiada, a pessoa com deficiência e os apoiadores devem apresentar termo em que constem os limites do apoio a ser oferecido e os compromissos dos apoiadores, inclusive o prazo de vigência do acordo e o respeito à vontade, aos direitos e aos interesses da pessoa que devem apoiar.

§ 2º. O pedido de tomada de decisão apoiada será requerido pela pessoa a ser apoiada, com indicação expressa das pessoas aptas a prestarem o apoio previsto no caput deste artigo.

§ 3º. Antes de se pronunciar sobre o pedido de tomada de decisão apoiada, o juiz, assistido por equipe multidisciplinar, após oitiva do Ministério Público, ouvirá pessoalmente o requerente e as pessoas que lhe prestarão apoio.

§ 4º. A decisão tomada por pessoa apoiada terá validade e efeitos sobre terceiros, sem restrições, desde que esteja inserida nos limites do apoio acordado.

§ 5º. Terceiro com quem a pessoa apoiada mantenha relação negocial pode solicitar que os apoiadores contra-assinem o contrato ou acordo, especificando, por escrito, sua função em relação ao apoiado.

§ 6º. Em caso de negócio jurídico que possa trazer risco ou prejuízo relevante, havendo divergência de opiniões entre a pessoa apoiada e um dos apoiadores, deverá o juiz, ouvido o Ministério Público, decidir sobre a questão.

§ 7º. Se o apoiador agir com negligência, exercer pressão indevida ou não adimplir as obrigações assumidas, poderá a pessoa apoiada ou qualquer pessoa apresentar denúncia ao Ministério Público ou ao juiz.

LIÇÃO 4 • A PESSOA NATURAL E OUTROS SUJEITOS DE DIREITO: INÍCIO E FIM DA PERSONALIDADE **61**

Cabe ainda esclarecer que a curatela conforme era conhecida anteriormente deixa de existir. Depois da Lei nº 13.146 a curatela poderá ser decretada em caráter excepcional e, ainda assim, apenas para atos de conteúdo patrimonial ou econômico. Quer dizer, a interdição, que sempre teve como objetivo tolher o exercício de direito pela própria pessoa que tivesse alguma deficiência, passa a ser coisa do passado, porquanto a partir da nova legislação somente se admitirá a curatela para atos específicos, já que não se pode mais falar em incapacidade em face de qualquer deficiência mental ou intelectual, conforme era no direito anterior (ver arts. 6º e 84 da lei em comento).

---

§ 8º. Se procedente a denúncia, o juiz destituirá o apoiador e nomeará, ouvida a pessoa apoiada e se for de seu interesse, outra pessoa para prestação de apoio.

§ 9º. A pessoa apoiada pode, a qualquer tempo, solicitar o término de acordo firmado em processo de tomada de decisão apoiada.

§ 10. O apoiador pode solicitar ao juiz a exclusão de sua participação do processo de tomada de decisão apoiada, sendo seu desligamento condicionado à manifestação do juiz sobre a matéria.

§ 11. Aplicam-se à tomada de decisão apoiada, no que couber, as disposições referentes à prestação de contas na curatela.

Lição 5
OS DIREITOS DA PERSONALIDADE

> **Sumário:** 1. Histórico dos direitos da personalidade – 2. Conceituação dos direitos da personalidade – 3. Importância dos direitos da personalidade – 4. O princípio da dignidade humana como corolário dos direitos da personalidade – 5. A divisão dos direitos da personalidade – 6. Características dos direitos da personalidade – 7. Declaração universal dos direitos humanos (ONU).

1. HISTÓRICO DOS DIREITOS DA PERSONALIDADE

Embora os direitos da personalidade, conquanto direitos subjetivos do ser humano, tenham obtido seu reconhecimento mais recentemente, a história do homem prova que essa preocupação já existia desde a Antiguidade.

Alguns autores informam que a origem dos direitos da personalidade remonta à Grécia e à Roma antigas. Aliás, no direito romano, encontramos a figura do *actio injuriarum aestimatoria* como forma de defesa dos direitos da personalidade, já que era possível apenar o ofensor por qualquer agressão física ou moral à pessoa. Porém, muito antes disso é possível encontrar fragmentos de proteção aos direitos da personalidade nos Códigos de Manu e de Hammurabi, bem como na Lei das XII Tábuas, que previa penas patrimoniais para crimes como dano, a injúria e o furto.

Registre-se, contudo, que foi somente depois da Declaração dos Direitos do Homem e do Cidadão (*Déclaration des Droits de l'Homme et du Citoyen*), o documento culminante da Revolução Francesa de 1789, que a proteção a esses direitos ganhou *status* de universalidade.

Inspirada na Revolução Americana (1776) e nas ideias filosóficas do Iluminismo, a Assembleia Nacional Constituinte da França revolucionária aprovou em 26 de agosto de 1789, e votou definitivamente a 2 de outubro do mesmo ano, a Declaração dos Direitos do Homem e do Cidadão. Dessa forma, **pela primeira vez foram proclamadas as liberdades e os direitos fundamentais da pessoa humana**, direcionados a toda a humanidade.

Na proteção à dignidade humana, insere-se **a personalidade**, que não é em si um direito subjetivo, mas a **fonte e o pressuposto de todos os direitos subjetivos**, constituindo-se, a bem da verdade, em causa primária de todos os outros demais direitos.

No Brasil **os direitos da personalidade ganharam dimensão especial na Constituição Federal de 1988** na medida em que o legislador constituinte procurou proteger a esfera psíquico-física da pessoa humana, estabelecendo que são invioláveis o direito à vida, à liberdade, à igualdade e à segurança (art. 5º, *caput*), declarando, ainda mais, que são invioláveis a intimidade, a vida privada, a honra e a imagem (art. 5º, inciso X) e que em qualquer lesão a esses direitos se assegura o direito de resposta além da eventual indenização por dano material e moral (art. 5º, inciso V). Daí por que os direitos à personalidade, enquanto atributos jurídicos inalienáveis da pessoa humana, estão devidamente protegidos pela Lei Maior.

Independentemente de se encontrarem garantidos constitucionalmente, **os direitos da personalidade são direitos inatos da pessoa humana**, existem antes e independentemente do direito positivo, como inerentes ao próprio ser humano. Dessa forma, são direitos que transcendem o ordenamento jurídico pátrio, cabendo ao Estado tão somente reconhecê-los, sancioná-los e protegê-los, dotando-os de proteção própria frente ao particular e ao próprio Estado.

Quanto à nomenclatura, a doutrina é pródiga, de sorte que encontramos diversas denominações para os direitos da personalidade, tais como "direitos personalíssimos", "direitos humanos", "direitos privados da personalidade", "direitos da personalidade" etc. Contudo, independentemente de qualquer nomenclatura, são direitos congênitos, inatos ou originários da pessoa humana, ligados ao respectivo titular, não podendo sofrer mudança de sujeito; por isso mesmo apresentam-se como absolutos, extrapatrimoniais, indisponíveis, irrenunciáveis e imprescritíveis.

Essa proteção alcança as pessoas desde seu nascimento e se estende para após a morte, tendo em vista que a personalidade do indivíduo começa com seu nascimento com vida e termina com sua morte, real ou presumida. De toda sorte, os direitos inerentes à personalidade estão protegidos desde a concepção, através da proteção legal conferida pelo Código Civil aos direitos do nascituro (ver CC, art. 2º), e vai além da morte em razão do respeito exigido aos mortos (ver CC, art. 12, parágrafo único e art. 20, parágrafo único).

De ressaltar que, pela importância do resguardo da dignidade humana, é que o legislador fez consignar no art. 12 do Código Civil a possibilidade de atuação do judiciário, cautelarmente, que pode ser acionado por qualquer pessoa para "exigir que cesse a ameaça, ou a lesão, a direito da personalidade, e reclamar perdas e danos, sem prejuízo de outras sanções previstas em lei".

O que o Estatuto Civil, no seu conjunto, procura proteger são aqueles bens inalienáveis do ser humano, os quais compõem sua dignidade, e que não podem ser desrespeitados, dentre eles, a integridade física, moral e intelectual, nelas compreendidas a defesa da vida, da liberdade, inclusive de pensamento, assim como a liberdade política e religiosa, da intimidade, da honra, do nome, da imagem, enfim, de todos aqueles atributos que a Constituição Federal de 1988 classificou como um dentre os princípios fundamentais pelo qual o Estado Democrático brasileiro deveria se reger – a dignidade humana (ver art. 1º, III).

2. CONCEITUAÇÃO DOS DIREITOS DA PERSONALIDADE

Conforme se depreende do que foi exposto, **a pessoa humana, além dos direitos patrimoniais (material), é titular de direitos igualmente importantes, chamados direitos da personalidade (imateriais)**, cuja existência se assenta no direito natural de respeito à dignidade humana, destacando-se o direito à vida, à higidez tanto física quanto psíquica, à liberdade, ao nome, ao corpo, à imagem e à honra, dentre vários outros.

Partindo dessa premissa, podemos conceituar o direito da personalidade como sendo: "o conjunto de direitos reconhecidos à pessoa humana, que se irradia a partir da própria personalidade, projetando-se na sociedade enquanto direito próprio e inalienável, cabendo ao ordenamento jurídico garantir e proteger, impondo-se a todos o respeito e a sua inviolabilidade".

3. IMPORTÂNCIA DOS DIREITOS DA PERSONALIDADE

Os direitos da personalidade são importantes porque eles protegem a vida, a integridade corporal, a liberdade, a honra, o decoro, a intimidade, os sentimentos afetivos, a imagem, o nome, a capacidade, o estado de família, dentre outros, de tal sorte que sua proteção se impõe, porquanto, **sem eles, a personalidade restaria uma suscetibilidade completamente irrealizada**, privada de todo valor concreto, direitos sem os quais todos os outros direitos subjetivos perderiam todo o interesse para o indivíduo – o que equivale dizer que, se eles não existissem, a pessoa não poderia existir como tal.

4. O PRINCÍPIO DA DIGNIDADE HUMANA COMO COROLÁRIO DOS DIREITOS DA PERSONALIDADE

O princípio da dignidade humana é um valor supremo, de natureza sagrada, princípio maior de nossa Constituição Federal (art. 1º, III), adotado como a base antropológica do Estado Democrático de Direito brasileiro e como forma de garantir a todos os direitos fundamentais do ser humano, tendo em vista que o Homem e sua dignidade são a razão de ser da sociedade, do Estado e do Direito.

Para a exata compreensão do princípio da dignidade suprema da pessoa humana e de seus direitos, é preciso rememorar que os avanços na proteção aos direitos humanos têm sido fruto da dor física e do sofrimento moral como resultado de surtos de violências, mutilações, torturas e massacres coletivos.

Foi, claramente, **a experiência nazista que gerou a consciência universal de que se devia preservar, a qualquer custo, a dignidade da pessoa humana**, como uma conquista de valor ético-jurídico intangível.

Importa destacar que a dignidade da pessoa humana, erigida como preceito fundamental pela Constituição de 1988, ou seja, o mais precioso valor da ordem jurídica brasileira, que, como consectário lógico, impõe a elevação do ser humano ao ápice de todo o sistema jurídico, sendo-lhe atribuído o valor supremo de alicerce da ordem jurídica. A dignidade da pessoa humana, pois, serve como mola de propulsão da intangibilidade da vida do homem, dela defluindo o respeito à integridade física e psíquica das pessoas, a admissão da existência de pressupostos materiais (patrimoniais, inclusive) mínimos para que se possa viver e do respeito pelas condições fundamentais de liberdade e igualdade.

Neste quadro, **a dignidade da pessoa humana funciona como uma fonte jurídico-positiva para os direitos fundamentais**, o que lhes possibilita coerência e unidade. Dá-lhes uma noção de sistema. O princípio fundamental da dignidade da pessoa humana, assim entendida como valor axiológico, serve como uma espécie de "lei geral" para os direitos fundamentais, que são especificações da dignidade da pessoa humana.

Aliás, a dignidade, como qualidade intrínseca da pessoa humana, não está sujeita a debate, ela existe independentemente de qualquer norma positiva. A qualidade de digno é uma condição da essência e existência do ser humano e, simultaneamente, um condicionante em atuar na sociedade, e desse direito inato decorrem todos os direitos personalíssimos.

5. A DIVISÃO DOS DIREITOS DA PERSONALIDADE

Embora os direitos da personalidade sejam de várias ordens, podemos agrupá-los em três campos distintos, sob a ótica da proteção à integridade das pessoas, quais sejam:

a) Integridade física:

Aqui se incluem os direitos à vida, à alimentação, à habitação, ao próprio corpo vivo ou morto, ao corpo alheio vivo ou morto, às partes separadas do corpo vivo ou morto, inclusas as imagens.

b) Integridade intelectual:

São as liberdades de pensamento, de autoria científica, artística, cultural e literária.

c) Integridade psíquica ou moral:

Podemos aqui incluir a liberdade física (ir e vir), também chamada liberdade civil; a liberdade política e religiosa; a honra; o recato; os segredos (pessoais e profissionais); a identidade pessoal, familiar e social; o respeito ao nome, à reputação e à honra.

6. CARACTERÍSTICAS DOS DIREITOS DA PERSONALIDADE

Os direitos da personalidade são inatos, ilimitados e absolutos exatamente por serem direitos que decorrem da própria natureza da pessoa humana, podendo ser identificadas as seguintes características:

a) Intransmissível:

São características que os transformam em direitos indisponíveis, isto é, seu titular não pode dele dispor (CC, art. 11).[1]

Atenção: embora sejam intransmissíveis os direitos da personalidade, alguns atributos podem ser objeto de cessão ou mesmo alienação, tais como a cessão de imagens, de direitos autorais[2] e a própria cessão de órgãos para fins altruísticos. De outro lado, a ofensa a estes bens transmite aos herdeiros o direito de exigir a reparação pecuniária (ver CC, art. 943).

b) Irrenunciável:

O titular dos direitos da personalidade não pode renunciar a esse direito e, quando isto acontecer, podemos afirmar que essa cláusula contratual será nula de pleno direito (nulidade absoluta – ver CC, art. 11).

c) Absoluto:

No sentido de que é um direito oponível *erga omnes*, isto é, impõe a todos o dever de abstenção e respeito.

d) Ilimitado:

Os direitos à personalidade não sofrem limitação, devendo considerar que os arts. 11 e 12 do Código Civil apenas exemplificam alguns destes

---

1. CC, Art. 11. Com exceção dos casos previstos em lei, os direitos da personalidade são intransmissíveis e irrenunciáveis, não podendo o seu exercício sofrer limitação voluntária.
2. Ver Lei nº 9.610/98, que trata dos direitos autorais.

direitos, podendo surgir novas formas de direitos da personalidade, tais como o decorrente da clonagem humana, da imagem virtual, da manipulação de imagem e voz por computador, do teletransporte humano etc.

e) **Imprescritível:**

Não perdem suas características, nem se extinguem pelo decurso de tempo, nem mesmo se seu titular não exercer a pretensão de defendê-lo.

Atenção: embora os direitos da personalidade sejam imprescritíveis, prescreve a pretensão de indenização por dano moral decorrente da violação a esses direitos (ver CC, art. 206, § 3º, V).

f) **Impenhoráveis:**

Tendo em vista que os direitos da personalidade são inerentes à pessoa humana e dela são indissociáveis, só se pode concluir que são impenhoráveis, pois se isso ocorresse implicaria em restrição, tendo em vista que a penhora antecede a venda e, por conseguinte, significaria uma violação.

Exceção: podem ser penhorados os frutos e rendimentos decorrentes do direito da personalidade, tais como os decorrentes do direito autoral ou de imagem. Neste caso estarão sendo penhorados os reflexos patrimoniais de tais direitos.

g) **Inexpropriável:**

Como são direitos indestacáveis de seu titular, sendo certo que o seu exercício não pode sofrer limitações (ver CC, art. 11), conclui-se, por conseguinte, que esse tipo de direito não pode ser objeto de adjudicação pelo credor, assim como não pode ser desapropriado pelo Estado.

h) **Vitalício:**

Adquire-se no instante da concepção e acompanha a pessoa até a morte sendo certo que mesmo após a morte, há que se ter respeito à honra e à memória do morto (ver CC, art. 12, parágrafo único e art. 20, parágrafo único).

7. DECLARAÇÃO UNIVERSAL DOS DIREITOS HUMANOS (ONU)

A Declaração Universal dos Direitos Humanos, aprovada em dezembro de 1948 pela Assembleia Geral das Nações Unidas (ONU), é um documento histórico que influenciou diretamente todos os textos constitucionais dos países modernos, positivando os valores fundamentais da pessoa humana. A sua importância é transcendental, pois alçou a dignidade da pessoa humana a um direito da humanidade.[3]

Para uma compreensão melhor da importância desse documento, no que diz respeito à proteção aos direitos personalíssimos do ser humano, sugerimos sua leitura completa (está disponível na internet e acessível com facilidade).

---

3. O art. 1º da Declaração diz: "Todas as pessoas nascem livres e iguais em dignidade e direitos. São dotadas de razão e consciência e devem agir em relação umas às outras com espírito de fraternidade."

Lição 6
PROTEÇÃO AOS DIREITOS DA PERSONALIDADE

Sumário: 1. Proteção aos direitos da personalidade – 2. Proteção preventiva – 3. Direito à integridade física – 4. Tratamento médico de risco – 5. Proteção ao nome – 6. Da imutabilidade do nome e da sua retificação – 7. Da alteração do sobrenome – 8. Proteção à palavra, à imagem e à voz – 9. O direito à intimidade e à vida privada – 10. A proteção de dados pessoais.

1. PROTEÇÃO AOS DIREITOS DA PERSONALIDADE

A exigência de respeito à dignidade da pessoa humana encontra-se insculpida na Constituição Federal, como um dos fundamentos do Estado Democrático de Direito (CF, art. 1º, III).[1]

Desse princípio maior decorrem outros tais como a inviolabilidade da vida, do corpo (vivo ou morto), da intimidade, da honra, da vida privada, da imagem, dentre outros, que em sendo violados autorizam o seu titular a buscar a devida reparação por dano material, moral, estético ou à imagem, decorrente de sua violação (CF, art. 5º, V e X).[2]

---

1. CF, Art. 1º A República Federativa do Brasil, formada pela união indissolúvel dos Estados e Municípios e do Distrito Federal, constitui-se em Estado Democrático de Direito e tem como fundamentos:

   I – a soberania;

   II – a cidadania;

   III – a dignidade da pessoa humana;

   IV – os valores sociais do trabalho e da livre iniciativa;

   V – o pluralismo político.

2. CF, Art. 5º omissis:

   V – é assegurado o direito de resposta, proporcional ao agravo, além da indenização por dano material, moral ou à imagem;

   X – são invioláveis a intimidade, a vida privada, a honra e a imagem das pessoas, assegurado o direito a indenização pelo dano material ou moral decorrente de sua violação;

   (omissis).

Certamente estão na nossa Lei Maior os fundamentos mais importantes de proteção aos direitos da personalidade; porém, a tutela protetiva aos direitos pessoalíssimos não se esgota apenas neste instituto, pois encontramos diversas outras proteções no Código Civil e mesmo em legislação esparsas, conforme veremos a seguir.

2. PROTEÇÃO PREVENTIVA

Prevê o Código Civil uma regra geral tendente a garantir os meios necessários a resguardar a dignidade humana preventivamente, com a possibilidade de medidas de caráter cautelar, com o fim de suspender ou fazer cessar os atos ofensivos à integridade física, intelectual ou moral de qualquer pessoa (ver CC, art. 12, *caput*).

Mesmo a pessoa morta, ainda que não tenha personalidade, conta com a proteção da lei no que diz respeito à sua memória e ao culto que seus parentes vivos podem lhe dedicar (CC, art. 12, parágrafo único).[3]

Esta previsão legal existe para dar concretude àquilo que foi previsto na Declaração Universal dos Direitos Humanos (ONU), que estabeleceu: "Ninguém será sujeito a interferências na sua vida privada, na sua família, no seu lar ou na sua correspondência, nem ataques à sua honra e reputação. Toda pessoa tem direito à proteção da lei contra tais interferências ou ataques" (art. XII).

3. DIREITO À INTEGRIDADE FÍSICA

O direito à integridade física visa proteger a pessoa humana não só com relação à sua própria vida, mas também no que diz ao seu corpo, incluindo as partes separadas, órgãos e tecidos, assim como ao próprio corpo morto, quer na sua totalidade, quer em relação às partes separadas.

Aliás, a proteção à vida tem *status* constitucional (CF, art. 5º, *caput*)[4] e permeia toda a nossa legislação, até porque, como dizem alguns, é do direito à vida que decorrem todos os demais direitos.

Com relação aos atos de disposição do próprio corpo, que podem ser realizados de forma altruísta ou para fins científicos, devemos atentar para o que

---

3. CC, Art. 12. Pode-se exigir que cesse a ameaça, ou a lesão, a direito da personalidade, e reclamar perdas e danos, sem prejuízo de outras sanções previstas em lei.
   Parágrafo único. Em se tratando de morto, terá legitimação para requerer a medida prevista neste artigo o cônjuge sobrevivente, ou qualquer parente em linha reta, ou colateral até o quarto grau.
4. CF, Art. 5º Todos são iguais perante a lei, sem distinção de qualquer natureza, garantindo-se aos brasileiros e aos estrangeiros residentes no País a inviolabilidade do direito à vida, à liberdade, à igualdade, à segurança e à propriedade, nos termos seguintes:

consta no Código Civil (arts. 13 e 14),[5] bem como verificar o que consta na Lei dos Transplantes, que disciplina as formas de remoção de órgãos, tecidos e partes do corpo humano para fins de transplante e tratamento (ver Lei nº 9.434/97).

> **Atenção:** no Brasil **é proibida a comercialização de órgãos, tecidos e outras partes do corpo humano**, por expressa determinação constitucional, nos seguintes termos: "A lei disporá sobre as condições e os requisitos que facilitem a remoção de órgãos, tecidos ou substâncias humanas para fins de transplante, pesquisa e tratamento, bem como a coleta, processamento e transfusão de sangue e seus derivados, sendo vedado todo tipo de comercialização" (ver CF, art. 199, § 4º).

4. TRATAMENTO MÉDICO DE RISCO

O Código Civil impõe ao médico o dever de atuar somente mediante autorização do paciente ou de alguém que o represente (é o chamado "consentimento informado"). A finalidade desta norma é proteger a inviolabilidade do corpo humano (CC, art. 15).[6]

Quer dizer, antes de realizar qualquer procedimento, principalmente os de risco ou de intervenções cirúrgicas, o médico deve obter o consentimento informado do paciente ou, na sua impossibilidade, do seu representante legal ou dos parentes mais próximos.

Esse imperativo encontra fundamento na garantia dos direitos humanos fundamentais e no respeito à autonomia da vontade do paciente e foi inspirado pelo chamado Código de Nuremberg, cujos dez pontos resumem os princípios básicos que regem a conduta ética em pesquisas. Dentre elas, a primeira cláusula do documento aponta para o fato de que "o consentimento informado do sujeito humano é absolutamente essencial".

O dever de informar encontra ainda ressonância nos princípios de respeito à dignidade humana. Nesse sentido, a Declaração Universal Sobre o Genoma Humano e os Direitos Humanos (ONU) aprovou a seguinte disposição: "Uma

---

5. CC, Art. 13. Salvo por exigência médica, é defeso o ato de disposição do próprio corpo, quando importar diminuição permanente da integridade física, ou contrariar os bons costumes.
   Parágrafo único. O ato previsto neste artigo será admitido para fins de transplante, na forma estabelecida em lei especial.
   CC, Art. 14. É válida, com objetivo científico, ou altruístico, a disposição gratuita do próprio corpo, no todo ou em parte, para depois da morte.
   Parágrafo único. O ato de disposição pode ser livremente revogado a qualquer tempo.
6. CC, Art. 15. Ninguém pode ser constrangido a submeter-se, com risco de vida, a tratamento médico ou a intervenção cirúrgica.

intervenção no campo de saúde só pode ser realizada depois de a pessoa ter dado seu consentimento livre e informado para tal. Essa pessoa deve, antecipadamente, receber informações apropriadas acerca do propósito e natureza da intervenção, bem como de seus riscos" (art. 5º, letra *b*).

Assim, o **consentimento informado é** um **dever legal do médico** expressamente previsto no Código Civil (ver CC, art. 15); **também um dever ético**, pois o Código de Ética Médica assim determina (Res. CFM nº 1.931, art. 22); **e um direito do paciente**, na medida em que o Código de Defesa do Consumidor enumera, entre os direitos básicos do consumidor, o direito "a informação adequada e clara sobre os diferentes produtos e serviços, com especificação correta de quantidade, características, composição, qualidade e preço, bem como sobre os riscos que apresentem" (Lei nº 8.078/90, art. 6º, III).

Quatro são os requisitos essenciais para que o consentimento seja válido e eficaz: que seja voluntário; fornecido por quem seja capaz; após ter sido informado e devidamente esclarecido.

Como toda regra tem exceção, consentimento esclarecido somente é dispensável na eventualidade de atendimento de emergência, pois nesse caso o médico estará obrigado a adotar os procedimentos necessários para salvaguardar a vida e a saúde do paciente, independentemente de obter o seu consentimento ou dos familiares. Aliás, se ele não agir assim poderá ser responsabilizado civilmente por negligência, e se ocorrer a morte poderá responder também criminalmente, isso sem falar dos procedimentos éticos disciplinares aos quais estará sujeito perante o Conselho Regional de Medicina da sua localidade.

5. PROTEÇÃO AO NOME

O nome é um dos mais sagrados direitos da personalidade porque é o elemento que diferencia e individualiza a pessoa no seio da sociedade, inclusive indicando sua origem familiar, e integra a personalidade do indivíduo.

É o direito que toda pessoa tem de ser individualizado na sociedade e de ter uma identificação na relação familiar e esse direito é oponível *erga omnes*.

A lei brasileira protege não só o nome (CC, arts. 17 e 18),[7] como também o pseudônimo, desde que adotado para atividades lícitas, conforme previsto no Código Civil (CC, art. 19).[8]

---

7. CC, Art. 17. O nome da pessoa não pode ser empregado por outrem em publicações ou representações que a exponham ao desprezo público, ainda quando não haja intenção difamatória.

CC, Art. 18. Sem autorização, não se pode usar o nome alheio em propaganda comercial.

8. CC, Art. 19. O pseudônimo adotado para atividades lícitas goza da proteção que se dá ao nome.

LIÇÃO 6 • PROTEÇÃO AOS DIREITOS DA PERSONALIDADE

75

Normalmente a palavra *nome* **indica o nome completo da pessoa**, quer dizer, o prenome e o sobrenome, por isso é importante esclarecer quais são os elementos que compõem o nome (CC, art. 16):[9]

a) **Prenome:**

É o nome propriamente dito. **É o nome próprio de cada pessoa.** Pode ser simples (Antonio, José, Maria etc.); composto por dois nomes (João Antonio, Pedro Paulo); ou, por mais nomes (João Pedro Paulo). Quando a criança nasce, os pais podem escolher livremente o prenome que pretendem lhe atribuir, desde que não exponha o detentor a ridículo ou a constrangimento..

Importante: os oficiais do registro civil estão legalmente autorizados a recusar o registro de qualquer pessoa cujo nome possa ser suscetível de expor aquela pessoa ao ridículo ou constrangimentos (LRP, art. 55, § 1º).[10]

Atenção: como regra o prenome é imutável, porém essa imutabilidade é relativa, conforme veremos no tópico seguinte, ao tratarmos das possibilidades de alteração/retificação do nome.

b) **Sobrenome ou apelido familiar:**

É o nome de família da qual o indivíduo faz parte e que identifica a filiação ou estirpe, também conhecido por patronímico, e pode ser do pai, da mãe ou de ambos. É o componente mais importante do nome. Pode ser simples (Melo, Oliveira, Silva etc.) ou composto (Domingos de Melo, Oliveira Paranhos, Silva e Souza etc.). O sobrenome, assim como o prenome, são via de regra, também imutáveis.

Algumas exceções: o sobrenome das pessoas pode mudar somente em situações expressamente autorizadas por lei. Vejamos algumas hipóteses: pelo **casamento**, já que ambos os nubentes podem adicionar ao seu sobrenome o sobrenome do outro (CC, art. 1565, § 1º);[11] da mesma forma,

---

9. CC, Art. 16. Toda pessoa tem direito ao nome, nele compreendidos o prenome e o sobrenome.
10. LRP, Art. 55. Toda pessoa tem direito ao nome, nele compreendidos o prenome e o sobrenome, observado que ao prenome serão acrescidos os sobrenomes dos genitores ou de seus ascendentes, em qualquer ordem e, na hipótese de acréscimo de sobrenome de ascendente que não conste das certidões apresentadas, deverão ser apresentadas as certidões necessárias para comprovar a linha ascendente. (Redação dada pela Lei nº 14.382, de 2022)

    § 1º O oficial de registro civil não registrará prenomes suscetíveis de expor ao ridículo os seus portadores, observado que, quando os genitores não se conformarem com a recusa do oficial, este submeterá por escrito o caso à decisão do juiz competente, independentemente da cobrança de quaisquer emolumentos. (Incluído pela Lei nº 14.382, de 2022)

    (omissis)...
11. CC, Art. 1.565. Pelo casamento, homem e mulher assumem mutuamente a condição de consortes, companheiros e responsáveis pelos encargos da família.

    § 1º Qualquer dos nubentes, querendo, poderá acrescer ao seu o sobrenome do outro.

    (Omissis)...

pelo **divórcio**, tendo em vista que é possível aos divorciados manter ou excluir o sobrenome do outro cônjuge (CC, art. 1571, § 2º);[12] pela **adoção**, já que o adotado terá excluído o sobrenome da família biológica e assumirá obrigatoriamente o sobrenome da família que o adotou (ECA, art. 47, § 5º);[13] **reconhecimento de filho**, que, por óbvio, após o reconhecimento irá ostentar o sobrenome da mãe e o do pai (LRP, art. 59);[14] no **reconhecimento da união estável** (LRP, art. 57, §§ 2º e 3º-A);[15] etc.

Importante: quando a mãe comparecer em cartório para registrar o filho havido fora do casamento não poderá declarar e fazer constar do registro o nome do pai, a não ser que o mesmo manifeste sua expressa concordância, pessoalmente ou por procurador.

c) **Agnome:**

É o sinal que se acresce ao final do nome de pessoa, cujo nome é igual ao de outra pessoa de sua família (junior, filho, neto etc.). Admite-se a utilização de agnomes ordinais, como fez Roberto Carlos, que registrou o filho como Roberto Carlos Braga Segundo.

d) **Alcunha:**

É o **apelido depreciativo**. Normalmente refere-se a pessoa por um aspecto à sua vida física (aleijadinho, manco, quatro-olhos etc.); ou referente ao seu ofício ou profissão (pedreiro, mecânico, pintor etc.); ou ainda ao local de nascimento (mineiro, carioca, italiano, japonês etc.).

---

12. Art. 1.571 (omissis):

    § 2º Dissolvido o casamento pelo divórcio direto ou por conversão, o cônjuge poderá manter o nome de casado; salvo, no segundo caso, dispondo em contrário a sentença de separação judicial.

13. ECA, art. 47 (omissis):

    § 5º a sentença conferirá ao adotado o nome do adotante e, a pedido de qualquer deles, poderá determinar a modificação do prenome.

14. LRP, Art. 59. Quando se tratar de filho ilegítimo, não será declarado o nome do pai sem que este expressamente o autorize e compareça, por si ou por procurador especial, para, reconhecendo-o, assinar, ou não sabendo ou não podendo, mandar assinar a seu rogo o respectivo assento com duas testemunhas.

15. LRP, LRP, Art. 57. alteração posterior de sobrenomes poderá ser requerida pessoalmente perante o oficial de registro civil, com a apresentação de certidões e de documentos necessários, e será averbada nos assentos de nascimento e casamento, independentemente de autorização judicial, a fim de: (Redação dada pela Lei nº 14.382, de 2022).

    (omissis)....

    § 2º Os conviventes em união estável devidamente registrada no registro civil de pessoas naturais poderão requerer a inclusão de sobrenome de seu companheiro, a qualquer tempo, bem como alterar seus sobrenomes nas mesmas hipóteses previstas para as pessoas casadas. (Redação dada pela Lei nº 14.382, de 2022)

    § 3º (Revogado). (Redação dada pela Lei nº 14.382, de 2022)

    § 3º-A O retorno ao nome de solteiro ou de solteira do companheiro ou da companheira será realizado por meio da averbação da extinção de união estável em seu registro. (Incluído pela Lei nº 14.382, de 2022)

e) Hipocorístico:

É o **diminutivo ou aumentativo do nome**, normalmente utilizado pelas pessoas mais próximas do portador, revelando intimidade (Manezinho, Tião, Gabi etc.).

f) Epíteto:

É uma espécie de qualificativo da pessoa que, embora não faça parte do nome, pode ser acrescido após o nome (Átila, "o flagelo de Deus"; Chacrinha, "o velho guerreiro" etc.).

g) Codinome:

É uma espécie de apelido, porém utilizado de forma velada quando não se quer identificar a pessoa (ver música do Cazuza "Codinome beija-flor").

6. DA IMUTABILIDADE DO NOME E DA SUA RETIFICAÇÃO

Até o advento da Lei 14.382 de 27 de junho de 2022 a regra era a imutabilidade do prenome das pessoas. Quer dizer, a regra era a imutabilidade, porém, por exceção, as pessoas podiam mover uma ação judicial para a retificação, modificação ou mesmo a inclusão de novo prenome desde que apresentasse uma justificativa plausível.

Primeira e importante mudança é o que consta do art. 55[16] que abre a possibilidade de os pais da criança, em até 15 (quinze) dias após o registro de nascimento, poder apresentar, perante o cartório de registro civil onde foi lavrado o assento de nascimento, oposição fundamentada ao prenome e sobrenomes indicados pelo declarante, observado que, se houver manifestação consensual dos dois genitores, será realizado o procedimento de retificação de forma administrativa (extrajudicial) do registro, porém, se não houver consenso entre os genitores, a oposição será encaminhada ao juiz competente para decisão (judicial).

Com a edição da referida lei foi dada nova redação ao artigo 56 da Lei de Registros Públicos[17] e agora qualquer pessoa, ao atingir a maioridade (a partir

---

16. LRG, Art. 55. (omissis)...

    § 4º Em até 15 (quinze) dias após o registro, qualquer dos genitores poderá apresentar, perante o registro civil onde foi lavrado o assento de nascimento, oposição fundamentada ao prenome e sobrenomes indicados pelo declarante, observado que, se houver manifestação consensual dos genitores, será realizado o procedimento de retificação administrativa do registro, mas, se não houver consenso, a oposição será encaminhada ao juiz competente para decisão. (Incluído pela Lei nº 14.382, de 2022)

17. Art. 56. A pessoa registrada poderá, após ter atingido a maioridade civil, requerer pessoalmente e imotivadamente a alteração de seu prenome, independentemente de decisão judicial, e a alteração será averbada e publicada em meio eletrônico. (Redação dada pela Lei nº 14.382, de 2022)

dos 18 anos), poderá alterar seu nome, direto no cartório sem necessidade de justificar o pedido e, mais importante, sem necessitar recorrer ao judiciário.

Advirta-se, contudo, que essa mudança imotivada só será possível requerer diretamente ao registrador civil, uma única vez. E para desfazer essa alteração somente mediante processo judicial.

Ao fazer a averbação o cartório deverá fazer constar, obrigatoriamente, o nome anterior e os números de documentos pessoais (RG, CPF, passaporte e título de eleitor). Além disso, o cartório deverá comunicar aos órgãos públicos emissores dos referidos documentos do registrado, preferencialmente em meio eletrônico, todas essas informações, às custas do interessado.

Excepcionalmente o oficial do cartório poderá se recusar a fazer o registro se suspeitar de fraude, falsidade, má-fé, vício de vontade ou mesmo simulação quanto à real intenção da pessoa requerente, desde que fundamente sua decisão.

7. DA ALTERAÇÃO DO SOBRENOME

No mesmo texto de lei foi promovida outras importantes mudanças como, por exemplo, a possibilidade de inclusão do sobrenome de família, também pela forma extrajudicial, isto é, direto no cartório, também sem a necessidade de decisão judicial.

Esta mesma lei também modificou o artigo 57 da Lei de Registros Públicos[18] para permitir a alteração do sobrenome, com a apresentação de certidões

---

§ 1º A alteração imotivada de prenome poderá ser feita na via extrajudicial apenas 1 (uma) vez, e sua desconstituição dependerá de sentença judicial. (Incluído pela Lei nº 14.382, de 2022)

§ 2º A averbação de alteração de prenome conterá, obrigatoriamente, o prenome anterior, os números de documento de identidade, de inscrição no Cadastro de Pessoas Físicas (CPF) da Secretaria Especial da Receita Federal do Brasil, de passaporte e de título de eleitor do registrado, dados esses que deverão constar expressamente de todas as certidões solicitadas. (Incluído pela Lei nº 14.382, de 2022)

§ 3º Finalizado o procedimento de alteração no assento, o ofício de registro civil de pessoas naturais no qual se processou a alteração, a expensas do requerente, comunicará o ato oficialmente aos órgãos expedidores do documento de identidade, do CPF e do passaporte, bem como ao Tribunal Superior Eleitoral, preferencialmente por meio eletrônico. (Incluído pela Lei nº 14.382, de 2022)

§ 4º Se suspeitar de fraude, falsidade, má-fé, vício de vontade ou simulação quanto à real intenção da pessoa requerente, o oficial de registro civil fundamentadamente recusará a retificação. (Incluído pela Lei nº 14.382, de 2022)

18. Art. 57. A alteração posterior de sobrenomes poderá ser requerida pessoalmente perante o oficial de registro civil, com a apresentação de certidões e de documentos necessários, e será averbada nos assentos de nascimento e casamento, independentemente de autorização judicial, a fim de: (Redação dada pela Lei nº 14.382, de 2022)

I – inclusão de sobrenomes familiares; (Incluído pela Lei nº 14.382, de 2022)

II – inclusão ou exclusão de sobrenome do cônjuge, na constância do casamento; (Incluído pela Lei nº 14.382, de 2022)

e de documentos necessários, independente de autorização judicial, porém em situações bem específicas, vejamos quais sejam:

a) inclusão de sobrenomes familiares. Nesse caso o interessado deverá apresentar certidões e documentos necessários à comprovação de existência de ascendente com o sobrenome desejado. Quer dizer, não se escolhe qualquer sobrenome livremente.

b) inclusão ou exclusão de sobrenome do cônjuge, na constância do casamento;

c) exclusão de sobrenome do ex-cônjuge, após a dissolução da sociedade conjugal, por qualquer de suas causas;

d) inclusão e exclusão de sobrenomes em razão de alteração das relações de filiação, inclusive para os descendentes, cônjuge ou companheiro da pessoa que teve seu estado alterado;

e) há também a possibilidade de que os conviventes em união estável devidamente registrada, possam requerer a inclusão do sobrenome de seu companheiro, a qualquer tempo, bem como alterar seus sobrenomes nas mesmas hipóteses previstas para as pessoas casadas.

III – exclusão de sobrenome do ex-cônjuge, após a dissolução da sociedade conjugal, por qualquer de suas causas; (Incluído pela Lei nº 14.382, de 2022)

IV - inclusão e exclusão de sobrenomes em razão de alteração das relações de filiação, inclusive para os descendentes, cônjuge ou companheiro da pessoa que teve seu estado alterado. (Incluído pela Lei nº 14.382, de 2022)

§ 1º Poderá, também, ser averbado, nos mesmos termos, o nome abreviado, usado como firma comercial registrada ou em qualquer atividade profissional.

§ 2º Os conviventes em união estável devidamente registrada no registro civil de pessoas naturais poderão requerer a inclusão de sobrenome de seu companheiro, a qualquer tempo, bem como alterar seus sobrenomes nas mesmas hipóteses previstas para as pessoas casadas. (Redação dada pela Lei nº 14.382, de 2022)

§ 3º-A O retorno ao nome de solteiro ou de solteira do companheiro ou da companheira será realizado por meio da averbação da extinção de união estável em seu registro. (Incluído pela Lei nº 14.382, de 2022)

§ 4º, § 5º e § 6º (foram revogados pela Lei nº 14.382, de 2022)

§ 7o Quando a alteração de nome for concedida em razão de fundada coação ou ameaça decorrente de colaboração com a apuração de crime, o juiz competente determinará que haja a averbação no registro de origem de menção da existência de sentença concessiva da alteração, sem a averbação do nome alterado, que somente poderá ser procedida mediante determinação posterior, que levará em consideração a cessação da coação ou ameaça que deu causa à alteração. (Incluído pela Lei nº 9.807, de 1999)

§ 8º O enteado ou a enteada, se houver motivo justificável, poderá requerer ao oficial de registro civil que, nos registros de nascimento e de casamento, seja averbado o nome de família de seu padrasto ou de sua madrasta, desde que haja expressa concordância destes, sem prejuízo de seus sobrenomes de família. (Redação dada pela Lei nº 14.382, de 2022)

f) da mesma forma é possível o retorno ao nome de solteiro ou de solteira do companheiro ou da companheira que será realizado por meio da averbação da extinção de união estável em seu registro.

g) temos ainda a previsão de que o enteado (a), se houver justo motivo, poderá requerer a averbação do nome de família de seu padrasto ou de sua madrasta nos registros de nascimento e de casamento, sendo necessário para tanto, a concordância expressa destes. Nesse caso, trata-se de acrescer ao sobrenome do requerente, os sobrenomes de padrastos e madrastas.

Além dessas alterações de nome e sobrenome resultado da modificação legislativa ora em comento, é importante consignar que existem (e já existiam) outras hipóteses de alteração do nome/prenome, vejamos:

A regra é que o nome das pessoas é imutável. Por exceção é possível mover a ação de retificação de nome ou prenome para correção, retificação ou mesmo a inclusão de novo nome, com base no disposto na Lei nº 6.015/73 – Lei de Registros Públicos, nas seguintes situações:

a) Para corrigir erro gráfico no registro civil:

Por óbvio que, havendo erro de grafia no registro civil de qualquer pessoa, a mesma tem o direito de ver esse erro corrigido, e isso poderá ser feito até mesmo pelas vias administrativas perante o próprio cartório onde foi registrado (LRP, art. 110).[19]

Exemplo: a pessoa foi registrada como Osvardo quando deveria ser Osvaldo ou constou no seu sobrenome Sousa quando deveria ser Souza.

b) Para substituir o prenome por apelido público e notório:

As pessoas públicas e notórias podem acrescer aos seus nomes o apelido pelo qual são conhecidos na sociedade. Edson Arantes do Nascimento, por exemplo, poderá, se quiser, adotar o nome de Pelé Arantes do Nascimento (inteligência do art. 58 da LRP). Antes só eram admitidos se incluídos entre o prenome (que era imutável) e o sobrenome, como aconteceu com Luiz Inácio "Lula" da Silva e Maria da Graça "Xuxa" Meneghel.

c) Exposição ao ridículo:

Os agentes de cartório têm expressa autorização legal para recusar-se a registrar uma pessoa com prenome que possa expor o seu portador a

---

19. Nos termos como previsto na LRP, art. 110, os erros que não exijam qualquer indagação para a constatação imediata de necessidade de sua correção poderão ser corrigidos de ofício pelo oficial de registro no próprio cartório onde se encontrar o assentamento, mediante petição assinada pelo interessado, representante legal ou procurador, independentemente de pagamento de selos e taxas, após manifestação conclusiva do Ministério Público.

LIÇÃO 6 • PROTEÇÃO AOS DIREITOS DA PERSONALIDADE **81**

situações de vexame ou ridículo (ver LRP, art. 55, parágrafo único). Se, contudo, a pessoa já foi registrada com prenome que lhe cause constrangimento, deverá requerer ao juiz, através de ação própria, que a autorize alterar o nome (LRP, art. 109).[20]

Atenção: entendemos que o oficial de cartório também está autorizado a recusar a alteração do sobrenome se essa alteração irá expor a pessoa ao ridículo. É preciso lembrar que algumas vezes a composição do sobrenome das pessoas pode acabar por resultar em algo esdrúxulo. Vejamos uma situação hipotética: uma mulher chamada Nilce Kudo casa-se com um homem chamado Leonardo Endo e a mulher resolveu incorporar o sobrenome do marido ao seu. Nesse caso, ela passaria a se chamar Nilce Kudo Endo, já imaginaram?

d) Em razão de testemunho na colaboração e apuração de crime:

Neste caso pretende-se proteger a pessoa para que não possa ser localizada e assim ficar protegida de eventuais represálias dos criminosos. Assim, é possível requerer judicialmente não só a alteração do nome como também do sobrenome (ver LRP, art. 57, § 7º, e art. 58, parágrafo único).

e) Alteração do nome em face do transexualismo:

As pessoas que mudaram de sexo podem requerer judicialmente a alteração do prenome e também a mudança de sexo em seu registro de nascimento, com base numa interpretação conjugada dos arts. 55, 58 e 109 da Lei dos Registros Públicos. Aliás, o STJ firmou entendimento de que os transexuais podem alterar o nome e o sexo constante do registro civil, independentemente de terem realizado cirurgia para adequação sexual (STJ, 4ª. Turma, relator Min. Luis Felipe Salomão, em julgado de maio de 2017 – o número do processo não é divulgado em face do sigilo judicial).[21]

---

20. LRP, Art. 109. Quem pretender que se restaure, supra ou retifique assentamento no Registro Civil, requererá, em petição fundamentada e instruída com documentos ou com indicação de testemunhas, que o juiz o ordene, ouvido o órgão do Ministério Público e os interessados, no prazo de cinco dias, que correrá em cartório.

    (omissis)...

21. Há um projeto de lei na Câmara dos Deputados (nº 5.002/2013) de autoria do Dep. Jean Wyllys e da Dep. Erika Kokay tratando dessa matéria.

8. PROTEÇÃO À PALAVRA, À IMAGEM E À VOZ

A palavra, os escritos e a imagem das pessoas são bens protegidos constitucionalmente como integrantes da personalidade (CF art. 5º, X [imagem]; XXVII [autor]; e XXVIII [voz]).[22]

Ninguém poderá, sem autorização do titular, utilizar a imagem, voz ou escrito, podendo o prejudicado fazer cessar a utilização liminarmente sem prejuízo da exigência de indenização por dano moral em face da utilização indevida, que poderá ser acrescida de indenização por dano material, se a utilização foi para fins comerciais (ver CC, art. 20, *caput*).

Essa proteção também se estende às pessoas mortas cujo exercício do direito de ação será de seus parentes mais próximos, conforme estabelece a lei civil (CC, art. 20, parágrafo único).[23]

Além disso, os direitos autorais já estavam legalmente protegidos anteriormente à Constituição de 1988 pela Lei nº 5.988/73, cujo texto foi revogado e atualizado pela Lei nº 9.610/98.

9. O DIREITO À INTIMIDADE E À VIDA PRIVADA

Não é fácil distinguir intimidade de privacidade, porque uma se confunde com a outra, mas vamos tentar fazer uma diferenciação, alertando que ambas estão garantidas e protegidas pela nossa Constituição Federal (CF, art. 5º, X).

A **intimidade tem a ver com a vida interior das pessoas**, sobre as coisas de sua família, sobre seus modos de vida íntima, sua vida amorosa, enfim seus

---

22. CF, art. 5º (Omissis):

    X – são invioláveis a intimidade, a vida privada, a honra e a imagem das pessoas, assegurado o direito a indenização pelo dano material ou moral decorrente de sua violação;

    XXVII – aos autores pertence o direito exclusivo de utilização, publicação ou reprodução de suas obras, transmissível aos herdeiros pelo tempo que a lei fixar;

    XXVIII – são assegurados, nos termos da lei:

    a) a proteção às participações individuais em obras coletivas e à reprodução da imagem e voz humanas, inclusive nas atividades desportivas;

    b) o direito de fiscalização do aproveitamento econômico das obras que criarem ou de que participarem aos criadores, aos intérpretes e às respectivas representações sindicais e associativas;

23. CC, Art. 20. Salvo se autorizadas, ou se necessárias à administração da justiça ou à manutenção da ordem pública, a divulgação de escritos, a transmissão da palavra, ou a publicação, a exposição ou a utilização da imagem de uma pessoa poderão ser proibidas, a seu requerimento e sem prejuízo da indenização que couber, se lhe atingirem a honra, a boa fama ou a respeitabilidade, ou se se destinarem a fins comerciais.

    Parágrafo único. Em se tratando de morto ou de ausente, são partes legítimas para requerer essa proteção o cônjuge, os ascendentes ou os descendentes.

segredos, que a ninguém é dado o direito de violar ou intrometer-se. São aspectos íntimos da vida das pessoas que hoje se encontram ameaçados constantemente principalmente em face do desenvolvimento tecnológico que permite invasões e intromissões indesejadas, tais como as ações dos *"paparazzi"*.

Já a **vida privada das pessoas tem a ver com o recato no próprio lar**, aos fatos e hábitos, às comunicações, aos sigilos bancário e fiscal etc. São aspectos da vida da pessoa que, mesmo sendo notória e famosa, tem o direito de ficar só e de não ser importunada por questões que são de sua exclusiva vida interna, podendo a vítima se socorrer do judiciário para impedir ou fazer cessar as interferências (CC, art. 21).[24]

Independentemente da dificuldade de distinção entre intimidade e privacidade, a Constituição Federal procura proteger todos esses aspectos da vida íntima das pessoas, cabendo destacar o direito à inviolabilidade da vida privada, do domicílio, da correspondência, das comunicações, do sigilo bancário, dentre outros (CF, art. 5º, X, XI e XII).[25]

Cabe advertir que, mesmo **as pessoas famosas ou notórias**, como os artistas em geral, os políticos e outras celebridades, **também têm o direito à intimidade e à vida privada**, embora alguns aspectos de suas vidas possam ser do interesse público. Porém, não se deve confundir "interesse público" com "interesse do público".

Além disso, algumas situações de invasão de privacidade ou de violação da intimidade podem também significar um ilícito de caráter penal, como, por exemplo, as escutas telefônicas clandestinas.

10. A PROTEÇÃO DE DADOS PESSOAIS

Com a promulgação da Emenda Constitucional nº 115 de 2022 a proteção dos dados pessoais (inclusive nos meios digitais) ganhou status de direito constitucional, passando a ser um direito fundamental da pessoa humana, tendo em

---

24. CC, Art. 21. A vida privada da pessoa natural é inviolável, e o juiz, a requerimento do interessado, adotará as providências necessárias para impedir ou fazer cessar ato contrário a esta norma.
25. CF, Art. 5º (omissis):

    X – são invioláveis a intimidade, a vida privada, a honra e a imagem das pessoas, assegurado o direito a indenização pelo dano material ou moral decorrente de sua violação;

    XI – a casa é asilo inviolável do indivíduo, ninguém nela podendo penetrar sem consentimento do morador, salvo em caso de flagrante delito ou desastre, ou para prestar socorro, ou, durante o dia, por determinação judicial;

    XII – é inviolável o sigilo da correspondência e das comunicações telegráficas, de dados e das comunicações telefônicas, salvo, no último caso, por ordem judicial, nas hipóteses e na forma que a lei estabelecer para fins de investigação criminal ou instrução processual penal; (…).

vista que o art. 5º da Constituição Federal teve incluído o inciso LXXIX que estabeleceu: é assegurado, nos termos da lei, o direito à proteção dos dados pessoais, inclusive nos meios digitais.

Só a título de curiosidade, em 2020 o Supremo Tribunal Federal (STF) já tinha declarado a proteção de dados como um direito fundamental, no julgamento das ADIs 6387, 6388, 6390 e 6393, porém agora este direito passa a ser constitucional e com cláusula pétrea o que significa dizer que não poderá ser revogado, nem restringido o seu alcance, nem mesmo por emenda constitucional.

Assim, a proteção de dados que já era regulado pela Lei 13.709/18 (Lei Geral de Proteção de Dados – LGPD) ganha status constitucional o que atraia competência do Supremo Tribunal Federal (STF) para apreciar eventuais violações desse direito fundamental.

Lição 7
DOS AUSENTES

Sumário: 1. Conceito de ausente 2. Qual a importância do instituto? 3. Curadoria de ausente 4. Sucessão provisória 5. Legitimidade para requerer a abertura da sucessão 6. Sucessão definitiva 7. Retorno do ausente 8. Ausência e dissolução do casamento.

1. CONCEITO DE AUSENTE

Ausente é a pessoa que desaparece de seu domicílio, sem que se tenha notícia de onde foi parar, sem deixar representante ou procurador com poderes para administrar os seus bens (CC, arts. 22 e 23).[1]

2. QUAL A IMPORTÂNCIA DO INSTITUTO?

Para o mundo jurídico, é de suma importância tal instituto porquanto, se o ausente tiver bens, surgirá o problema relativo a guarda, conservação e destino destes bens, seja em nome dos interesses do próprio ausente, seja com relação aos seus herdeiros. Em resumo:

a) **O ausente pode estar vivo:**

Sendo assim, é preciso adotar as providências necessárias para que se possa preservar os seus bens, evitando perecimento ou deterioração.

b) **O ausente faleceu:**

Nesse caso, há a necessidade de serem preservados os interesses e direitos dos herdeiros.

---

1. CC, Art. 22. Desaparecendo uma pessoa do seu domicílio sem dela haver notícia, se não houver deixado representante ou procurador a quem caiba administrar-lhe os bens, o juiz, a requerimento de qualquer interessado ou do Ministério Público, declarará a ausência, e nomear-lhe-á curador.

   CC, Art. 23. Também se declarará a ausência, e se nomeará curador, quando o ausente deixar mandatário que não queira ou não possa exercer ou continuar o mandato, ou se os seus poderes forem insuficientes.

Atenção: na ausência, que deve ser declarada pelo juiz, o que se procura proteger são os interesses do desaparecido ou dos seus herdeiros, tendo em vista ele não estar presente para tomar conta do seu patrimônio.

3. CURADORIA DE AUSENTE

A requerimento de qualquer pessoa que tenha interesse, ou mesmo do Ministério Público, o juiz nomeará curador (CC, art. 24),[2] para administrar os bens do ausente, na seguinte ordem de preferência (CC, art. 25):[3]

a) **O cônjuge:**

É o primeiro na linha de indicação, porém desde que não esteja separado judicialmente ou de fato por mais de dois anos. Por analogia aplica-se tal regra também à união estável quanto aos companheiros.

b) **Os pais e descendentes:**

Na falta ou impedimento de cônjuge ou companheiro, a curadoria caberá aos pais ou aos descendentes, nesta exata ordem.

c) **Qualquer outra pessoa:**

Se não houver cônjuge ou parentes, ou mesmo existindo haja impedimentos ou incompatibilidade, o juiz nomeará qualquer pessoa para curadoria (curador dativo).

Atenção: embora o Código Civil não mencione expressamente, deve-se ser equiparado ao cônjuge o(a) companheiro(a), conclusão a que se chega por analogia do previsto na CF, art. 226, § 3º c/c Lei nº 8.971/94.

4. SUCESSÃO PROVISÓRIA

Decorrido um ano da arrecadação dos bens (ou três anos, se o ausente deixou procurador), permite a lei que os interessados requeiram a abertura da sucessão provisória, como se o ausente fosse falecido (CC, art. 26[4] – ver tb. CPC, arts. 744 e 745).

---

2. CC, Art. 24. O juiz, que nomear o curador, fixar-lhe-á os poderes e obrigações, conforme as circunstâncias, observando, no que for aplicável, o disposto a respeito dos tutores e curadores.

3. CC, Art. 25. O cônjuge do ausente, sempre que não esteja separado judicialmente, ou de fato por mais de dois anos antes da declaração da ausência, será o seu legítimo curador.

   § 1º Em falta do cônjuge, a curadoria dos bens do ausente incumbe aos pais ou aos descendentes, nesta ordem, não havendo impedimento que os iniba de exercer o cargo.

   § 2º Entre os descendentes, os mais próximos precedem os mais remotos.

   § 3º Na falta das pessoas mencionadas, compete ao juiz a escolha do curador.

4. CC, Art. 26. Decorrido um ano da arrecadação dos bens do ausente, ou, se ele deixou representante ou procurador, em se passando três anos, poderão os interessados requerer que se declare a ausência e se abra provisoriamente a sucessão.

LIÇÃO 7 • DOS AUSENTES **87**

A arrecadação dos bens deverá ser feita pelo curador, que irá inventariar todos os bens do ausente e, enquanto não partilhados, lhe caberá a administração dos mesmos.

A sentença que determina a sucessão provisória só produzirá efeitos 180 dias depois de publicada (CC, art. 28).[5]

Importante rememorar que estamos tratando de uma "sucessão provisória" logo os herdeiros para usufruírem dos bens que lhes caibam, deverão oferecer garantias reais, representadas por penhor ou hipoteca. Quem tiver direito e não prestar a garantia exigida por lei, não poderá receber os bens.

Exceção: Os descendentes, os ascendentes e o cônjuge, independentemente de sucessão provisória, poderão tomar posse dos bens dos ausentes sem necessidade de prestar qualquer espécie de garantia (CC, art. 30).[6]

5. LEGITIMIDADE PARA REQUERER A ABERTURA DA SUCESSÃO

Os descendentes, os ascendentes e o cônjuge, independentemente de sucessão provisória, poderão tomar posse dos bens dos ausentes sem necessidade de prestar qualquer espécie de garantia. Já no tocante aos demais sucessores, estes deverão prestar garantia para serem imitidos na posse (CC, art. 30).[7]

---

5. CC, Art. 28. A sentença que determinar a abertura da sucessão provisória só produzirá efeito cento e oitenta dias depois de publicada pela imprensa; mas, logo que passe em julgado, proceder-se-á à abertura do testamento, se houver, e ao inventário e partilha dos bens, como se o ausente fosse falecido.

§ 1º Findo o prazo a que se refere o art. 26, e não havendo interessados na sucessão provisória, cumpre ao Ministério Público requerê-la ao juízo competente.

§ 2º Não comparecendo herdeiro ou interessado para requerer o inventário até trinta dias depois de passar em julgado a sentença que mandar abrir a sucessão provisória, proceder-se-á à arrecadação dos bens do ausente pela forma estabelecida nos arts. 1.819 a 1.823.

6. CC, Art. 30. Os herdeiros, para se imitirem na posse dos bens do ausente, darão garantias da restituição deles, mediante penhores ou hipotecas equivalentes aos quinhões respectivos.

§ 1º Aquele que tiver direito à posse provisória, mas não puder prestar a garantia exigida neste artigo, será excluído, mantendo-se os bens que lhe deviam caber sob a administração do curador, ou de outro herdeiro designado pelo juiz, e que preste essa garantia.

§ 2º Os ascendentes, os descendentes e o cônjuge, uma vez provada a sua qualidade de herdeiros, poderão, independentemente de garantia, entrar na posse dos bens do ausente.

7. CC, Art. 30. Os herdeiros, para se imitirem na posse dos bens do ausente, darão garantias da restituição deles, mediante penhores ou hipotecas equivalentes aos quinhões respectivos.

§ 1º Aquele que tiver direito à posse provisória, mas não puder prestar a garantia exigida neste artigo, será excluído, mantendo-se os bens que lhe deviam caber sob a administração do curador, ou de outro herdeiro designado pelo juiz, e que preste essa garantia.

§ 2º Os ascendentes, os descendentes e o cônjuge, uma vez provada a sua qualidade de herdeiros, poderão, independentemente de garantia, entrar na posse dos bens do ausente.

As pessoas que têm legitimidade para requerer a abertura da sucessão provisória são aquelas que o Código Civil comina de "interessados", além do Ministério Público que estará legitimado se os possíveis interessados se quedarem silente (CC, art. 27):[8]

a) **O cônjuge:**

Desde que não esteja separado de fato ou judicialmente do ausente. Embora a lei não mencione, devemos incluir neste tópico o convivente (companheiro ou companheira) tendo em vista que a união estável se equipara ao casamento.

b) **Os herdeiros:**

Nesse caso admitem-se tanto os herdeiros presumidos, quanto os herdeiros legítimos e testamentários.

c) **Os credores:**

Qualquer pessoa que tenha crédito ou direito a fazer valer contra o ausente também tem legitimidade para pedir a abertura da sucessão. Importante deixar assentado que o desaparecimento do devedor não extingue as obrigações que ele possa ter assumido anteriormente, razão porque os seus credores podem pedir a abertura do processo visando obter a satisfação do eventual crédito.

d) **As pessoas que tiverem algum direito em face da "morte" do ausente:**

É o típico caso do legatário (herdeiro testamentário de coisa certa e individualizada), bem como o caso de comodato (empréstimo gratuito) exercido pela pessoa do ausente. Em ambos os casos tanto o legatário como o comodante poderão promover a abertura da sucessão para poderem exercer seus direitos que decorrem da "morte" do ausente.

e) **O Ministério Público:**

Findo o prazo a que se refere o art. 26 (um ano depois da arrecadação de bens; ou, três anos se o ausente deixou representante ou procurador); e, não comparecendo nenhum interessado para promover a abertura da sucessão provisória, cumpre ao Ministério Público requerê-la ao juízo competente (ver CC, art. 28, § 1º).

---

8. CC, Art. 27. Para o efeito previsto no artigo anterior, somente se consideram interessados:
   I – o cônjuge não separado judicialmente;
   II – os herdeiros presumidos, legítimos ou testamentários;
   III – os que tiverem sobre os bens do ausente direito dependente de sua morte;
   IV – os credores de obrigações vencidas e não pagas.

6. SUCESSÃO DEFINITIVA

Depois de 10 (dez) anos de transitada em julgado a decisão que determinou a sucessão provisória, os interessados poderão requerer a sucessão definitiva, bem como o levantamento das cauções eventualmente prestadas (CC, art. 37).[9]

Este prazo será reduzido para 5 (cinco) anos se o ausente contar com mais de 80 anos (CC, art. 38).[10]

Com a sucessão definitiva, os bens que haviam sido partilhados entre os herdeiros com caráter provisório agora viram definitivos, porém esse domínio é resolúvel, tendo em vista que o ausente pode retornar.

7. RETORNO DO AUSENTE

Se o ausente regressar nos 10 (dez) anos seguintes à abertura da sucessão definitiva, retomará os bens que ainda existirem no estado em que eles se encontrarem, os sub-rogados em lugar dos bens originários e, se tais bens houverem sido alienados, o ausente terá direito aos valores recebidos (CC, art. 39).[11]

8. AUSÊNCIA E DISSOLUÇÃO DO CASAMENTO

A morte presumida do ausente é também motivo para a dissolução do casamento nos termos como previsto no art. 1.571, § 1º do Código Civil.

Embora pouco comum no nosso cotidiano, é importante saber que essa causa terminativa do casamento é baseada no instituto da morte presumida.

---

9. CC, Art. 37. Dez anos depois de passada em julgado a sentença que concede a abertura da sucessão provisória, poderão os interessados requerer a sucessão definitiva e o levantamento das cauções prestadas.

10. CC, Art. 38. Pode-se requerer a sucessão definitiva, também, provando-se que o ausente conta oitenta anos de idade, e que de cinco datam as últimas notícias dele.

11. CC, Art. 39. Regressando o ausente nos dez anos seguintes à abertura da sucessão definitiva, ou algum de seus descendentes ou ascendentes, aquele ou estes haverão só os bens existentes no estado em que se acharem, os sub-rogados em seu lugar, ou o preço que os herdeiros e demais interessados houverem recebido pelos bens alienados depois daquele tempo.

Parágrafo único. Se, nos dez anos a que se refere este artigo, o ausente não regressar, e nenhum interessado promover a sucessão definitiva, os bens arrecadados passarão ao domínio do Município ou do Distrito Federal, se localizados nas respectivas circunscrições, incorporando-se ao domínio da União, quando situados em território federal.

Lição 8
PESSOA JURÍDICA

Sumário: 1. Conceito – 2. Origem histórica – 3. Classificação; 3.1 Quanto à função; 3.2 Quanto à nacionalidade; 3.3 Quanto à estrutura – 4. Pessoas jurídicas de direito privado – 5. Natureza jurídica – 6. A teoria adotada pelo direito brasileiro – 7. Nascimento da pessoa jurídica – 8. Extinção da pessoa jurídica – 9. Desconsideração da personalidade jurídica *(disregard doctrine)* – 10. Entes despersonalizados – 11. Dano moral e a pessoa jurídica – 12. Das organizações religiosas e dos partidos políticos – 13. Cooperativas – 14. Sindicatos.

1. CONCEITO

Vamos rememorar que para o direito civil, "pessoa" é o ente físico ou coletivo capaz de adquirir direitos e assumir obrigações, podendo ser sujeito de direito.

Pessoas jurídicas **são entidades a quem a lei empresta personalidade**, isto é, são seres que atuam na vida jurídica, com personalidade própria, diversa da dos indivíduos que as compõem, capazes de serem sujeitos de direitos e obrigações na ordem civil.

> **Explicando melhor:** além das pessoas naturais (físicas), o direito atribui personalidade jurídica a determinadas entidades abstratas (coletivas), criadas pelo ser humano, possibilitando assim que elas possam ter vida negocial independente daqueles que as organizaram.

> **Em resumo:** pessoa jurídica consiste num conjunto de pessoas (associação e sociedades) ou bens (fundações), dotado de personalidade jurídica própria e constituído na forma da lei.

2. ORIGEM HISTÓRICA

A pessoa jurídica surge para suprir a própria deficiência humana, na exata medida em que, para determinados empreendimentos, o homem não encontra em si mesmo forças ou recursos suficientes para sua consecução, de sorte que procura se associar a outros homens, constituindo um organismo capaz de atingir os fins colimados.

3. CLASSIFICAÇÃO

Podemos classificar as pessoas segundo suas funções, quanto à sua nacionalidade e quanto à sua estrutura de funcionamento; vejamos:

3.1 Quanto à função

Quanto à função, as pessoas jurídicas podem ser classificadas como sendo de direito público ou de direito privado; vejamos:

a) **Direito público:**

Nesta classificação as pessoas jurídicas podem ser de direito público interno (CC, art. 41)[1] e de direito público externo (CC, art. 42).[2] São de **direito público interno** os órgãos da administração direta (União, Estados-membros, Municípios e o Distrito Federal) e da administração indireta (fundações, autarquias e empresas públicas). De **direito público externo** são os países estrangeiros e os organismos internacionais tais como a ONU e a OEA, dentre outros.

b) **Direito privado:**

As pessoas jurídicas de direito privado são aquelas que são organizadas livremente pelos particulares e cujo funcionamento independe de ingerências do Poder Público (CC, art. 44).[3] Aqui se enquadram as **associações** que não têm fins de lucros (CC, art. 53);[4] as **sociedades simples**

---

1. CC, Art. 41. São pessoas jurídicas de direito público interno:

   I – a União;

   II – os Estados, o Distrito Federal e os Territórios;

   III – os Municípios;

   IV – as autarquias, inclusive as associações públicas;

   V – as demais entidades de caráter público criadas por lei.

   Parágrafo único. Salvo disposição em contrário, as pessoas jurídicas de direito público, a que se tenha dado estrutura de direito privado, regem-se, no que couber, quanto ao seu funcionamento, pelas normas deste Código.

2. CC, Art. 42. São pessoas jurídicas de direito público externo os Estados estrangeiros e todas as pessoas que forem regidas pelo direito internacional público.

3. CC, Art. 44. São pessoas jurídicas de direito privado:

   I – as associações;

   II – as sociedades;

   III – as fundações.

   IV – as organizações religiosas;

   V – os partidos políticos.

   (omissis)...

4. CC, Art. 53. Constituem-se as associações pela união de pessoas que se organizem para fins não econômicos.

   Parágrafo único. Não há, entre os associados, direitos e obrigações recíprocos.

LIÇÃO 8 • PESSOA JURÍDICA — 93

e empresariais, cuja finalidade é o lucro (ver CC, art. 966 e ss.); e as **fundações** cujas finalidades devem ser religiosas, morais, culturais ou de assistência (CC, art. 62, parágrafo único).[5] Incluem-se aqui também as **organizações religiosas** e os **partidos políticos**.

3.2 Quanto à nacionalidade

Nesta classificação dividimos as pessoas jurídicas em:

a) Nacionais:

São aquelas empresas/associações organizadas conforme as leis brasileiras e com sede e administração no nosso país (ver CC, art. 1.126). Algumas atividades são privativas de brasileiros ou de empresas brasileiras, tais como a exploração de recursos minerais e a exploração de atividades jornalísticas, nos termos do que prevê a Constituição Federal (ver CF, art. 176, § 1º e art. 222).

b) Estrangeiras:

São aquelas pessoas jurídicas cujas sede e administração estejam situadas noutro país e que por isso dependem de autorização do Poder Executivo brasileiro para aqui funcionarem (ver CC, art. 1.134).

3.3 Quanto à estrutura

Nesta classificação, tomamos como referência a estrutura interna da pessoa jurídica.

a) Corporação:

As corporações, cuja origem remonta ao direito romano, têm como fator predominante a satisfação e interesses das pessoas que as compõem, cujos objetivos são fixados quando de suas instituições e que depois podem mudar segundo as conveniências dos seus sócios ou associados. Dividem-se em associações (sem fins de lucro) e sociedades simples, empresárias ou individuais (finalidade de lucro).

b) Fundação:

Quanto às fundações, cuja origem remonta à Idade Média, predomina na sua constituição o aspecto patrimonial, cujo instituidor destina um patrimônio para uma determinada finalidade não lucrativa e cujos integrantes devem respeitar.

---

5. CC, Art. 62. Para criar uma fundação, o seu instituidor fará, por escritura pública ou testamento, dotação especial de bens livres, especificando o fim a que se destina, e declarando, se quiser, a maneira de administrá-la.

   Parágrafo único. A fundação somente poderá constituir-se para fins religiosos, morais, culturais ou de assistência.

4. PESSOAS JURÍDICAS DE DIREITO PRIVADO

As pessoas jurídicas de direito privado, que são o objeto de nosso estudo (as de direito público serão estudadas em direito administrativo), classificam-se conforme as suas finalidades em:

a) **Sociedades:**

São aquelas entidades cuja finalidade principal é a econômica, ou seja, com fins de lucros, e o Código Civil classifica-as em sociedade simples, normalmente criadas para regular as atividades de prestadores de serviços, tais como as sociedades de advogados, de médicos, de ensino etc.; as sociedades empresárias, destinadas mais à produção, distribuição e comercialização de produtos (indústria, comércio, atividades rurais etc.) conforme prevê o nosso Código Civil (ver art. 982).

b) **Associações:**

Estas são agrupamentos de pessoas, sem finalidade de lucros, podendo ser constituídas para as mais diversas finalidades, tais como recreação, lazer e esporte; assistência social, cultural e educacional; caridade e assistência etc. (estão reguladas nos arts. 53 a 61 do Código Civil).

c) **Fundações:**

As fundações privadas (existem também as públicas) são formadas a partir de um capital que seu instituidor destinará, em vida, por escritura pública ou *post mortem* por testamento, para a criação de uma futura entidade sem finalidade de lucro e destinada essencialmente para fins educacionais, religiosos, morais, culturais, assistenciais ou mesmo de pesquisa (estão disciplinadas no Código Civil nos arts. 62 a 69).

5. NATUREZA JURÍDICA

Existem diversas teorias que procuram justificar a existência das pessoas jurídicas, dentre estas nos cabe destacar sucintamente as seguintes:

a) **Teoria da ficção legal:**

Desenvolvida por Savigny, sustenta que a personalidade jurídica decorria de uma ficção da lei, isto é, a personalidade jurídica somente pode existir por determinação da lei.

b) **Teoria da realidade objetiva ou orgânica:**

De origem germânica, foi desenvolvida por Zitelman e sustenta que a vontade, pública ou privada, é capaz de dar vida a um organismo, que passa a ter existência própria, distinta da de seus membros, capaz de tornar-se sujeito de direitos, real e verdadeiro.

c) **Teoria da realidade técnica:**

Como dizia Planiol e Ripert, a circunstância de serem titulares de direitos demonstra que sua existência não é fictícia, mas real, logo, tecnicamente útil aos homens, no seu interesse de criar seres nos quais farão repousar direitos que a final se destinam a beneficiar os próprios homens.

d) **Teoria institucionalista de Hauriou:**

Que prevê que a criação de uma instituição envolve uma ideia de criar um vínculo social, no qual se unem indivíduos que visam a um mesmo fim, de tal sorte que, quando a instituição alcança certo grau de concentração e organização, torna-se, automaticamente, pessoa jurídica.

6. A TEORIA ADOTADA PELO DIREITO BRASILEIRO

Os nossos civilistas divergem quanto à teoria que o nosso Código Civil teria adotado. Para exemplificar, vejamos dois deles:

a) **Silvio Rodrigues:**

Para ele, o direito brasileiro adotou a teoria objetiva de Zitelman, conforme se depreende do art. 45 do Código Civil.

b) **Carlos Roberto Gonçalves:**

Para ele, assim como também para Caio Mário da Silva Pereira, o nosso Código Civil teria adotado a teoria da realidade técnica, ambos fazendo uma mesma leitura do já citado art. 45 do Código Civil.

7. NASCIMENTO DA PESSOA JURÍDICA

A existência das pessoas jurídicas de direito privado começa com a inscrição de seus atos constitutivos (contrato, estatuto ou compromisso) no registro competente (CC, art. 45).[6]

---

6. CC, Art. 45. Começa a existência legal das pessoas jurídicas de direito privado com a inscrição do ato constitutivo no respectivo registro, precedida, quando necessário, de autorização ou aprovação do Poder Executivo, averbando-se no registro todas as alterações por que passar o ato constitutivo.
Parágrafo único. Decai em três anos o direito de anular a constituição das pessoas jurídicas de direito privado, por defeito do ato respectivo, contado o prazo da publicação de sua inscrição no registro.

As pessoas jurídicas são representadas ativa e passivamente por aqueles que seus atos constitutivos designarem e, se não houver designação, serão representadas pelos seus diretores.

No geral as pessoas jurídicas não dependem de autorização governamental para existirem, contudo, por exceção, algumas atividades têm o controle prévio do Estado como, por exemplo, as instituições financeiras que dependem de autorização do BACEN; as empresas de plano de saúde que necessitam de autorização da ANS; as seguradoras que dependem de autorização da SUSEP etc.

8. EXTINÇÃO DA PESSOA JURÍDICA

As pessoas jurídicas nascem, vivem, modificam-se e podem ser extintas, isto é, podem encerrar as suas atividades, o que pode ocorrer pelas mais variadas formas; vejamos:

a) **Convencional:**

Ocorre quando, por deliberação de seus membros, resolvem dissolver a entidade, desde que em conformidade com o que disciplinem seus atos constitutivos (ver CC, arts. 54, VI, 69, 1.028, II, e 1.033).

b) **Legal:**

Que pode ocorrer por motivos previstos em lei, tais como a decretação da falência (Lei nº 11.101/05), morte de um dos sócios e os outros não tenham interesse na continuidade (ver CC, art. 1.028) ou pelo desaparecimento do capital, dentre outros.

c) **Administrativa:**

Neste caso, o encerramento vai acontecer em face da cassação da autorização concedida pelo Poder Público, para aquelas empresas que dependem de autorização para funcionarem (ver CC, art. 1.033 e art. 1.125).

d) **Judicial:**

Pode ocorrer quando se configura algum dos casos de dissolução previstos em lei ou nos estatutos, obrigando algum dos sócios a ingressar em juízo pedindo sua extinção (ver CC, arts. 69, 1.035 e 1.033, V).

9. DESCONSIDERAÇÃO DA PERSONALIDADE JURÍDICA *(DISREGARD DOCTRINE)*

Cabe registrar por primeiro que a personalidade de uma pessoa jurídica, incluindo seus direitos e deveres, não se confunde com a dos seus sócios, sejam eles pessoas naturais ou mesmo pessoas jurídicas. Significa dizer que, em princípio, as responsabilidades das pessoas jurídicas não podem ser cobradas de seus sócios porque eles têm personalidades distintas da empresa (ver CC, Art. 49-A).

Ocorre que na vida de relações podem ocorrer abusos e desvios de finalidade e esses abusos, embora praticados em nome da pessoa jurídica, são a bem da verdade praticados pelas pessoas que a compõem ou dirigem.

Para combater práticas lesivas a terceiros é que surgiu nos Estados Unidos da América *disregard doctrine* ou teoria da desconsideração da personalidade jurídica, **exatamente para evitar que as pessoas jurídicas possam ser utilizadas com o fim de práticas ilícitas**, tais como fraudes, abuso de direito, lesão ao fisco ou a outras pessoas e por isso foi incorporada à nossa legislação (CC, art. 50).[7]

Por essa teoria, o juiz pode determinar, em casos de fraude ou má-fé, que seja desconsiderado o princípio de que as pessoas jurídicas têm personalidade distinta da dos seus membros, de tal sorte a atingir os bens de seus sócios, para satisfação das dívidas assumidas em nome da sociedade.

Surgida no direito americano com o intuito de obstar a fraude e o abuso de direito, a desconsideração de personalidade jurídica passou a existir no Brasil após a segunda metade do século passado como construção doutrinária, estando hoje positivada no nosso ordenamento jurídico. O primeiro diploma legal no Brasil que recepcionou este instituto foi o Código de Defesa do Consumidor (Lei nº 8.078/90, art. 28) e depois a Lei nº 9.605/98 (art. 4º), que regula as atividades lesivas ao meio ambiente; e, finalmente, o Código Civil de 2002 (art. 50).[8]

Mais recentemente o legislador brasileiro entendeu que deveria disciplinar o processamento judicial de tal instituto, incluindo-o nas regras do Novo Código de Processo Civil (Lei nº 13.105/15, arts 133 a 137) que entrou em vigor em 16 de março de 2016.

---

7. Art. 50. Em caso de abuso da personalidade jurídica, caracterizado pelo desvio de finalidade ou pela confusão patrimonial, pode o juiz, a requerimento da parte, ou do Ministério Público quando lhe couber intervir no processo, desconsiderá-la para que os efeitos de certas e determinadas relações de obrigações sejam estendidos aos bens particulares de administradores ou de sócios da pessoa jurídica beneficiados direta ou indiretamente pelo abuso.
   (omissis)...
8. Aqueles que desejarem saber mais sobre a desconsideração de personalidade jurídica, sugerimos a leitura da obra do Prof. Fábio Ulhoa Coelho, *Curso de direito comercial*, 5. ed. São Paulo: Saraiva, 2002, v. 2.

10. ENTES DESPERSONALIZADOS

Alguns agrupamentos de pessoas ou interesses não possuem personalidade jurídica por lhes faltarem o chamado *affectio societatis*, contudo possuem capacidade jurídica para estar em juízo (ativa ou passivamente) cuja representação será exercida nos termos do previsto no Código de Processo Civil (art. 75, VIII).[9]

Doutrinariamente os entes despersonalizados são também chamados de entes atípicos, sujeitos de personalidade reduzida, ou, ainda, grupos de personificação anômala.

Em verdade, esses grupos constituem uma comunhão de interesses representados por direitos e obrigações, que a ordem jurídica protege e lhes empresta legitimidade processual, destacando-se:

a) **Massa falida:**

Decretada a falência da pessoa jurídica ela se extingue, portanto perde sua personalidade. Contudo, sobrarão bens e direitos, assim como obrigações, e tudo isso precisa ser gerido até que seja encerrada definitivamente a falência. Nesse caso, os interesses da massa falida **serão representados pelo administrador judicial** que a representará em juízo e fora dele.

---

9. CPC, Art. 75. Serão representados em juízo, ativa e passivamente:

I – a União, pela Advocacia-Geral da União, diretamente ou mediante órgão vinculado;

II – o Estado e o Distrito Federal, por seus procuradores;

III – o Município, por seu prefeito ou procurador;

IV – a autarquia e a fundação de direito público, por quem a lei do ente federado designar;

V – a massa falida, pelo administrador judicial;

VI – a herança jacente ou vacante, por seu curador;

VII o espólio, pelo inventariante;

VIII – a pessoa jurídica, por quem os respectivos atos constitutivos designarem ou, não havendo essa designação, por seus diretores;

IX – a sociedade e a associação irregulares e outros entes organizados sem personalidade jurídica, pela pessoa a quem couber a administração de seus bens;

X – a pessoa jurídica estrangeira, pelo gerente, representante ou administrador de sua filial, agência ou sucursal aberta ou instalada no Brasil;

XI – o condomínio, pelo administrador ou síndico.

§ 1º. Quando o inventariante for dativo, os sucessores do falecido serão intimados no processo no qual o espólio seja parte.

§ 2º. A sociedade ou associação sem personalidade jurídica não poderá opor a irregularidade de sua constituição quando demandada.

§ 3º. O gerente de filial ou agência presume-se autorizado pela pessoa jurídica estrangeira a receber citação para qualquer processo.

§ 4º. Os Estados e o Distrito Federal poderão ajustar compromisso recíproco para prática de ato processual por seus procuradores em favor de outro ente federado, mediante convênio firmado pelas respectivas procuradorias.

LIÇÃO 8 • PESSOA JURÍDICA — 99

b) Herança jacente ou vacante:

Se alguém falecer e não tiver herdeiros conhecidos (legítimos ou testa-mentários), a herança será declarada jacente e deverá ser nomeado um curador para arrecadar e administrar os bens. Depois de praticadas as diligências para localizar eventuais herdeiros e se ninguém se habilitar, a herança será declarada vacante. Em ambas as fases **o curador será o representante judicial dos interesses da herança**, até que ela seja trans-ferida para o Estado (ver CC, arts. 1.819 a 1.823).

c) Espólio:

É o conjunto de direitos, bens e obrigações da pessoa falecida. Já sabe-mos que a morte põe fim à personalidade, porém alguém que morre pode deixar bens e interesses que precisam ser administrados até que possam ser transferidos para seus herdeiros, o que somente será feito com a finalização do inventário e a respectiva expedição do formal de partilha. Enquanto isso não acontece, **quem irá administrar esses bens e interesses será o inventariante** (ver CC, art. 1.991).

d) Sociedades irregulares:

A lei admite a existência de sociedades de fato (ou não personificadas), com **capacidade para estar em juízo representada pelo seu adminis-trador** (ver CC, arts. 986 a 996).

e) Condomínio:

Existem duas espécies de condomínio: o **tradicional ou comum**, quando duas ou mais pessoas são proprietárias de uma mesma coisa (ver CC, arts. 1.314 a 1.330); e o **edilício** que é aquele decorrente de edificações em que cada proprietário é dono de uma parte exclusiva (o apartamento, por exemplo) e uma fração da parte comum (garagem, piscinas, áreas de lazer etc.). No condomínio edilício, embora o condomínio funcione como uma sociedade, ele não tem personalidade jurídica e **será representado em juízo pelo síndico ou administrador** (ver CC, arts. 1.331 a 1.358).

11. DANO MORAL E A PESSOA JURÍDICA

Os fundamentos que justificam o dever de indenizar pelo dano moral estão na própria Constituição Federal (art. 5º, incisos V e X), que estabeleceu a sua plena reparação, sem fazer nenhuma distinção quanto à pessoa física ou mesmo pessoa jurídica.

Atualmente não mais se discute se a pessoa jurídica é passível de sofrer dano moral. Esta questão restou pacificada nos nossos tribunais, tanto que **o Superior**

Tribunal de Justiça editou a Súmula 227, deixando assentado que a pessoa jurídica pode sofrer danos morais. Não bastasse isso, o nosso Código Civil, ao tratar das pessoas jurídicas, estabeleceu que "aplica-se às pessoas jurídicas, no que couber, a proteção dos direitos da personalidade" (CC, art. 52).

Advirta-se que as pessoas jurídicas não têm honra subjetiva (esta somente as pessoas naturais têm), porém elas têm honra objetiva representada pelo seu bom nome e conceito na praça e nas suas relações com seus clientes e fornecedores.

De outro lado, quando se trata de pessoa jurídica, o dano moral quase sempre implica, também e concomitantemente, em dano material, pois o ataque ao bom nome de qualquer empresa às vezes repercute nos seus negócios, causando um prejuízo às suas atividades negociais. Nesse caso nada obsta sejam cumulados o dano material com o dano moral, ainda quando oriundo do mesmo fato, porquanto esta questão se encontra pacificada nos dias atuais, segundo entendimento do Superior Tribunal de Justiça, que editou a Súmula 37, de seguinte teor: "São cumuláveis as indenizações por dano material e dano moral, oriundos do mesmo fato."

12. DAS ORGANIZAÇÕES RELIGIOSAS E DOS PARTIDOS POLÍTICOS

Pela sua própria natureza, as entidades religiosas (CF, art. 5º, VI) e os partidos políticos (Lei nº 9.096/95) podem ser considerados ASSOCIAÇÕES, especialmente pela sua finalidade não econômica, contudo são associações *sui generis* reguladas por leis próprias, fora do âmbito do direito civil. São regidas mais pelo direito administrativo e constitucional do que pelo direito civil.

13. COOPERATIVAS

As cooperativas são também espécie de associação (*sui generis*) e estão reguladas pela Lei nº 5.764, de 16 de dezembro de 1971, que definiu a Política Nacional de Cooperativismo e instituiu o seu regime jurídico.

Podemos dizer que as cooperativas atuam na vida civil como uma associação de pessoas, cujos interesses são comuns e cuja organização se faz de forma democrática com a participação ativa de todos os seus membros, aos quais presta serviços, sem fins lucrativos.

14. SINDICATOS

Os sindicatos são pessoas jurídicas de direito privado, associações livres de trabalhadores, de patrões ou de empregados autônomos de uma determinada atividade profissional, cuja principal função é defender os interesses da categoria profissional ou grupo empresarial que representa.

Previsto no art. 513 da Consolidação das Leis do Trabalho (CLT), o sindicato é o único representante legalmente constituído para defesa dos interesses trabalhistas das três formas de trabalho existentes: empregador, empregado ou profissional liberal.

É importante destacar que a Constituição Federal de 1988 garante a livre criação de sindicatos no país, ao preceituar que é livre a associação profissional ou sindical, observado dentre outros o fato de que o Estado não poderá exigir autorização para a fundação de sindicatos, ressalvada a necessidade de registro no órgão competente, vedadas ao Poder Público a interferência e a intervenção na organização sindical (ver CF, art. 8º).

A natureza jurídica dos sindicatos é de associação, portanto pessoa jurídica de direito privado (ver CC, art. 44, I). Durante muito tempo houve divergências quanto à natureza jurídica dos sindicatos, porém o Conselho da Justiça Federal colocou uma pá de cal no assunto ao estabelecer que os sindicatos são associações, conforme Enunciado nº 142,[10] aprovado na III Jornada de Direito Civil.

---

10. Enunciado 142 – art. 44: Os partidos políticos, os sindicatos e as associações religiosas possuem natureza associativa, aplicando-se-lhes o Código Civil.

LIÇÃO 9
DO DOMICÍLIO

> **Sumário:** 1. Conceito – 2. Importância – 3. Domicílio da pessoa natural – 4. Residência – 5. Morada – 6. Domicílio plúrimo – 7. Domicílio aparente ou ocasional – 8. Mudança do domicílio – 9. Espécies de domicílio; 9.1 Voluntário; 9.2 Necessário ou legal – 10. Diferenças entre domicílio e residência.

1. CONCEITO

O conceito de domicílio, quando se trata de pessoa natural, se pode extrair da leitura dos arts. 70 e 72 do Código Civil. Contudo, para ilustrar, vamos fornecer dois conceitos de dois dos maiores civilistas brasileiros; vejamos:

a) **Segundo Clóvis Beviláqua:**

Domicílio é o lugar onde a pessoa, de modo definitivo, estabelece sua residência e o centro principal de sua atividade.

b) **Para Washington de Barros Monteiro:**

O domicílio é, em última análise, a sede jurídica da pessoa, onde ela se presume presente para efeitos de direito e onde pratica habitualmente seus atos negociais.

2. IMPORTÂNCIA

O domicílio é de fundamental importância para o mundo do direito, tendo em vista que as pessoas estabelecem relações jurídicas e, em sendo assim, necessário se faz que as mesmas tenham um local, escolhido ou determinado por lei, onde possam exercer e responder pelos seus atos.

Todas as pessoas, sejam físicas ou jurídicas, devem ter um lugar determinado, onde se presume desenvolvam suas atividades e, portanto, onde possam ser encontradas.

Assim, **a importância na fixação do domicílio está diretamente relaciona-da à possibilidade de localização da pessoa** com a finalidade de lhe poder exigir o cumprimento de suas obrigações. Além disso, da identificação do domicílio decorre a **fixação da competência de foro para o julgamento das ações judiciais** em que aquela determinada pessoa figure como parte (ver CPC, art. 46).

3. DOMICÍLIO DA PESSOA NATURAL

É preciso ter em mente que a ideia de domicílio se compõe de dois elemen-tos, que, conjugados entre si, determinam o domicílio civil das pessoas naturais (CC, art. 70),[1] quais sejam:

a) **Elemento objetivo:**

Que é a residência, enquanto lugar fixo, correspondendo a um estado de fato.

b) **Elemento subjetivo:**

Este é de caráter psicológico, representado pelo ânimo de fixar-se em definitivo no local escolhido.

4. RESIDÊNCIA

É um dos elementos que compõe o conceito de domicílio, já que representa um estado de fato, onde a pessoa se instala com sua família.

Embora normalmente as pessoas tenham apenas uma residência, vale anotar que nada obsta que **tenham diversas residências**, onde vivam alternadamente e, neste caso, qualquer uma delas pode ser considerada como domicílio (CC, art. 71).[2]

5. MORADA

É o lugar onde a pessoa pode ser encontrada de forma ocasional, cuja ocu-pação da moradia se dê de forma esporádica, como a estadia em casa de campo ou na casa de praia, ou ainda em um hotel de temporada.

---

1. CC, Art. 70. O domicílio da pessoa natural é o lugar onde ela estabelece a sua residência com ânimo definitivo.
2. CC, Art. 71. Se, porém, a pessoa natural tiver diversas residências, onde, alternadamente, viva, consi-derar-se-á domicílio seu qualquer delas.

LIÇÃO 9 • DO DOMICÍLIO | **105**

6. DOMICÍLIO PLÚRIMO

Assim como é possível a pessoa natural ter diversas residências, consequência lógica é que essa mesma **pessoa terá também tantos domicílios quanto sejam as residências** onde resida, ainda que alternadamente.

Além disso, **também será considerado domicílio para efeitos legais o lugar onde esta pessoa exerça sua profissão** (chamamos de domicílio profissional), de tal sorte que um advogado e professor, por exemplo, terá dois domicílios profissionais, quais sejam, um no seu escritório em São Paulo e outro na faculdade onde leciona direito em Guarulhos (CC, art. 72),[3] sem prejuízo do seu domicílio residencial que, nesse nosso exemplo, fica na comarca de São Bernardo do Campo (poderia até ter mais de uma residência e, portanto, outros domicílios adicionais).

7. DOMICÍLIO APARENTE OU OCASIONAL

Admite a nossa lei civil que a pessoa possa ter domicílio sem mesmo ter residência determinada ou que não se possa determinar, quando então será considerado domicílio o local onde for encontrada, como é o caso dos ciganos, dos caixeiros viajantes, dos profissionais circenses etc. (CC, art. 73).[4]

Podemos também aplicar esta mesma regra para aquelas pessoas que, mesmo tendo residência fixa, vivam constantemente em viagens ou deslocamentos, quando então poderá ser considerado domicílio o local onde for encontrada.

8. MUDANÇA DO DOMICÍLIO

As pessoas podem mudar livremente de domicílio, como também podem estabelecer domicílio específico para a execução de um determinado contrato, também chamado de foro de eleição (CC, art. 78[5] e CPC, art. 63).[6]

---

3. CC, Art. 72. É também domicílio da pessoa natural, quanto às relações concernentes à profissão, o lugar onde esta é exercida.

   Parágrafo único. Se a pessoa exercitar profissão em lugares diversos, cada um deles constituirá domicílio para as relações que lhe corresponderem.

4. CC, Art. 73. Ter-se-á por domicílio da pessoa natural, que não tenha residência habitual, o lugar onde for encontrada.

5. CC, Art. 78. Nos contratos escritos, poderão os contratantes especificar domicílio onde se exercitem e cumpram os direitos e obrigações deles resultantes.

6. CPC, Art. 63. As partes podem modificar a competência em razão do valor e do território, elegendo foro onde será proposta ação oriunda de direitos e obrigações.

   § 1º. A eleição de foro só produz efeito quando constar de instrumento escrito e aludir expressamente a determinado negócio jurídico.

   § 2º. O foro contratual obriga os herdeiros e sucessores das partes.

A mudança de domicílio se caracteriza não só pela mudança de endereço, mas sim pela manifesta intenção de mudar e pelos atos que assim a confirmam (CC, art. 74).[7]

9. ESPÉCIES DE DOMICÍLIO

Podemos identificar duas espécies de domicílio: aquele fixado livremente pelas pessoas (voluntário) e aqueles que são determinados por lei (necessário ou legal); vejamos:

9.1 Voluntário

É aquele que pode ser escolhido livremente pela vontade do interessado e onde ele estabeleça sua residência com o intuito de aí fixar o centro de suas atividades.

Pode também ser considerado como **domicílio voluntário especial** aquele fixado por acordo das partes, visando ao cumprimento de uma determinada obrigação, como no caso do **foro de eleição** nos contratos em geral. Neste caso o domicílio é uma ficção pactuada pelas partes estabelecendo de comum acordo onde a obrigação deve ser satisfeita e que também será o foro judicial competente em caso de inadimplemento. Quer dizer, as partes podem até não ter domicílio no local escolhido, porém este local será válido para aquele determinado acordo (ver CC, art. 78 e CPC, art. 63).

9.2 Necessário ou legal

É aquele determinado por lei, em razão das condições específicas das pessoas referenciadas. Quer dizer, é um domicílio que independe da vontade das pessoas, estando determinado no Código Civil (art. 76),[8] de maneira expressa, que são os seguintes:

---

§ 3º. Antes da citação, a cláusula de eleição de foro, se abusiva, pode ser reputada ineficaz de ofício pelo juiz, que determinará a remessa dos autos ao juízo do foro de domicílio do réu.

§ 4º. Citado, incumbe ao réu alegar a abusividade da cláusula de eleição de foro na contestação, sob pena de preclusão.

7. CC, Art. 74. Muda-se o domicílio, transferindo a residência, com a intenção manifesta de o mudar.

Parágrafo único. A prova da intenção resultará do que declarar a pessoa às municipalidades dos lugares, que deixa, e para onde vai, ou, se tais declarações não fizer, da própria mudança, com as circunstâncias que a acompanharem.

8. CC, Art. 76. Têm domicílio necessário o incapaz, o servidor público, o militar, o marítimo e o preso.

Parágrafo único. O domicílio do incapaz é o do seu representante ou assistente; o do servidor público, o lugar em que exercer permanentemente suas funções; o do militar, onde servir, e, sendo da Marinha ou da Aeronáutica, a sede do comando a que se encontrar imediatamente subordinado; o do marítimo, onde o navio estiver matriculado; e o do preso, o lugar em que cumprir a sentença.

a) Do incapaz:

É o mesmo do seu representante legal ou assistente. Assim, o domicílio da criança, por exemplo, será o domicílio dos pais.

b) Do servidor público:

Será o lugar em que ele esteja exercendo, em caráter permanente, as suas funções. Se ele residir em local diferente de onde presta serviço, terá dois domicílios: o legal e o voluntário.

c) Do militar:

Como regra geral o domicílio do militar será o lugar onde ele esteja servindo, porém, sendo da Marinha ou da Aeronáutica, considerar-se-á como domicílio a sede do comando a que se encontrar imediatamente subordinado.

d) Do marítimo:

Cabe esclarecer que marítimo é o tripulante de uma embarcação, de sorte que seu domicílio será o local onde o navio estiver matriculado.

e) Do preso:

O preso também tem domicílio e, neste caso, por uma lógica natural, será o lugar onde esteja cumprindo a sentença condenatória.

f) Do cônjuge:

Será considerado como domicílio aquele local escolhido conjuntamente pelo casal como sua moradia (CC, art. 1.569).[9]

g) Da pessoa jurídica de direito público:

Conforme determina o Código Civil, o domicílio da União é o Distrito Federal; dos Estados, as respectivas capitais; e, dos Municípios, o local onde funciona a sua administração (CC, art. 75, I, II e III).[10]

h) Da pessoa jurídica de direito privado:

As pessoas jurídicas não têm residência, mas sim sede ou estabelecimento onde são praticados seus atos negociais, fixados livremente conforme

---

9. CC, Art. 1.569. O domicílio do casal será escolhido por ambos os cônjuges, mas um e outro podem ausentar-se do domicílio conjugal para atender a encargos públicos, ao exercício de sua profissão, ou a interesses particulares relevantes.

10. CC, Art. 75. Quanto às pessoas jurídicas, o domicílio é:

I – da União, o Distrito Federal;

II – dos Estados e Territórios, as respectivas capitais;

III – do Município, o lugar onde funcione a administração municipal;

seus estatutos designarem. Assim, o domicílio da pessoa jurídica será o lugar onde funcionarem as respectivas diretorias e administrações, ou onde elegerem domicílio especial no seu estatuto ou atos constitutivos. Cabe alertar que, tendo a pessoa jurídica diversos estabelecimentos em lugares diferentes, cada um deles será considerado domicílio para os atos nele praticados. Além disso, se a administração, ou diretoria, tiver a sede no estrangeiro, haver-se-á por domicílio da pessoa jurídica, no tocante às obrigações contraídas por cada uma das suas agências, o lugar do estabelecimento, situado no Brasil, a que ela corresponder (CC, art. 75, IV e parágrafos).[11]

Atenção: o agente diplomático que citado no estrangeiro alegar extraterritorialidade sem designar onde tem, no país, o seu domicílio poderá ser demandado no Distrito Federal ou no último ponto do território brasileiro onde teve residência (CC, art. 77).[12]

10. DIFERENÇAS ENTRE DOMICÍLIO E RESIDÊNCIA

Residência é a morada, local pertinente à família, ao lar, ao ponto onde a pessoa se recolhe para vida íntima e o repouso.

Já o domicílio é o local relativo à vida de relações sociais, ao desenvolvimento do trabalho, à vida externa da pessoa.

---

11. CC, Art. 75 (Omissis):

IV – das demais pessoas jurídicas, o lugar onde funcionarem as respectivas diretorias e administrações, ou onde elegerem domicílio especial no seu estatuto ou atos constitutivos.

§ 1º Tendo a pessoa jurídica diversos estabelecimentos em lugares diferentes, cada um deles será considerado domicílio para os atos nele praticados.

§ 2º Se a administração, ou diretoria, tiver a sede no estrangeiro, haver-se-á por domicílio da pessoa jurídica, no tocante às obrigações contraídas por cada uma das suas agências, o lugar do estabelecimento, sito no Brasil, a que ela corresponder.

12. CC, Art. 77. O agente diplomático do Brasil, que, citado no estrangeiro, alegar extraterritorialidade sem designar onde tem, no país, o seu domicílio, poderá ser demandado no Distrito Federal ou no último ponto do território brasileiro onde o teve.

LIÇÃO 10
REGISTRO CIVIL

Sumário: 1. Histórico do registro civil no Brasil – 2. Importância do registro – 3. Averbação – 4. Finalidade do registro – 5. Efeitos do ato registral – 6. Abrangência – 7. Aspectos importantes da LRP.

1. HISTÓRICO DO REGISTRO CIVIL NO BRASIL

A regularização do registro civil no Brasil teve início com o Decreto n° 9.886 de 7 de março de 1888, que instituiu a obrigatoriedade do registro de nascimento, casamento e óbito.

Anteriormente a esta data os únicos registros existentes eram os eclesiásticos. Ocorre que àquela época esse tipo de registro já não mais atendia às necessidades de maneira eficiente em face do crescente número de pessoas e também pela multiplicidade de religiões. Quer dizer, **a partir de 7 de março de 1888 o registro civil deixa de ser uma prerrogativa exclusiva da Igreja Católica**, passando a ser responsabilidade do Estado.

Atualmente os registros públicos no Brasil estão regulados na Lei n° 6.015, de 31 de dezembro de 1973 (LRP), e, em alguns aspectos, pelo Código Civil.

2. IMPORTÂNCIA DO REGISTRO

O registro é de fundamental importância para a vida das pessoas, sejam as naturais, sejam as jurídicas, tendo em vista que é no registro público que iremos encontrar as anotações que comprovam atos e fatos ligados à pessoa humana e à pessoa jurídica, tais como nascimento, adoção, casamento, morte, divórcio, participação do cidadão em sociedades ou associações, fundações ou mesmo partido político etc.

3. AVERBAÇÃO

São **anotações realizadas à margem do registro original**, indicando alterações ocorridas no estado jurídico das pessoas, tais como a sentença que declara nulo o casamento; a sentença ou a escritura do divórcio; reconhecimento de paternidade, a sentença de interdição e seus alcances, dentre tantos outros.

Não confundir averbação com registro, porque a averbação é um ato que, de alguma forma, altera algum aspecto do registro original, normalmente realizado por determinação judicial, como, por exemplo, a certidão de casamento na qual será averbado o divórcio do casal.

4. FINALIDADE DO REGISTRO

A principal finalidade do registro é a publicidade, de sorte que todos possam ter acesso e conferir a autenticidade, qualidade e os limites do ato registrário.

Tenha-se em mente que o registro cria uma presunção de veracidade quanto ao fato que nele foi declarado. O que consta no ato registral goza de uma presunção *juris tantum* (quer dizer, não é absoluta, pois admite a prova em contrário), tendo em vista que os agentes cartorários gozam de fé pública.

> **Atenção:** a veracidade diz respeito ao que consta declarado no documento público, não quanto ao conteúdo do ato ou negócio jurídico realizado.

> **Entendendo melhor:** o ato jurídico de reconhecimento voluntário de um filho, por exemplo, goza de veracidade quanto ao fato de que aquela pessoa compareceu em cartório e lá se declarou como pai daquela determinada criança. Se ele é realmente pai biológico da criança ou não, isto é outra conversa.

5. EFEITOS DO ATO REGISTRAL

Os efeitos são de três espécies; vejamos:

a) **Constitutivos:**

Somente a partir do registro é que nasce o direito que ele visa tutelar.

b) **Comprobatórios:**

O registro prova a existência e a veracidade do ato que foi declarado.

c) **Publicitários:**

O ato registral torna público o negócio realizado, tendo em vista que, em regra, deve ser acessível a todos.

LIÇÃO 10 • REGISTRO CIVIL **111**

6. ABRANGÊNCIA

Os registros públicos no Brasil são regulados principalmente pela Lei nº 6.015/73 (LRP), porém existem outros tipos de registros regulados em outros diplomas legais. Por exemplo, o registro de início de atividade de uma empresa comercial deve ser levado a efeito perante a Junta Comercial do Estado onde se situa a sua sede (Lei nº 8.934/94). Já o registro de um partido político deve ser realizado perante o Tribunal Superior Eleitoral (Lei nº 9.096/95).

Os registros regulados pela Lei de Registros Públicos são os seguintes (LRP, art. 1º):

a) **Registro civil das pessoas naturais:**

Onde serão registrados os nascimentos, casamentos e óbitos e suas eventuais modificações de estado (LRP, arts. 29 a 113).

b) **Registro civil das pessoas jurídicas:**

A existência legal das associações, fundações e sociedades simples necessita que sejam inscritos no Cartório de Registro Civil de Pessoas Jurídicas os seus atos constitutivos (LRP, arts. 114 a 126).

c) **Registro de títulos e documentos:**

Nesta serventia se pode registrar qualquer tipo de documentos, especialmente para que possa produzir efeitos contra terceiros, tendo em vista sua veracidade. Neste Cartório se pode registrar as mais variadas declarações de vontade, além de contratos de toda espécie, inclusive contratos de alienação de bens, bem como o contrato de penhor e de parceria agrícola ou pecuária (LRP, arts. 127 a 166).

d) **Registro de imóveis:**

Neste são registrados os imóveis em geral e dele ficará constando o histórico dos proprietários, sua situação atual, se existem restrições ou qualquer possível impedimento quanto à sua livre disposição. Para controle desse registro é aberta uma matrícula individualizada para cada imóvel, e depois serão averbadas todas as possíveis alterações nas relações jurídicas incidentes sobre o bem registrado, tais como a instituição do bem de família, as hipotecas, penhoras, convenção de condomínio etc. (LRP, arts. 167 a 288-G).

7. ASPECTOS IMPORTANTES DA LRP

Para efeito de estudo da matéria e para realização de provas de concursos, os alunos devem estudar os artigos da Lei de Registros Públicos (LRP), os quais reputamos mais importantes, que são os seguintes:

a) Do registro das pessoas naturais:

Regula desde o nascimento, casamento e outras alterações de estado ocorridas com as pessoas naturais, por isso é importante ver especialmente os arts. 50 a 66.

b) Emancipação, interdição e ausência:

São situações excepcionais as quais as pessoas podem se ver submetidas. A regulação consta dos arts. 89 a 94.

c) Averbações e anotações:

São as mutações que vão ser processadas pelo oficial de cartório em cumprimento a determinações judiciais, via de regra, estando disciplinadas nos arts. 97 a 113.

d) Registros das pessoas jurídicas:

Que vão disciplinar quais pessoas jurídicas devem ser registradas nesta serventia e demais normatizações, conforme consta especialmente nos arts. 114 a 121.

CAPÍTULO 3
DOS BENS

Lição 11
DOS BENS

Sumário: 1. Alguns conceitos preliminares – 2. Classificação dos bens – 3. Dos bens considerados em si mesmos; 3.1 Bens imóveis; 3.2 Bens móveis; 3.3 Bens fungíveis e infungíveis; 3.4 Bens consumíveis e inconsumíveis; 3.5 Bens divisíveis e indivisíveis; 3.6 Bens singulares e coletivos – 4. Bens reciprocamente considerados; 4.1 Importância prática da divisão em principal e acessório; 4.2 Os bens acessórios; 4.3 Destaque especial para benfeitorias; 4.4 Não são benfeitorias – 5. Bens quanto ao titular do domínio – 6. Bens fora do comércio – 7. Bens corpóreos e incorpóreos.

1. ALGUNS CONCEITOS PRELIMINARES

Para começar a tratar dos bens, devemos fixar alguns conceitos importantes ligados ao tema. Embora eles não estejam contidos, de forma expressa, no nosso Código Civil, é de fundamental importância conhecê-los para bem aplicar o direito.

Cabe alertar que existem divergências doutrinárias com relação aos conceitos que serão apresentados. Apesar desta constatação, entendemos ser importante ofertar ao leitor nossa compreensão para os institutos a seguir.

a) **Coisa:**

É tudo que existe no universo e que não possui personalidade, tais como a lua, o sol, o ar, os animais, a casa, o automóvel etc. Ou seja, **coisa é tudo exceto o ser humano.**

b) **Bens:**

São coisas materiais que tenham utilidade para o ser humano, existam em quantidade limitada no universo, tenham valor econômico e sejam possíveis de apropriação. Portanto, **o conceito de bem está intimamente ligado a utilidade, raridade e apreensão.** Bem é espécie do qual coisa é gênero. Quando você ouve falar que uma coisa integra o patrimônio de alguém, significa dizer que essa coisa é um bem de algum valor econômico, e que ela é de propriedade daquela pessoa.

Atenção: quando nos referimos a bens, normalmente estamos falando das coisas materiais, de existência física palpável, que integram o patrimônio de alguém, os quais também chamamos de **bens patrimoniais** (bens corpóreos ou tangíveis), como, por exemplo, uma casa, um carro, um computador, uma televisão etc. Além desses, existem os bens imateriais, também chamados de **bens extrapatrimoniais** (bens incorpóreos ou intangíveis), tais como os direitos da personalidade, direitos intelectuais, que preferimos classificar não como bens, mas sim como direitos.

c) **Bens de valor sentimental:**

Devemos destacar que também existem bens de valor inestimável, ou seja, bens cujo valor para o seu proprietário é de caráter afetivo ou sentimental e não um valor de troca, tais como um retrato de família, um desenho que o filho fez quando estava no ensino fundamental, ou mesmo uma joia deixada pelos antepassados. Nesses casos, para que conste do patrimônio do proprietário, ele deverá fazer uma estimativa e atribuir um valor pecuniário para aquele bem, para eventual necessidade de compensação moral pela perda.

Atenção: às vezes um determinado bem tem valor material certo, mas pela sua origem é possível ser agregado ao seu valor real um valor adicional pela afetividade que o liga ao seu dono. Por exemplo, uma aliança de ouro pode ter um valor pecuniário passível de ser aferido no mercado (**valor material determinado**), mas para o seu proprietário, por ser uma joia de família, poderá ter um valor sentimental inestimável (valor moral compensatório).

d) **Direitos:**

São bens incorpóreos ou intangíveis, quer dizer, que não são de existência física palpável, mas que também têm valor econômico apreciável, tais como os direitos autorais sobre a produção de uma determinada obra (literária, artística, cinematográfica etc.); alguns reflexos econômicos dos direitos da personalidade (direitos sobre a imagem, utilização da voz, utilização do nome etc.); marcas e patentes; fundo de comércio (ponto comercial) etc.

e) **Obrigações:**

É o conjunto de deveres que uma pessoa (física ou jurídica) assume na sua vida de relações perante terceiros. Mais das vezes esses são compromissos financeiros que as pessoas assumem (devedores) perante terceiros (credores) e podem se originar das mais variadas transações, como a compra a prazo de bens para uso ou consumo; empréstimos, ou mesmo financiamentos junto à instituições financeiras; saldo negativo em conta corrente; salários e encargos fiscais de empregados; impostos, taxas, contribuições e outros eventuais tributos incidentes sobre os bens; débitos em aberto de cartões de crédito; dentre tantas outras obrigações.

f) Patrimônio:

É o conjunto de bens, direitos e obrigações que fazem parte do acervo de uma pessoa (física ou jurídica), conversível em dinheiro, sendo composto pelo total do ativo e do passivo. **Para o direito o que importa é o patrimônio bruto**, isto é, o patrimônio composto dos bens e direitos. Daí decorre um dos princípios fundamentais do direito das obrigações, qual seja: "o patrimônio do devedor responde por suas dívidas".

Entendendo melhor: normalmente só atentamos para o patrimônio positivo da pessoa, isto é, somente seus bens e direitos (patrimônio bruto). Contudo, o patrimônio do ponto de vista econômico é formado pelos bens, direitos e obrigações, resultando disso **o patrimônio líquido que pode ser positivo** (mais bens e direitos do que obrigações) **ou negativo** (mais obrigações do que os bens e direitos).

2. CLASSIFICAÇÃO DOS BENS

Para efeito de estudos, a doutrina adota as mais variadas classificações para os bens. Vamos nos ater à classificação que consta expressamente no Código Civil, no título que trata das diferentes classes de bens, que são as seguintes:

a) Dos bens considerados em si mesmos:

Nesta classificação o legislador fez um primeiro agrupamento considerando a mobilidade dos objetos, classificando-os em **móveis e imóveis** (ver CC, arts. 79 a 84); depois fez um outro agrupamento para aqueles que podem ser substituídos ou não, classificando-os em **fungíveis e infungíveis** (ver CC, art. 85); também fez outra distinção quanto aos bens **consumíveis e inconsumíveis** (ver CC, art. 86) e, da mesma, forma quanto aos **divisíveis e indivisíveis** (ver CC, arts. 87 e 88); e, finalmente, em **singulares e coletivos** (ver CC, arts. 89 a 91).

b) Dos bens reciprocamente considerados:

Nesta classificação o legislador comparou um bem em relação ao outro quanto a sua existência e procurou classificá-los conforme exista de forma independente ou dependente de outro, e assim os enquadrou em **principal e acessório** (ver CC, arts. 92 a 97).

c) Dos bens quanto à titularidade:

Nesta conceituação o legislador somente se dedicou a explicar quais seriam os bens públicos, de sorte que, por exclusão, **todos os bens que não sejam públicos, serão particulares ou difusos** (ver CC, arts. 98 a 103).

d) Dos bens quanto à comercialização:

Não há um título específico sobre a proibição de comercialização de determinados bens e direitos, porém é possível encontrar em diversas passagens do Código Civil **bens que estão fora do comércio**, conforme veremos a seguir.

3. DOS BENS CONSIDERADOS EM SI MESMOS

Conforme já assinalado, nesta classificação o legislador levou em conta, por primeiro, a mobilidade dos bens. Depois a possibilidade de substituição de um por outro bem de igual qualidade; bem como se esses bens são consumíveis, ou não, e se são singulares ou coletivos. Vejamos cada um deles.

3.1 Bens imóveis

São considerados bens imóveis aqueles bens que não podem ser movidos de um lugar para outro sob pena de causar sua deterioração ou perda. Nisso se encaixa o solo (**imóvel por natureza**) e tudo quanto a ele possa ser incorporado por ação do homem ou mesmo da própria natureza (**imóvel por acessão**), bem como aqueles que por ficção legal assim devem ser considerados (**imóvel por definição da lei**).

a) Imóveis por natureza:

É somente o solo, como principal tipo de imóvel, incluindo-se o subsolo e seu espaço aéreo, com as limitações no que concerne à profundidade e à altura (CC, art. 79).[1]

b) Imóveis por acessão natural:

As acessões naturais podem ocorrer de duas formas. Pela **ação do homem**, como, por exemplo, ao realizar uma plantação de árvores e depois os frutos pendentes; ou, pela **ação da própria natureza**, como a formação de ilhas, a aluvião, a avulsão e o álveo abandonado (CC, art. 1.248, I a IV).[2]

---

1. CC, Art. 79. São bens imóveis o solo e tudo quanto se lhe incorporar natural ou artificialmente.
2. CC, Art. 1.248. A acessão pode dar-se:

    I – por formação de ilhas;

    II – por aluvião;

c) Imóveis por acessão artificial:

São aqueles bens móveis que, incorporados ao imóvel por ação deliberada do homem, a ele se incorporam passando a ser juridicamente considerados imóveis, tais como a semente lançada ao solo, os edifícios, as construções etc. (CC, art. 1.248, V).

Atenção: não são considerados imóveis as acessões temporárias como os barracões para depósito de material durante a construção de um prédio; a barraca de feira; a construção de um palco para apresentação artística etc.

d) Imóveis por determinação legal:

Trata-se de direitos imateriais que não são em si mesmo móveis ou imóveis, mas que o legislador, visando dar maior segurança jurídica, os considera imóveis (CC, art. 80);[3] ou aqueles materiais que, estando separados do solo ou da edificação para serem reaproveitados nas mesmas condições, não perdem esse caráter (CC, art. 81).[4]

Importante: são exemplos dessa classificação os direitos reais sobre imóveis (superfície, servidão, usufruto etc.) ou os direitos reais de garantia (penhor, hipoteca etc.), ou ainda os direitos sobre a herança. Nesses casos, toda e qualquer transação somente pode ser feita por escritura púbica e para transferência do direito deverá ser levada a registro no Cartório competente (CC, art. 1.227).[5] Ainda mais, se a pessoa que vai fazer o negócio sobre esses direitos for casada, somente poderá realizar o negócio validamente com a autorização do cônjuge (CC, art. 1.647, I).[6]

3.2 Bens móveis

São aqueles que podem ser removidos por movimento próprio, como os animais (semovente) ou por força alheia (móveis propriamente dito), sem perda

---

III – por avulsão;

IV – por abandono de álveo;

V – por plantações ou construções.

3. CC, Art. 80. Consideram-se imóveis para os efeitos legais:

I – os direitos reais sobre imóveis e as ações que os asseguram;

II – o direito à sucessão aberta.

4. CC, Art. 81. Não perdem o caráter de imóveis:

I – as edificações que, separadas do solo, mas conservando a sua unidade, forem removidas para outro local;

II – os materiais provisoriamente separados de um prédio, para nele se reempregarem.

5. CC, Art. 1.227. Os direitos reais sobre imóveis constituídos, ou transmitidos por atos entre vivos, só se adquirem com o registro no Cartório de Registro de Imóveis dos referidos títulos (arts. 1.245 a 1.247), salvo os casos expressos neste Código.

6. Sobre os direitos reais, remetemos o leitor para o volume 4 desta nossa coleção.

de suas substâncias qualitativas ou de seu valor econômico, social ou afetivo, ou ainda aqueles que assim sejam considerados por determinação legal.

a) **Móveis por natureza:**

São os bens que, sem deterioração de suas substâncias ou de seu valor econômico ou social, podem ser transportados de um lugar para outro, por força própria ou mesmo por força alheia. São os semoventes (animais) e as coisas móveis propriamente ditos, que dispensam conceituação (CC, art. 82).[7]

b) **Móveis por determinação legal:**

Fazem parte desse rol alguns bens imateriais que adquirem esta qualificação tão somente por imposição da lei, tal como a energia que tenha valor econômico; os direitos reais sobre objetos móveis e as ações correspondentes; e os direitos pessoais de caráter patrimonial e respectivas ações (CC, art. 83).[8] Também os materiais destinados à construção, desde que ainda não empregados na obra (CC, art. 84).[9]

3.3 Bens fungíveis e infungíveis

Os bens móveis dividem-se em bens fungíveis e infungíveis, conforme possam ser substituídos por outros ou não. Nessa classificação, o legislador levou em conta a possibilidade de substituir-se determinado bem por outro de igual espécie, qualidade e quantidade; vejamos:

a) **Fungíveis:**

São aqueles bens móveis que **podem ser substituídos por outros de mesma espécie, qualidade e quantidade** (CC, art. 85).[10]

Por exemplo: se Jojolino empresta R$ 50,00 para Juka, este não está obrigado a devolver a mesma nota, bastando devolver o equivalente a R$ 50,00, que pode ser cinco notas de dez, ou dez notas de cinco etc.

---

7. CC, Art. 82. São móveis os bens suscetíveis de movimento próprio, ou de remoção por força alheia, sem alteração da substância ou da destinação econômico-social.
8. CC, Art. 83. Consideram-se móveis para os efeitos legais:

    I – as energias que tenham valor econômico;

    II – os direitos reais sobre objetos móveis e as ações correspondentes;

    III – os direitos pessoais de caráter patrimonial e respectivas ações.
9. CC, Art. 84. Os materiais destinados a alguma construção, enquanto não forem empregados, conservam sua qualidade de móveis; readquirem essa qualidade os provenientes da demolição de algum prédio.
10. CC, Art. 85. São fungíveis os móveis que podem substituir-se por outros da mesma espécie, qualidade e quantidade.

b) Infungíveis:

Conseguintemente, serão infungíveis aqueles **bens que não possam ser substituídos por outro de igual característica econômica ou social.**

Por exemplo: se Aly Kathe empresta seu automóvel Monza 82 para Jojolino, este está obrigado a devolver o mesmo veículo e não outro igual. Embora possa existir outro veículo de iguais características, ainda assim o Monza que foi emprestado é um bem individualizado em face do número do chassi e pela placa que serão diferentes para cada veículo.

Importante: embora possa parecer desnecessário dizer, vale alertar que **os bens imóveis são sempre infungíveis.**

c) Importância prática:

Quanto à aplicação prática do instituto, podemos destacar que o art. 369[11] do Código Civil expressamente prevê que a compensação efetua-se entre dívidas líquidas e vencidas e sobre coisas fungíveis. Além disso, o instituto é importante também quando tratamos dos contratos de mútuo (empréstimo gratuito de coisa fungíveis – CC, art. 586);[12] dos contratos de comodato (empréstimo gratuito de coisa infungível – CC, art. 579),[13] e das obrigações de fazer de caráter personalíssima (músico ou artista plástico). Ademais, iremos ver no momento oportuno que o credor de coisa infungível não está obrigado a receber coisa diversa daquilo que foi pactuado, ainda que mais valiosa (CC, art. 313).[14]

3.4 Bens consumíveis e inconsumíveis

Nesta classificação vamos considerar a questão da durabilidade do bem em face do seu uso. Se o uso do bem importa a sua imediata destruição, estaremos diante de um bem consumível. Porém, se o bem pode ser usado de forma continuada, sem perdas de suas qualidades e substância, estaremos diante de um bem inconsumível.

Além do mais, nesta classificação encontramos também dois tipos de bens consumíveis, conforme seja sua finalidade: os consumíveis de fato que são aqueles consumíveis propriamente ditos como, por exemplo, os alimentos; e os

---

11. CC, Art. 369. A compensação efetua-se entre dívidas líquidas, vencidas e de coisas fungíveis.
12. CC, Art. 586. O mútuo é o empréstimo de coisas fungíveis. O mutuário é obrigado a restituir ao mutante o que dele recebeu em coisa do mesmo gênero, qualidade e quantidade.
13. CC, Art. 579. O comodato é o empréstimo gratuito de coisas não fungíveis. Perfaz-se com a tradição do objeto.
14. CC, Art. 313. O credor não é obrigado a receber prestação diversa da que lhe é devida, ainda que mais valiosa.

consumíveis de direito que, embora não consumíveis, é assim classificado por uma ficção jurídica.

Vejamos:

a) **Consumíveis:**

Quando se trata dos bens consumíveis, devemos ter em mente que essa classificação, como regra geral, se aplica aos **bens móveis cujo primeiro uso importa em destruição** imediata de sua substância, cujo exemplo mais marcante são os alimentos. Ocorre que o legislador considerou também consumíveis aqueles bens que, embora não sejam propriamente consumíveis, adquirem essa qualidade apenas e tão somente por serem **bens destinados à alienação**, como as mercadorias em geral (CC, art. 86).[15]

Entendendo melhor: um livro estando numa livraria para venda é considerado consumível, pois se encontra ali destinado à alienação. Esse mesmo livro adquirido por um comprador e incorporado à sua biblioteca será um bem inconsumível, tendo em vista encontrar-se ali para ser lido e não para comercialização. Pode também um bem perfeitamente consumível tornar-se inconsumível por vontade das partes ou por suas próprias características, como, por exemplo, uma garrafa de uísque de uma marca rara quando emprestada para uma exposição pode ser considerada inconsumível, porque quem a tomou emprestada deverá devolver a mesma garrafa, até por ser única, e não outra qualquer.

b) **Inconsumíveis:**

São os bens que têm uma durabilidade maior, isto é, não são destruídos nas primeiras utilizações, como, por exemplo, uma joia, um carro, uma geladeira.

Curiosidade: o Código de Defesa do Consumidor utiliza outro conceito para esta mesma classificação, tendo em vista que são utilizadas as expressões *duráveis* e *não duráveis* no lugar de consumível ou inconsumível, cuja importância para a lei consumerista é o prazo de decadência para reclamar pelos vícios (Lei nº 8.078/90, art. 26).[16]

---

15. CC, Art. 86. São consumíveis os bens móveis cujo uso importa destruição imediata da própria substância, sendo também considerados tais os destinados à alienação.

16. CDC, Art. 26. O direito de reclamar pelos vícios aparentes ou de fácil constatação caduca em:

I – trinta dias, tratando-se de fornecimento de serviço e de produtos não duráveis;

II – noventa dias, tratando-se de fornecimento de serviço e de produtos duráveis.

3.5 Bens divisíveis e indivisíveis

Nesta classificação, a questão deve ser analisada não somente no seu aspecto físico, mas também do ponto de vista econômico e do interesse das partes ou mesmo da lei.

Quer dizer, esta é uma classificação tipicamente jurídica, pois vamos encontrar bens que são fisicamente divisíveis, mas que podem se tornar indivisíveis em face de suas utilidades, por vontade das partes ou mesmo por determinação legal.

Vejamos.

a) Divisíveis:

São os bens que podem ser fragmentados sem que isso implique perda de suas substâncias ou utilidades, bem como aqueles que mesmo fracionados não sofram uma grande depreciação econômica (CC, art. 87).[17] Assim, podemos considerar divisível uma pizza que, ainda que fragmentada, não perde suas características da pizza inteira. Da mesma forma, se dividirmos uma saca de café em frações de um quilo, isto, por si só, não afetaria as qualidades e destinação do mesmo.

b) Indivisíveis:

Por consequência lógica, indivisíveis serão os bens que não podem ser fracionados sob pena de perderem sua utilidade ou de sofrerem uma grande depreciação econômica. Essa indivisibilidade pode ser **natural**, isto é, decorrente da própria natureza ou utilidade do bem (uma casa, um veículo ou um televisor, que podem ser divididos, porém perderiam suas finalidades); em face do **valor econômico** (um boi de reprodução pode ser abatido e vendido em partes, porém perderia valor considerável se comparado a sua destinação); por **vontade das partes ou convencional** (um imóvel passível de divisão pode permanecer em condomínio por vontade de seus proprietários);[18] ou ainda, por **determinação legal** (as servidões, a hipoteca, a herança que, ainda que divisíveis, a lei classifica-as como indivisíveis).[19]

Importância: a importância da matéria está intimamente ligada às questões do condomínio, especialmente de coisa indivisa (CC art.

---

17. CC, Art. 87. Bens divisíveis são os que se podem fracionar sem alteração na sua substância, diminuição considerável de valor, ou prejuízo do uso a que se destinam.
18. Nesse sentido ver o art. 1.320 do Código Civil, especialmente o § 1º.
19. CC, Art. 88. Os bens naturalmente divisíveis podem tornar-se indivisíveis por determinação da lei ou por vontade das partes.

504, *caput*)[20] e outras questões legais, tais como as servidões, que, depois de instituídas, não podem ser fragmentadas mesmo que haja alteração no prédio serviente ou no dominante (CC, art. 1386);[21] na hipoteca ou penhor, cuja exoneração do devedor somente vai ocorrer quando findar o pagamento do crédito garantido, não se admitindo seja progressiva a sua exoneração (CC, art. 1421);[22] e a herança que, embora constante de bens móveis e com vários herdeiros, por questão de segurança jurídica é considerada como um todo unitário (CC, art. 1791, *caput*).[23]

Atenção: tenha-se em mente que a divisibilidade tratada aqui é puramente jurídica, tendo em vista que qualquer coisa é fisicamente divisível, até mesmo um átomo.

3.6 BENS SINGULARES E COLETIVOS

Nesta classificação, o legislador levou em conta os bens quanto às suas utilidades físicas, considerando, por exemplo, uma faca um bem singular, ainda que ela seja composta de mais de um elemento (lâmina, cabo e parafusos de fixação) e coletivo o conjunto de coisas singulares que possam ter utilidade para o seu titular, estando todas reunidas em um mesmo agrupamento (coleção de livros). Vejamos.

a) **Singulares:**

São aqueles bens que, ainda que estejam reunidos, isto é, estejam em conjunto, consideram-se de per si (CC, art. 89).[24] Quer dizer, consideram-se em sua individualidade independente de estarem agrupados como, por exemplo, uma árvore, uma caneta, um livro. Estes bens **podem ser simples** (um cavalo) **ou composto** (um edifício).

---

20. CC, Art. 504. Não pode um condômino em coisa indivisível vender a sua parte a estranhos, se outro consorte a quiser, tanto por tanto. O condômino, a quem não se der conhecimento da venda, poderá, depositando o preço, haver para si a parte vendida a estranhos, se o requerer no prazo de cento e oitenta dias, sob pena de decadência.

21. CC, Art. 1.386. As servidões prediais são indivisíveis, e subsistem, no caso de divisão dos imóveis, em benefício de cada uma das porções do prédio dominante, e continuam a gravar cada uma das do prédio serviente, salvo se, por natureza, ou destino, só se aplicarem a certa parte de um ou de outro.

22. CC, Art. 1.421. O pagamento de uma ou mais prestações da dívida não importa exoneração correspondente da garantia, ainda que esta compreenda vários bens, salvo disposição expressa no título ou na quitação.

23. CC, Art. 1.791. A herança defere-se como um todo unitário, ainda que vários sejam os herdeiros.

24. CC, Art. 89. São singulares os bens que, embora reunidos, se consideram de per si, independentemente dos demais.

b) Bens coletivos:

São os bens que, embora individuais, resultam da reunião deles formando um todo. Os bens coletivos são também chamados de universais ou de universalidades. Pode ser uma **universalidade de fato** (coletivo de fato), como uma biblioteca, um rebanho, uma galeria de arte (CC, art. 90);[25] ou, uma **universalidade de direitos** (coletivos por determinação legal), como a herança, o fundo de comércio, a massa falida (CC, art. 91).[26]

4. BENS RECIPROCAMENTE CONSIDERADOS

Nesta classificação o legislador passa a considerar os bens, uns em relação aos outros, classificando-os em principais e acessórios conforme tenham existência própria ou dependente (CC, art. 92).[27]

a) Bem principal:

É aquele que existe por si mesmo, isto é, tem existência autônoma e não depende de nenhum outro para existir, como, por exemplo, a casa.

b) Bem acessório:

É aquele que para existir vai depender da existência de um bem principal, como, por exemplo, a banheira de hidromassagem em relação à casa.

Atenção: nesta classificação, vamos sempre fazer comparação de um bem em relação ao outro. Algumas vezes, algo que é principal numa determinada relação pode ser acessória noutra comparação.

Por exemplo: o solo é bem principal porque sua existência não depende de nenhuma outra condição. Já a árvore é um bem acessório porque pressupõe para sua existência que haja o solo onde deva ser plantada. Já se considerarmos os frutos em relação à árvore, podemos dizer que a árvore é principal e os frutos são acessórios.

Outro exemplo: o contrato de locação é considerado principal, enquanto a fiança é um contrato acessório. Quer dizer, a fiança não existe por si só, pois para existir é preciso que exista a locação que ela visa garantir.

---

25. CC, Art. 90. Constitui universalidade de fato a pluralidade de bens singulares que, pertinentes à mesma pessoa, tenham destinação unitária.
26. CC, Art. 91. Constitui universalidade de direito o complexo de relações jurídicas, de uma pessoa, dotadas de valor econômico.
27. CC, Art. 92. Principal é o bem que existe sobre si, abstrata ou concretamente; acessório, aquele cuja existência supõe a do principal.

4.1 Importância prática da divisão em principal e acessório

Diversas consequências jurídicas decorrem dessa classificação, podendo ser apontadas as seguintes:

a) **O acessório sempre segue o principal:**

Não esquecer dessa regra jamais!... Quer dizer, se for extinta a obrigação principal, automaticamente será extinta a obrigação acessória (o inverso não é verdadeiro).

Exemplo: extinta a locação, também estará extinta automaticamente a fiança que garantia esse contrato de locação.

Exceção: pode haver exceção, pois é possível prever em contrato de forma diferente (vendo meu Chevette 96 e convenciono com o comprador que vou retirar o toca-fitas), ou pode haver disposição legal prevendo de forma diferente como os frutos caídos no terreno do vizinho (CC, art. 1.284)[28] ou o produto resultante da especificação (CC, art. 1.269).[29]

b) **A natureza jurídica do acessório é a mesma do principal:**

Se o solo é imóvel, uma árvore plantada ou a casa nele construída, embora móveis, passam também a ser considerados como bens imóveis.

c) **O proprietário do principal é também do acessório:**

As coisas móveis que estejam no imóvel faz presumir que o proprietário do imóvel também seja o seu proprietário (CC, art. 1.209).[30] Da mesma forma, o proprietário da coisa presume-se ser o proprietário dos produtos ou dos frutos dela extraída (CC, art. 1.232).[31]

Atenção: cabe advertir, contudo, que essa é uma **presunção relativa** (*juris tantum*), que pode ser desfeita pela prova em contrário.

4.2 Os bens acessórios

Os bens ditos acessórios podem ser classificados e definidos, sucintamente, da seguinte forma:

---

28. CC, Art. 1.284. Os frutos caídos de árvore do terreno vizinho pertencem ao dono do solo onde caíram, se este for de propriedade particular.
29. CC, Art. 1.269. Aquele que, trabalhando em matéria-prima em parte alheia, obtiver espécie nova, desta será proprietário, se não se puder restituir à forma anterior.
30. CC, Art. 1.209. A posse do imóvel faz presumir, até prova contrária, a das coisas móveis que nele estiverem.
31. CC, Art. 1.232. Os frutos e mais produtos da coisa pertencem, ainda quando separados, ao seu proprietário, salvo se, por preceito jurídico especial, couberem a outrem.

LIÇÃO 11 • DOS BENS

a) Produtos (CC, art. 95):[32]

São bens que, retirados do principal, vão lhes diminuindo a quantidade, porque não são coisas que se reproduzam, tais como as pedras preciosas extraídas de uma mina. Quer dizer, **não há renovação dos produtos**, sendo certo que a sua utilização tende ao exaurimento.

b) Frutos (ver CC, art. 95):

São coisas que se extraem periodicamente do bem principal sem que se lhes diminuam o valor, pois **podem ser renovadas periodicamente**. São rendimentos ou utilidade que a coisa principal produz cujas características são as seguintes: periodicidade, conservação da mesma qualidade, separabilidade, acessoriedade e caráter econômico.

Classificação dos frutos: os frutos quanto à natureza (alguns falam em origem) podem ser: **naturais** (frutos vegetais, crias animais, leite etc.), **industriais** (produção de uma fábrica), ou **civis** (juros, aluguéis, rendas etc.). Quanto ao estado, os frutos podem ser classificados em: **pendentes** (aqueles que ainda não foram colhidos, como as frutas no pé ou o aluguel ainda não recebido); **colhidos** ou **percebidos** (aqueles que já foram colhidos, estando separados do pé); **estantes** (aqueles que estão armazenados, prontos para a venda); **percipiendos** (aqueles que poderiam ter sido colhidos, mas ainda não o foram); e **consumidos** (aqueles que já foram consumidos ou destruídos e já não mais existem).

c) Pertenças (CC, arts. 93 e 94):[33]

São coisas que não formam parte integrante do bem principal, mas que são importantes para uma melhor exploração ou aproveitamento do mesmo, ou ainda para o seu embelezamento. Podem ser classificadas em **agrícolas** (tratores e equipamentos de uma fazenda); **mobiliárias** (móveis, peças decorativas, ar-condicionado etc.); **industriais** (maquinários e ferramental de uma indústria); e **comerciais** (balcões, prateleiras etc.).

Atenção: as pertenças, ainda que possam ser classificadas como bens acessórios, por exceção **não acompanham o bem principal** por expressa determinação legal (ver CC, art. 94), assim como pelos usos e costumes.

---

32. CC, Art. 95. Apesar de ainda não separados do bem principal, os frutos e produtos podem ser objeto de negócio jurídico.

33. CC, Art. 93. São pertenças os bens que, não constituindo partes integrantes, se destinam, de modo duradouro, ao uso, ao serviço ou ao aformoseamento de outro.

CC, Art. 94. Os negócios jurídicos que dizem respeito ao bem principal não abrangem as pertenças, salvo se o contrário resultar da lei, da manifestação de vontade, ou das circunstâncias do caso.

Exemplo: se alguém vai comprar uma casa na qual o proprietário ainda habita, ninguém vai imaginar que os móveis e as peças decorativas do proprietário do imóvel irão fazer parte do negócio. Por exceção, as partes podem convencionar de forma diferente (família de mudança vende imóvel mobiliado).

d) **Benfeitorias** (CC, art. 96):[34]

É um bem acessório, constante da realização de obra, levada a efeito pelo homem, com o propósito de conservar (necessárias), melhorar (úteis) ou embelezar (voluptuárias) uma determinada coisa. Pela importância do instituto, vamos lhe dedicar um tópico especial a seguir.

4.3 Destaque especial para benfeitorias

Pela importância jurídica das benfeitorias e pela constância dos problemas ligados ao tema que aparecem diuturnamente, entendo ser importante mais alguns esclarecimentos adicionais.

Esse instituto está diretamente ligado ao direito do devedor em reter a coisa até se ver indenizado pelas melhorias eventualmente realizadas, podendo ser encontrado nas obrigações (ver CC, 242); na evicção (ver CC, arts. 453 e 454); na regulação da posse (ver CC, art. 1.219); no condomínio (ver CC, art. 1322); no usufruto (ver CC, arts. 1392 e 1404, § 2º); na comunhão dos bens do casal (ver CC, art. 1.660, IV); no direito sucessório (ver CC, art. 2.004, § 2º); assim como na locação civil (ver CC, art. 578), e também na locação de imóveis urbanos (ver Lei nº 8.245/91, arts. 35 e 36); dentre outros.

Por uma questão de justiça, aquele que de boa-fé realizar benfeitorias (úteis ou necessárias) terá direito a indenização pelo valor dos melhoramentos acrescidos. Se o proprietário da coisa se recusar a indenizar, o possuidor poderá exercer o **direito de retenção**, que significa manter a coisa em seu poder como forma de forçar o pagamento de seus créditos, decorrentes dos gastos realizados com os melhoramentos (CC, art. 1.219).[35]

---

34. CC, Art. 96. As benfeitorias podem ser voluptuárias, úteis ou necessárias.
    § 1º São voluptuárias as de mero deleite ou recreio, que não aumentam o uso habitual do bem, ainda que o tornem mais agradável ou sejam de elevado valor.
    § 3º São necessárias as que têm por fim conservar o bem ou evitar que se deteriore.
    § 2º São úteis as que aumentam ou facilitam o uso do bem.
35. CC, Art. 1.219. O possuidor de boa-fé tem direito à indenização das benfeitorias necessárias e úteis, bem como, quanto às voluptuárias, se não lhe forem pagas, a levantá-las, quando o puder sem detrimento da coisa, e poderá exercer o direito de retenção pelo valor das benfeitorias necessárias e úteis.

LIÇÃO 11 • DOS BENS **129**

Se não fosse assim, haveria um verdadeiro enriquecimento sem causa do proprietário com o consequente empobrecimento do possuidor que realizou as obras ou serviços e por eles nada recebeu. Afinal de contas, as benfeitorias vão conservar ou valorizar a coisa principal.

É também importante registrar que **as benfeitorias se caracterizam fundamentalmente pela realização de obras ou despesas decorrentes da ação humana** e podem recair tanto sobre bem móvel quanto imóvel, sendo classificadas da seguinte forma:

a) **Necessárias:**

São aquelas realizadas e que se destinam à conservação da coisa, evitando assim que a mesma se deteriore ou se perca. São serviços ou obras que visam preservar as qualidades ou utilidades do bem principal, ou ainda garantir a segurança ou saúde dos usuários. **Estas benfeitorias serão sempre indenizadas**, independentemente de anuência prévia do proprietário.

Exemplo: se o telhado de uma casa alugada está por ruir porque infestado por cupins, o inquilino pode mandar fazer a reforma do telhado e cobrar do proprietário as despesas realizadas e, além disso, exercer o seu direito de retenção no caso de eventual recusa em indenizar. No caso de locação a lei permite que as partes convencionem de forma diferente (ver CC, art. 578, e Lei nº 8.245/91, art. 35).

b) **Úteis:**

São aquelas que aumentam a utilidade ou acrescem valor à coisa. Serão indenizadas desde que tenham sido realizadas mediante autorização do proprietário.

Exemplo: referindo-se ainda ao exemplo anterior, vamos imaginar que o inquilino resolveu construir uma garagem. Essa obra não é necessária, mas acresce valor ao bem principal e é de bastante utilidade. Via de regra, as **benfeitorias úteis somente serão indenizadas se obtida a anuência prévia do proprietário** (dizemos via de regra porque, por exceção, o possuidor de boa-fé terá direito a indenização pelas benfeitorias úteis independente de anuência do proprietário).

c) **Voluptuárias:**

São aquelas de mero deleite, que embelezam ou que tornam mais agradável a utilização da coisa e, independentemente do valor que agregue ao bem principal, **normalmente não são indenizadas, nem dão direito de retenção**. Contudo, permite a lei que o possuidor de boa-fé possa removê-las, desde que não prejudique o bem principal (ver CC, art. 1.219, e Lei nº 8.245/91, art. 36).

Exemplo: a instalação de uma banheira giratória de hidromassagem; a troca de um piso por outro mais bonito; obras de jardinagem etc.

4.4 Não são benfeitorias

Vale atentar para o fato de que **alguns acréscimos na coisa principal não podem ser classificados como benfeitorias**, embora guardem semelhanças. Isso ocorre porque só serão consideradas benfeitorias aqueles melhoramentos que se originem da ação do proprietário, do possuidor ou do detentor em coisa já existente (CC, art. 97).[36]

Dessa forma, **não podem ser consideradas benfeitorias** as acessões artificiais e as naturais, bem como as especificações. Vejamos suscintamente:

a) **Acessões artificiais:**

São os acréscimos que podem ser incorporados à coisa principal, como as construções e as plantações, que são consideradas coisas que aderem ao bem já existente, passando a fazer parte integrante do mesmo (ver CC, art. 79).

b) **Acessões naturais:**

São os acréscimos incorporados à coisa, porém pela ação da própria natureza, tais como a avulsão (CC, art. 1.251)[37] e a aluvião (CC, art. 1250),[38] dentre outros.

c) **Especificações:**

São as alterações ou acréscimo incorporados a uma determinada matéria-prima alheia, por trabalho realizado, resultando na transformação dessa coisa em outra, tais como a estátua em relação ao bronze ou a pintura em relação à tela (ver CC, art. 1.269).

---

36. CC, Art. 97. Não se consideram benfeitorias os melhoramentos ou acréscimos sobrevindos ao bem sem a intervenção do proprietário, possuidor ou detentor.
37. CC, Art. 1.251. Quando, por força natural violenta, uma porção de terra se destacar de um prédio e se juntar a outro, o dono deste adquirirá a propriedade do acréscimo, se indenizar o dono do primeiro ou, sem indenização, se, em um ano, ninguém houver reclamado.
    Parágrafo único. Recusando-se ao pagamento de indenização, o dono do prédio a que se juntou a porção de terra deverá aquiescer a que se remova a parte acrescida.
38. CC, Art. 1.250. Os acréscimos formados, sucessiva e imperceptivelmente, por depósitos e aterros naturais ao longo das margens das correntes, ou pelo desvio das águas destas, pertencem aos donos dos terrenos marginais, sem indenização.
    Parágrafo único. O terreno aluvial, que se formar em frente de prédios de proprietários diferentes, dividir-se-á entre eles, na proporção da testada de cada um sobre a antiga margem.

LIÇÃO 11 • DOS BENS **131**

5. BENS QUANTO AO TITULAR DO DOMÍNIO

Nesta classificação, o Código Civil traz em seu bojo o conceito do que sejam os bens públicos, e por exclusão considerou todos os demais bens como sendo dos particulares, sejam pessoas físicas ou jurídicas (CC, art. 98).[39]

Também não se preocupou o legislador civil em conceituar ou mesmo incluir nas disposições atinentes à titularidade dos bens os interesses difusos ou coletivos, porém pela sua importância vamos dedicar um pequeno tópico explicativo para esses bens transindividuais.

a) Bens públicos:

São os bens pertencentes às pessoas jurídicas de direito público interno e classificam-se em (CC, art. 99):[40] **bens de uso comum**, aqueles que são acessíveis a todas as pessoas, que ficam abertos à utilização pública (os rios, os mares, as estradas, as ruas etc.); **bens de uso especial**, que são aqueles que se destinam à execução dos serviços públicos, cujo uso pela população é mais restrito (os edifícios da administração pública, as bibliotecas, os museus etc.); e **bens dominicais**, também chamados de bens do patrimônio disponível, que são aqueles de domínio priva-dos do Estado e que podem ser alienados, obedecidas a forma da lei (as ações da bolsa, as empresas públicas, as terras devolutas, os terrenos de marinha etc.). **Os bens públicos podem ser alienados** desde que não sejam os bens de uso comum ou os de uso especial (CC, art. 101),[41] mas para isso é indispensável que seja por licitação nos termos do que prevê a Constituição Federal (ver CF, art. 37, XXI).

Empresa pública: as empresas públicas, tais como a Caixa Econômica Federal e a Empresa Brasileira de Correios e Telégrafos, dentre outras, se submetem ao regime de direito privado em suas relações negociais e trabalhistas (ver CF, art. 173, especialmente § 1º, II). Quanto aos bens, são

---

39. CC, Art. 98. São públicos os bens do domínio nacional pertencentes às pessoas jurídicas de direito público interno; todos os outros são particulares, seja qual for a pessoa a que pertencerem.
40. CC, Art. 99. São bens públicos:

    I – os de uso comum do povo, tais como rios, mares, estradas, ruas e praças;

    II – os de uso especial, tais como edifícios ou terrenos destinados a serviço ou estabelecimento da administração federal, estadual, territorial ou municipal, inclusive os de suas autarquias;

    II – os dominicais, que constituem o patrimônio das pessoas jurídicas de direito público, como objeto de direito pessoal, ou real, de cada uma dessas entidades.

    Parágrafo único. Não dispondo a lei em contrário, consideram-se dominicais os bens pertencentes às pessoas jurídicas de direito público a que se tenha dado estrutura de direito privado.
41. CC, Art. 101. Os bens públicos dominicais podem ser alienados, observadas as exigências da lei.

considerados bens dominicais, logo são bens que podem ser alienados (ver CC, art. 99, parágrafo único).

Importante: desafetação é o procedimento legislativo adotado pelo Estado para alterar a destinação do bem de uso comum ou de uso especial (que são inalienáveis) à categoria de dominicais e que deve ser realizado por lei (tornando-o alienável). **Afetação** é o processo inverso ao da **desafetação**, isto é, um bem que é classificado como dominical pode virar bem de uso comum ou especial.

Atenção: conforme expressamente previsto na Constituição Federal (ver CF, art. 183, § 3º e art. 191, parágrafo único) e reafirmado pelo Código Civil (CC, art. 102),[42] os bens públicos não podem ser objeto de usucapião, independente de sua titularidade ser da União, dos Estados ou dos Municípios.

b) **Bens privados:**

Podemos afirmar que são privados os bens que, não sendo públicos, pertencem aos particulares (pessoas físicas ou jurídicas), cuja forma de aquisição, conservação e alienação estão reguladas no Código Civil.

c) **Bens difusos ou transindividuais:**

Esta é uma nova categoria de bens ou interesses que não são públicos nem privados, encontrando-se a meio-termo dos dois, sendo a bem da verdade **um direito da coletividade**. É mais do que o privado e menos do que o público e constituem-se em **um bem de todos**, tal qual o meio ambiente, o direito do consumidor, direitos dos idosos, direitos das crianças e adolescente etc. São os direitos ditos de terceira geração ou dimensão (solidariedade e fraternidade), espécies de direito-dever, cujo destinatário é o ser humano, tendo as seguintes características: intransmissível; inegociável e irrenunciável, além de haver uma indeterminação quanto aos sujeitos destinatários da norma.

Atenção: essa categoria de bens não se encontra presente no Código Civil, mas pode ser encontrada nas leis esparsas que regulam as atividades acima mencionadas e tem como uma de suas características legitimar processualmente não somente aquele que foi lesado como também autoriza o Ministério Público e as Associações (ONGs), dentre outros, a promoverem as ações em defesa e implementação desses direitos.[43]

---

42. CC, Art. 102. Os bens públicos não estão sujeitos a usucapião.

43. Nesse sentido ver a Lei de Ação Civil Pública – Lei nº 7.347, de 24 de julho de 1985.

Conceito: sua conceituação nos é dada pelo Código de Defesa do Consumidor que define os interesses ou direitos difusos como "transindividuais, de natureza indivisível, de que sejam titulares pessoas indeterminadas e ligadas por circunstâncias de fato." (Lei nº 8.078/90, art. 81, I).

6. BENS FORA DO COMÉRCIO

Os bens fora do comércio são aqueles bens que **não podem ser objetos de comercialização ou de realização de negócio**. O Código Civil de 1916 tinha um artigo que tratava especificamente deste item (art. 69). No atual Código Civil, não há nenhuma referência porque o autor desse título (José Carlos Moreira Alves) entendeu ser desnecessário fazer um registro específico porque a proibição estaria dispersa pelo próprio Código e por leis esparsas, além da própria Constituição Federal.

Para melhor entender a matéria, vejamos alguns exemplos de bens que, em princípio, não podem ser objeto de comercialização e que, por conseguinte, não admitem a realização de qualquer espécie de negócio jurídico:

a) **Direitos da personalidade:**

São os direitos inerentes à pessoa humana e dela indestacáveis como a vida, a saúde, a integridade moral, o nome, a liberdade etc. Estes bens são intransmissíveis, logo inalienáveis, por conseguinte, imprescritíveis e irrenunciáveis (CC, art. 11).[44]

b) **Direito sobre o corpo humano:**

A Constituição Federal proíbe expressamente qualquer espécie de comercialização dos órgãos do corpo humano, tecidos e sangue (ver CF, art. 199, § 4º).

c) **Bem de família voluntário:**

Não confundir esse bem de família com aquele que chamamos de legal (previsto na Lei nº 8.009/91). O bem de família voluntário é aquele instituído pela unidade familiar, através de escritura pública lavrada em Cartório de Notas e levado a registro perante o Cartório de Imóveis da região, desde que preenchidos os requisitos legais. Depois de instituído, em princípio este bem fica protegido de qualquer constrição, assim

---

44. CC, Art. 11. Com exceção dos casos previstos em lei, os direitos da personalidade são intransmissíveis e irrenunciáveis, não podendo o seu exercício sofrer limitação voluntária.

como não poderá ser vendido a não ser em condições especiais (CC, art. 1.717).[45]

d) **Bens públicos de uso comum e de uso especial:**

Já vimos que esses bens são inalienáveis. Se a administração decidir aliená-los deverá primeiro promover a sua desafetação pelo processo legislativo adequado.

e) **Herança de pessoa viva:**

O Código Civil proíbe expressamente a realização de qualquer negócio jurídico sobre os direitos à herança de pessoa viva (CC, art. 426).[46]

f) **Diversos outros tipos de bens:**

A presente lista é apenas exemplificativa e além dos bens acima citados podemos ainda acrescentar os seguintes: bens de incapazes; bens das fundações; bens tombados; terras ocupadas pelos índios (ver CF, art. 231, § 4º); os bens indisponíveis por vontade humana, tais como os bens deixados por testamento com cláusula de inalienabilidade (ver CC, art. 1.848 e art. 1.911); os bens naturalmente inapropriáveis, tais como o ar, a luz solar, a água do mar etc.

7. BENS CORPÓREOS E INCORPÓREOS

Apenas para registro, cabe informar que a doutrina também classifica os bens em corpóreos, significando as coisas que têm existência material, como uma casa, um terreno, um livro; e incorpóreo, enquanto aqueles bens que não têm existência palpável, tais como os direitos autorais, direitos sobre um programa de computador, ponto comercial etc.

Atenção: nosso Código Civil não contempla esta divisão. Ela resulta de construção doutrinária e jurisprudencial.

---

45. CC, Art. 1.717. O prédio e os valores mobiliários, constituídos como bem da família, não podem ter destino diverso do previsto no art. 1.712 ou serem alienados sem o consentimento dos interessados e seus representantes legais, ouvido o Ministério Público.

46. CC, Art. 426. Não pode ser objeto de contrato a herança de pessoa viva.

PARTE II
DOS FATOS E NEGÓCIOS JURÍDICOS

PARTE II
DOS FATOS E NEGÓCIOS JURÍDICOS

Capítulo 4
Dos fatos e negócios jurídicos

CAPÍTULO 4
DOS FATOS E NEGÓCIOS JURÍDICOS

LIÇÃO 12
DOS FATOS JURÍDICOS
(OU JURÍGENOS)

Sumário: 1. Conceito de fato jurídico – 2. Nem todo fato da vida é fato jurídico – 3. Classificação dos fatos jurídicos; 3.1 Fatos naturais ou fatos jurídicos em sentido estrito (*stricto sensu*); 3.1.1 Ordinários; 3.1.2 Extraordinários; 3.2 Fatos humanos ou fato jurídico em sentido amplo (*lato sensu*); 3.2.1 Atos lícitos; 3.2.2 Atos ilícitos – 4. Modos de aquisição de direitos; 4.1 Originários; 4.2 Derivados.

1. CONCEITO DE FATO JURÍDICO

Fato jurídico **é todo acontecimento do mundo que seja relevante para a vida humana e encontre suporte no ordenamento jurídico,** tanto o evento natural quanto o fato de animal ou mesmo a conduta humana.

2. NEM TODO FATO DA VIDA É FATO JURÍDICO

Existem fatos da natureza ou mesmo humanos que ocorrem e continuarão a ocorrer sem nenhuma relevância para o mundo jurídico.

Por exemplo, a chuva que cai é um fato natural que ocorre e continuará a ocorrer sem, necessariamente, ter importância para o mundo do direito. Da mesma forma, algumas ações humanas podem não ter relevância para o direito, como o ato de dormir, acordar, banhar-se ou mesmo alimentar-se.

Contudo, pode ocorrer que estes fatos que são comuns no cotidiano possam ter relevância para o direito quando deles decorrerem alguma agressão a bens ou direitos da própria pessoa envolvida ou de outrem. Se chover e por causa disso cair um muro, causando danos ao seu vizinho, estaremos diante de um fato que deveria ser corriqueiro, mas, como houve agressão a um bem juridicamente protegido, estaremos agora diante de um fato jurídico. Da mesma forma, o fato de a pessoa se alimentar pela manhã e, em razão disso vir a ter uma indigestão, tendo que ser hospitalizada pelo fato de a comida estar estragada, significará um fato jurídico.

Assim, um fato que poderia ser algo perfeitamente corriqueiro deixa de ser simples fato para adentrar no mundo do direito, autorizando a pessoa prejudicada a buscar amparo no ordenamento jurídico.

3. CLASSIFICAÇÃO DOS FATOS JURÍDICOS

Os fatos jurídicos podem ser classificados em **fatos naturais**, também chamados de fatos jurídicos em sentido estrito (*stricto sensu*), e **fatos humanos** ou fatos jurídicos em sentido amplo (*lato sensu*) e, em ambos os casos, há subdivisões importantes. Vejamos:

3.1 Fatos naturais ou fatos jurídicos em sentido estrito (stricto sensu)

São os fatos jurídicos que não dependem da vontade humana para produzir efeitos, e dividem-se em:

3.1.1 Ordinários

São fatos em que **a vontade humana concorre de forma indireta** para a sua ocorrência, mas que independem de qualquer vontade; se o mesmo ocorrer, gerarão efeitos jurídicos, tais como o nascimento, a morte, a maioridade, a prescrição, a decadência, dentre outros.

> **Explicando melhor:** ainda que o nascimento de uma pessoa seja algo que decorre da vontade de seus pais em ter uma prole, o fato de ela nascer cria direitos e obrigações que independem da vontade humana, tais como o direito ao nome, aos alimentos, à sucessão de seus pais etc. Quer dizer, a criança pode ter nascido por vontade dos pais, porém os direitos que ela adquire ao nascer independem da vontade dos pais, que não podem se furtar de uma série de obrigações.

3.1.2 Extraordinários

São **os fatos decorrentes da natureza**, que se caracterizam pela imprevisibilidade e inevitabilidade, aos quais o direito chama de caso fortuito ou de força maior (CC, art. 393, parágrafo único),[1] tais como o terremoto, o maremoto, a tempestade, a enchente, o raio etc.

---

1. CC, Art. 393 (Omissis).
   Parágrafo único. O caso fortuito ou de força maior verifica-se no fato necessário, cujos efeitos não era possível evitar ou impedir.

3.2 Fatos humanos ou fato jurídico em sentido amplo *(lato sensu)*

São **fatos que dependem da ação humana** (voluntária ou mesmo involuntária) para produzir efeitos, abrangendo tanto os atos lícitos que criam, modificam, transferem ou extinguem direitos, bem como os atos ilícitos, que ao invés de direitos geram obrigações para o agente causador do dano. Vejamos:

3.2.1 Atos lícitos

São ações humanas cujo resultado é desejado pelo agente e, desde que praticados segundo o ordenamento jurídico, produzirão os efeitos jurídicos almejados, dividindo-se em:

a) **Ato jurídico em sentido estrito ou *stricto sensu*:**

É o efeito de uma determinada ação do agente que, independentemente de sua vontade, produz efeitos porque encontra previsão em lei. Embora o reconhecimento de um filho possa decorrer da vontade do pai em fazê-lo, por exemplo, gera diversas consequências que independem da vontade dos envolvidos, tais como o direito recíproco a alimentos e o direito à participação na eventual herança, dentre outros. Outras situações se enquadram nessa categoria, como a mudança do domicílio, a tradição, a percepção dos frutos, a ocupação, a posse, o perdão, a confissão etc.

b) **Negócio jurídico:**

É uma espécie de ato jurídico que vai se originar de uma vontade declarada a que o direito reconhece validade. É o meio pelo qual a autonomia da vontade se manifesta. Nesse caso exigem-se uma ou mais vontades qualificadas, manifestadas sem vícios, quer dizer, livre e consciente, com o fim de adquirir, transferir, resguardar, modificar ou extinguir direitos. Por exemplo, no contrato de compra e venda de um imóvel, temos duas vontades qualificadas; de um lado o vendedor quer vender e de outro o comprador quer adquirir.

c) **Ato-fato jurídico:**

É o efeito do ato nem sempre buscado, nem imaginado pelo agente, mas que, independentemente de sua vontade, intenção, consciência ou capacidade, vai gerar consequências jurídicas. Exemplo: aquele que achar um tesouro torna-se proprietário de metade dele, mesmo que seja incapaz (CC, art. 1.264).[2]

---

2. CC, Art. 1.264. O depósito antigo de coisas preciosas, oculto e de cujo dono não haja memória, será dividido por igual entre o proprietário do prédio e o que achar o tesouro casualmente.

3.2.2 Atos ilícitos

São denominados de involuntário pela doutrina e, ao invés de criarem direitos para o agente, **criam obrigações e geram o dever de indenizar** (CC, arts. 186, 187 e 927, *caput*).[3]

Dividem-se em atos próprios, fato de terceiro e fato da coisa (animada ou inanimada), que serão devidamente estudados noutro volume desta coleção,[4] de sorte que neste momento apenas faremos uma breve menção.

a) **Fato próprio** (responsabilidade direta):

É a regra geral da responsabilidade civil, segundo a qual aquele que praticar um ato em desconformidade com o ordenamento jurídico e causar dano a outrem, por ação ou omissão, imprudência ou negligência (ou mesmo imperícia), ficará obrigado a indenizar (ver CC, arts. 186 e 187 c/c art. 927, *caput*).

b) **Fato de terceiro ou fato de outrem** (responsabilidade indireta):

Esta é exceção e está prevista no Código Civil (art. 932)[5] que se funda na ideia de que as pessoas indicadas no dispositivo legal devem responder em face do dever legal que lhes incumbe de bem escolher (culpa *in eligendo*) ou vigiar (culpa *in vigilando*). Quer dizer, essas pessoas respondem por **fato próprio, baseado na omissã**o no que diz respeito a sua opção de escolha ou de vigilância. Essa responsabilidade é objetiva, logo independe de culpa (CC, art. 933).[6]

c) **Fato da coisa** (animada ou inanimada):

---

3. CC, Art. 186. Aquele que, por ação ou omissão voluntária, negligência ou imprudência, violar direito e causar dano a outrem, ainda que exclusivamente moral, comete ato ilícito.

   CC, Art. 187. Também comete ato ilícito o titular de um direito que, ao exercê-lo, excede manifestamente os limites impostos pelo seu fim econômico ou social, pela boa-fé ou pelos bons costumes.

   CC, Art. 927. Aquele que, por ato ilícito (arts. 186 e 187), causar dano a outrem, fica obrigado a repará-lo.

4. Ver o volume 2 da presente coleção, especialmente a segunda parte, que trata da responsabilidade civil.

5. CC, Art. 932. São também responsáveis pela reparação civil:

   I – os pais, pelos filhos menores que estiverem sob sua autoridade e em sua companhia;

   II – o tutor e o curador, pelos pupilos e curatelados, que se acharem nas mesmas condições;

   III – o empregador ou comitente, por seus empregados, serviçais e prepostos, no exercício do trabalho que lhes competir, ou em razão dele;

   IV – os donos de hotéis, hospedarias, casas ou estabelecimentos onde se albergue por dinheiro, mesmo para fins de educação, pelos seus hóspedes, moradores e educandos;

   V – os que gratuitamente houverem participado nos produtos do crime, até a concorrente quantia.

6. CC, Art. 933. As pessoas indicadas nos incisos I a V do artigo antecedente, ainda que não haja culpa de sua parte, responderão pelos atos praticados pelos terceiros ali referidos.

LIÇÃO 12 • DOS FATOS JURÍDICOS (OU JURÍGENOS)

Certos fatos independem da natureza ou da vontade humana e, mesmo assim, geram consequências jurídicas, tais como o dano causado por um **animal** (CC, art. 936),[7] o dano causado por **ruína de um edifício** (CC, art. 937),[8] ou ainda os danos causados pelas **coisas caídas de um prédio** (CC, art. 938).[9]

4. MODOS DE AQUISIÇÃO DE DIREITOS

Na vida de relações, as pessoas realizam atos e negócios jurídicos com as mais diversas finalidades, seja para adquirir, ou transferir, ou mesmo conservar direitos.

No âmbito patrimonial, existem duas formas de aquisição de direitos: a originária e a derivada. Vejamos:

4.1 Originários

Ocorre quando **o agente se apropria de alguma coisa sem que tenha havido a interferência de outra pessoa**, tais como a apropriação de uma coisa abandonada (CC, art. 1.263)[10] ou a aquisição da propriedade móvel ou imóvel pela usucapião (ver CC, arts. 1.238 e ss., e 1.260 e ss.).

Nessas circunstâncias, o proprietário adquiriu a titularidade sobre aquele determinado bem sem que tenha transacionado com eventual proprietário anterior.

Atenção: não quer dizer que não houve eventual proprietário anterior. Pode até ter havido, porém não houve nenhuma relação negocial entre o atual e o antigo proprietário da coisa.

4.2 Derivados

É a forma mais comum de aquisição de direitos no mundo moderno.

Ocorre **quando há a transmissão da propriedade de uma pessoa para outra**, existindo uma relação jurídica entre o atual titular e o antigo que lhe transmitiu o domínio e pode ser:

---

7. CC, Art. 936. O dono, ou detentor, do animal ressarcirá o dano por este causado, se não provar culpa da vítima ou força maior.
8. CC, Art. 937. O dono de edifício ou construção responde pelos danos que resultarem de sua ruína, se esta provier de falta de reparos, cuja necessidade fosse manifesta.
9. CC, Art. 938. Aquele que habitar prédio, ou parte dele, responde pelo dano proveniente das coisas que dele caírem ou forem lançadas em lugar indevido.
10. CC, Art. 1.263. Quem se assenhorear de coisa sem dono para logo lhe adquire a propriedade, não sendo essa ocupação defesa por lei.

a) **Gratuita** (sem ônus para quem adquire, como na doação) ou **onerosa** (quando há uma contraprestação para ambas as partes, como na compra e venda).

b) **Aquisição a título universal** (o herdeiro tem direito a uma fração de toda a herança, enquanto não ocorrer a partilha) ou **aquisição a título singular** (o legatário tem direito a uma coisa individualizada na herança).

c) **Aquisição em nome próprio** (o próprio adquirente realiza o negócio) ou **por interposta pessoa** (negócio realizado através de um procurador, por exemplo).

d) **Pode versar sobre Direito atual** (aquele apto a se incorporar ao patrimônio do adquirente imediatamente) ou **Direito futuro** (que depende de uma condição futura como a compra de um apartamento na planta).

Lição 13
NEGÓCIO JURÍDICO

Sumário: 1. Conceito de negócio jurídico – 2. Manifestação da vontade – 3. Intenção ou causa – 4. O silêncio – 5. Autonomia da vontade – 6. Limitação à autonomia da vontade – 7. Validade dos negócios jurídicos – 8. Finalidade dos negócios jurídicos; 8.1 Aquisição de direitos; 8.2 Conservação de direitos; 8.3 Modificação de direitos; 8.4 Extinção de direitos – 9. Classificação dos negócios jurídicos; 9.1 Quanto ao número de declarantes; 9.2 Quanto às vantagens para as partes; 9.3 Quanto ao momento de produção dos efeitos; 9.4 Quanto ao modo de existência; 9.5 Quanto à formalidade; 9.6 Quanto aos atos necessários; 9.7 Quanto ao conteúdo; 9.8 Quanto aos efeitos – 10. Outras classificações.

1. CONCEITO DE NEGÓCIO JURÍDICO

Enquanto as leis são emanações da ordem jurídica de caráter geral e que a todos obrigam, os negócios jurídicos são como espécie de lei que obrigam aos participantes de determinada avença. Anotem para nunca esquecer: **o contrato faz lei entre as partes**.

A partir dessa compreensão, vejamos o conceito de negócio jurídico.

a) **Conceito bem sucinto:**

É o ato jurídico emanado de uma vontade qualificada, visando a um determinado fim.

b) **Conceito mais bem elaborado:**

É a prerrogativa que o ordenamento jurídico confere ao indivíduo de, por sua livre vontade, criar relações a que o direito empresta validade, desde que em conformidade com a ordem jurídica e social. Em síntese: **negócio jurídico é o meio de realização da autonomia privada.**

c) **Traduzindo melhor:**

Negócio jurídico é o poder que o ordenamento jurídico confere às pessoas de realizarem atos visando **adquirir** (compra de um carro), **conservar** (notificação), **transferir** (doação), **modificar** (novação) e **extinguir direito** (rescisão de contrato).

2. MANIFESTAÇÃO DA VONTADE

É da essência dos negócios jurídicos a declaração de vontade. Contudo essa declaração de vontade tendente a realização de um determinado negócio jurídico deve ser qualificada (a gente capaz) e também livre e consciente (sem vícios) sob pena de invalidade.

Dessa forma, **o negócio jurídico se origina da manifestação da vontade humana** capaz de realizar um ato jurídico com a finalidade negocial de transferir, resguardar, modificar ou extinguir direitos. Essa declaração **pode ser expressa** (falada, escrita ou gestual), **tácita** (quando não há uma expressa declaração, mas o proceder do agente indica que houve aceitação), **ou presumida** (quando a lei prevê essa forma como manifestação de vontade).

A declaração de vontade no mais das vezes é endereçada a determinada pessoa (nesse caso dizemos que ela é **receptícia**), como no caso da revogação de mandato em que se faz necessário informar o mandatário sobre a sua destituição (CC, art. 682, I);[1] mas também pode não ser endereçada a ninguém em especial (dizemos **não receptícia**), como no caso de promessa de recompensa (CC, art. 854).[2]

3. INTENÇÃO OU CAUSA

É importante consignar que **os motivos de foro íntimo** das partes (intenção ou causa) **não têm nenhuma relevância jurídica** para a validade do negócio entabulado entre as partes.

Por óbvio que qualquer negócio jurídico é motivado por alguma razão, ou seja, por um motivo determinante. Esse motivo pode até ser ilícito, como na hipótese de alguém vender um bem para com o valor recebido comprar drogas. Para a validade do negócio realizado pouco importa essa intenção maléfica do vendedor, isto é, esta causa não é motivo suficiente para invalidação do negócio jurídico. Quando muito há uma significação moral para a intenção ou causas que motivou o negócio.

---

1. CC, Art. 682. Cessa o mandato:

   I – pela revogação ou pela renúncia.

2. CC, Art. 854. Aquele que, por anúncios públicos, se compromete a recompensar, ou gratificar, a quem preencha certa condição, ou desempenhe certo serviço, contrai obrigação de cumprir o prometido.

LIÇÃO 13 • NEGÓCIO JURÍDICO

Melhor exemplificando: se Jojolino compra uma arma com a intenção de matar alguém, essa causa nada representa juridicamente do ponto de vista da realização do negócio jurídico de venda e compra da arma em questão.

4. O SILÊNCIO

Como regra, **o silêncio é um nada jurídico**. Todos devem anotar para nunca mais esquecer que o silêncio, via de regra, não tem relevância para o mundo jurídico, tendo em vista que **"quem cala nada diz"**.

O silêncio só terá relevância jurídica, significando concordância, quando as circunstâncias ou os usos e costumes assim autorizarem e não seja exigida uma forma expressa para realização do ato negocial (CC, art. 111).[3]

No mais das vezes, a própria lei irá expressamente validar o silêncio como manifestação de vontade, como no caso da aceitação de doação pura, em que a inércia do donatário em dizer se aceita ou não aceita a doação, será entendida como aceitação (CC, art. 539).[4]

5. AUTONOMIA DA VONTADE

É o princípio pelo qual **as pessoas são livres para contratarem** o que quiserem, com quem bem entenda e, sobre qualquer tipo de coisa, definindo inclusive o conteúdo do contrato.

Quer dizer, é reconhecido o direito aos indivíduos de praticarem atos jurídicos, produzindo seus efeitos. É o princípio do ***pacta sunt servanda***, pelo qual as convenções entre os particulares acabam por fazer leis entre eles, obrigando-os ao fiel cumprimento.

Esse princípio, que remonta ao Direito Romano, atingiu seu apogeu na Revolução Francesa, em que um dos primados era a liberdade. Assim, nas relações privadas, o Estado não deveria intervir, deixando as pessoas livres para realizarem seus negócios. Quer dizer, as pessoas deviam ser livres para fazerem o que bem entendessem nas relações negociais.

---

3. CC, Art. 111. O silêncio importa anuência, quando as circunstâncias ou os usos o autorizarem, e não for necessária a declaração de vontade expressa.
4. CC, Art. 539. O doador pode fixar prazo ao donatário, para declarar se aceita ou não a liberalidade. Desde que o donatário, ciente do prazo, não faça, dentro dele, a declaração, entender-se-á que aceitou, se a doação não for sujeita a encargo.

Atualmente esse princípio encontra-se bastante relativizado, tendo em vista que, desde o final do século XIX, passou-se a perceber que essa liberdade agia em desfavor dos mais fracos. Quer dizer, não era possível respeitar os contratos livremente estabelecidos entre as pessoas porque algumas são mais fortes do que as outras e podiam impor suas vontades sem respeitar a vontade da outra parte, logo, os contratos podiam ser fontes de grandes injustiças.

Assim, o Estado passou a intervir nas relações entre os particulares, limitando a autonomia da vontade, baseando-se no fato de que o princípio da igualdade pressupõe **tratar igualmente os iguais e desigualmente os desiguais,** na proporção de suas desigualdades (essa é a isonomia substancial ou material).

6. LIMITAÇÃO À AUTONOMIA DA VONTADE

A autonomia privada, que era ampla, especialmente em face do rigor da chamada "força obrigatória dos contratos" que vigorou até final do século XIX, precisou ser contida pela interferência do Estado nas relações entre os particulares.

Este fato começa a ocorrer no final do século XIX, porém fica mais evidente após a Segunda Guerra Mundial, especialmente em razão do grande desenvolvimento tecnológico e das relações de massa que começam a tomar conta do nosso cotidiano, fazendo surgir a necessidade de o Estado intervir nessas relações, especialmente para evitar abusos.

Assim, o *pacta sunt servanda* passa a encontrar limitações nos princípios de ordem pública, tais como o princípio da **função social da propriedade** (CF, art. 5º, XXIII e art. 170, II; e CC, art. 421),[5] princípio do respeito à **dignidade humana** (CF, art. 1º, III) e no princípio da **boa-fé e da probidade** (CC, art. 422).[6]

Outro fator de limitação é a **teoria da imprevisão** (cláusula *rebus sic stantibus*) pela qual ocorrendo fatos imprevisíveis e extraordinários que tornem o contrato extremamente oneroso para uma das partes, a mesma poderá pedir a resolução do negócio (CC, art. 478).[7]

Atenção: não façam confusão! **A autonomia da vontade** continua existindo, porém ela **não é mais absoluta** como foi no passado. Atualmente

---

5. CC, Art. 421. A liberdade de contratar será exercida em razão e nos limites da função social do contrato.
6. CC, Art. 422. Os contratantes são obrigados a guardar, assim na conclusão do contrato, como em sua execução, os princípios de probidade e boa-fé.
7. CC, Art. 478. Nos contratos de execução continuada ou diferida, se a prestação de uma das partes se tornar excessivamente onerosa, com extrema vantagem para a outra, em virtude de acontecimentos extraordinários e imprevisíveis, poderá o devedor pedir a resolução do contrato. Os efeitos da sentença que a decretar retroagirão à data da citação.

LIÇÃO 13 • NEGÓCIO JURÍDICO   **149**

ela se encontra limitada em razão de alguns princípios gerais de direito, muitos deles positivados na própria lei, como visto acima.[8]

7. VALIDADE DOS NEGÓCIOS JURÍDICOS

Anotem para jamais esquecerem: para **validade de qualquer negócio jurídico** são exigidos os requisitos constantes do art. 104[9] do Código Civil, que são os seguintes: **agente capaz** (ver CC, ver art. 3º a art. 5º); **objeto lícito, possível, determinado ou determinável**; e obediência à **forma prescrita ou não defesa em lei** (CC, ver art. 107 e art. 108).[10]

Pode ser que algum determinado negócio jurídico tenha exigências adicionais específicas, porém todo e qualquer negócio jurídico não pode prescindir dos elementos acima, sob pena de invalidade.

Na próxima lição explicaremos melhor cada um dos elementos acima mencionados.

8. FINALIDADE DOS NEGÓCIOS JURÍDICOS

Todo negócio jurídico sempre tem uma finalidade negocial, seja adquirir, conservar, modificar, transferir, modificar ou até mesmo extinguir direitos.

8.1 Aquisição de direitos

Ocorre a aquisição de direito quando o indivíduo incorpora algo ao seu patrimônio, de forma originária ou derivada.

a) Forma originária de aquisição de direitos:

Ocorre quando o titular incorpora algo ao seu patrimônio **sem ter realizado nenhuma transação com outra pessoa** que pudesse ser o titular

---

8. Voltaremos a esse assunto e em maior profundidade no vol. 3 quando estudarmos os princípios gerais dos contratos.
9. CC, Art. 104. A validade do negócio jurídico requer:

I – agente capaz;

II – objeto lícito, possível, determinado ou determinável;

III – forma prescrita ou não defesa em lei.
10. CC, Art. 107. A validade da declaração de vontade não dependerá de forma especial, senão quando a lei expressamente a exigir.

CC, Art. 108. Não dispondo a lei em contrário, a escritura pública é essencial à validade dos negócios jurídicos que visem à constituição, transferência, modificação ou renúncia de direitos reais sobre imóveis de valor superior a trinta vezes o maior salário mínimo vigente no País.

daquela coisa, tais como na ocupação de coisa sem dono (CC, art. 1.263)[11] ou na avulsão (CC, art. 1.251),[12] dentre outros.

b) Forma derivada de aquisição de direitos:

Nesse caso vai ocorrer uma intervenção de pessoa que irá fazer a transferência do direito para outra, podendo ser **gratuita** (doação, por exemplo) ou **onerosa** (compra e venda, por exemplo). Esse tipo de aquisição pode ocorrer **a título singular** (adquire-se um bem determinado como uma casa, por exemplo) ou **a título universal** (aqui se adquire não uma coisa individuada, mas sim um conjunto de bens ou direito como na sucessão hereditária).

Pode ainda se referir a **direito atual** (a compra de uma fazenda) ou a **direito futuro** (a compra de uma safra ainda no pé).[13]

8.2 Conservação de direitos

Muitas situações no cotidiano vão obrigar o titular de um determinado direito a proceder de forma a conservar esse direito, sob pena de não o fazendo vir a correr o risco de perdê-lo ou vê-lo se deteriorar.

Para isso podem ser tomadas algumas medidas com caráter preventivo ou mesmo repressivo; vejamos.

a) Medidas preventivas:

São aquelas acautelatórias com a finalidade de proteger o direito, assegurando-se que o mesmo não venha a se perder ou deteriorar, podendo ser **extrajudicial**, como na garantia de um crédito futuro através de hipoteca ou penhor (CC, arts. 1.419 e ss.) **ou judicial**, através das diversas medidas cautelares como, por exemplo, o arresto, o sequestro, a busca e apreensão (ver CPC, art. 301), dentre outras.

b) Medidas repressivas:

Que podem ser **judiciais**, através da propositura das ações cabíveis que podem ser propostas perante o Poder Judiciário, ou mesmo, resolvidas

---

11. CC, Art. 1.263. Quem se assenhorear de coisa sem dono para logo lhe adquire a propriedade, não sendo essa ocupação defesa por lei.

12. CC, Art. 1.251. Quando, por força natural violenta, uma porção de terra se destacar de um prédio e se juntar a outro, o dono deste adquirirá a propriedade do acréscimo, se indenizar o dono do primeiro ou, sem indenização, se, em um ano, ninguém houver reclamado.

13. Não confundir direito futuro com expectativa de direito. No direito futuro o direito já existe, apenas não se sabe em qual quantidade ou qualidade ou mesmo extensão; enquanto na expectativa de direito existe uma possibilidade de aquisição de direito, quer dizer, há uma possibilidade de que aquele direito venha a existir, como, por exemplo, o direito de herança dos filhos em relação aos pais que estão vivos.

LIÇÃO 13 • NEGÓCIO JURÍDICO **151**

através de arbitragem, conciliação ou mediação que são formas **extrajudiciais** de solução de conflitos. A legislação autoriza que o prejudicado possa fazer uso da legítima defesa da posse (CC, art. 1.210, § 1º),[14] ou pelo regular exercício de um direito, ou ainda pelo estado de necessidade (CC, art. 188)[15] que também são formas extrajudiciais de defender e preservar direitos.

8.3 Modificação de direitos

Pode também ocorrer que um determinado direito sofra mutação durante a sua existência. Isso pode ocorrer tanto com relação ao seu titular (modificação subjetiva) quanto com relação à própria coisa (modificação objetiva).

a) **Modificação de direito subjetiva:**

No curso da vida de relações pode ocorrer a alteração no que **diz respeito ao sujeito que é titular de um determinado direito** que tanto pode ocorrer *inter vivos* (credor que cede o seu crédito – CC, art. 286),[16] quanto por *causa mortis* (filho que herda os direitos do pai falecido – CC, art. 1.784).[17] Em ambos os casos, desaparecem o titular anterior e em seu lugar assume outro, que passa a ter a titularidade daquele direito.

b) **Modificação de direito objetiva:**

Nesse caso, **a alteração tem a ver com o objeto do próprio direito**, que sofre uma mutação, como, por exemplo, o credor de uma dívida em dinheiro que aceita receber como pagamento o veículo do devedor (**modificação qualitativa** – houve alteração no conteúdo do próprio direito, que se converte em outro), ou o aumento da propriedade imóvel pela ocorrência da aluvião (**modificação quantitativa** – nesse caso ocorreu um aumento na quantidade do objeto). Com isso, no primeiro caso, o credor tem o seu crédito satisfeito no exato tamanho da dívida, porém não da forma originalmente pactuada, pois ocorreu uma dação em pa-

---

14. CC, Art. 1.210. O possuidor tem direito a ser mantido na posse em caso de turbação, restituído no de esbulho, e segurado de violência iminente, se tiver justo receio de ser molestado.

    § 1º. O possuidor turbado, ou esbulhado, poderá manter-se ou restituir-se por sua própria força, contanto que o faça logo; os atos de defesa, ou de desforço, não podem ir além do indispensável à manutenção, ou restituição da posse.

15. CC, Art. 188. Não constituem atos ilícitos:

    I – os praticados em legítima defesa ou no exercício regular de um direito reconhecido;

    (omissis).

16. CC, Art. 286. O credor pode ceder o seu crédito, se a isso não se opuser a natureza da obrigação, a lei, ou a convenção com o devedor; a cláusula proibitiva da cessão não poderá ser oposta ao cessionário de boa-fé, se não constar do instrumento da obrigação.

17. CC, Art. 1.784. Aberta a sucessão, a herança transmite-se, desde logo, aos herdeiros legítimos e testamentários.

gamento (CC, art. 356)[18] e, no segundo, há um acréscimo no tamanho da propriedade, no direito, pela ocorrência de um fenômeno natural denominado aluvião (CC, art. 1.250).[19]

8.4   Extinção de direitos

Como nem tudo na vida é eterno, temos que os direitos sobre os quais versam os mais variados negócios jurídicos também podem se extinguir, pelas mais diversas razões, seja com relação ao titular (**subjetivas**), seja com relação ao objeto (**objetivas**), seja com relação à materialidade do próprio direito posto em discussão (**vínculo jurídico**).

Apesar de algumas causas não poderem ser consideradas como negócio jurídico propriamente dito, importa frisar que, de qualquer forma, vai incidir sobre bens e direito promovendo algum tipo de mutação, como, por exemplo, a extinção do direito em face da prescrição (CC, art. 189),[20] ou a perda de um objeto em face da ocorrência de caso fortuito ou de força maior (CC, art. 393, parágrafo único).[21]

Alguns autores enumeram diversas formas de extinção de direitos, tais como perecimento do objeto, alienação, renúncia, abandono, falecimento do titular do direito personalíssimo, confusão, prescrição, decadência, implementos da condição resolutiva, desapropriação etc.

Com relação às causas de extinção de direitos, vamos explicitar aquelas que consideramos mais importantes; vejamos:

a)   Perecimento do objeto:

É a perda do próprio objeto sobre o qual recai a titularidade do direito que pode ocorrer tanto por ação ou omissão do seu próprio titular quanto por causas naturais como a de força maior.

b)   Alienação:

Esta é a forma mais tradicional de extinção de direitos que implica na possibilidade de o titular transferir para outrem a titularidade do domínio sobre determinada coisa de sua propriedade, que pode ocorrer de forma

---

18.   CC, Art. 356. O credor pode consentir em receber prestação diversa da que lhe é devida.

19.   CC, Art. 1.250. Os acréscimos formados, sucessiva e imperceptivelmente, por depósitos e aterros naturais ao longo das margens das correntes, ou pelo desvio das águas destas, pertencem aos donos dos terrenos marginais, sem indenização.

20.   CC, Art. 189. Violado o direito, nasce para o titular a pretensão, a qual se extingue, pela prescrição, nos prazos a que aludem os arts. 205 e 206.

21.   CC, Art. 393 (Omissis)
        Parágrafo único. O caso fortuito ou de força maior verifica-se no fato necessário, cujos efeitos não era possível evitar ou impedir.

gratuita (doação) ou onerosa (compra e venda) ou ainda como forma de pagamento (dação), dentre outras.

c) Falecimento do titular do direito personalíssimo:

Tendo em vista que nem todo direito é suscetível de alienação, temos que alguns são inalienáveis por sua própria natureza, como os direitos personalíssimos, de sorte a afirmar que, falecendo seu titular, falece o próprio direito em questão, como, por exemplo, o direito a alimentos. Outros direitos ganham *status* de intransmissíveis por força do disposto em lei, como no caso de preferência (CC, art. 520)[22] ou da revogação da doação (CC, art. 560).[23]

d) Decadência e prescrição:

Veremos no final deste volume que a prescrição é a perda do direito de ação pelo não exercício desse direito pelo seu titular, no prazo fixado em lei. Já a decadência é a perda do próprio direito, também por inércia do titular que não o exerceu no prazo estipulado em lei. Conclusão que exsurge é que tanto na decadência quanto na prescrição, o titular do direito vai perdê-lo por não exercitar uma faculdade de defesa desse direito no prazo assinalado em lei. Logo, o direito vai perecer.

e) Desapropriação:

Esta é também uma forma de perda da propriedade imóvel, nesse caso por força de imposição do Poder Público que, em face de necessidade e mediante a justa e prévia indenização, poderá privar o particular de sua propriedade.

9. CLASSIFICAÇÃO DOS NEGÓCIOS JURÍDICOS

Para efeitos de estudo a doutrina classifica os negócios jurídicos agrupando-os conforme alguns critérios. Embora não haja uniformidade, a maioria dos autores classifica os negócios jurídicos da seguinte forma:

9.1 Quanto ao número de declarantes

Nessa classificação leva-se em conta o número de manifestações de vontades que são necessárias para que o negócio jurídico seja considerado perfeito.

---

22. CC, Art. 520. O direito de preferência não se pode ceder nem passa aos herdeiros.
23. CC, Art. 560. O direito de revogar a doação não se transmite aos herdeiros do doador, nem prejudica os do donatário. Mas aqueles podem prosseguir na ação iniciada pelo doador, continuando-a contra os herdeiros do donatário, se este falecer depois de ajuizada a lide.

a) Unilaterais:

São os negócios jurídicos que se aperfeiçoam com uma única manifestação de vontade, como nos testamentos, na renúncia, na promessa de recompensa, na confissão de dívida etc. Estes se dividem em **receptícios**, quando há necessidade de que o destinatário da declaração tome ciência para que possa produzir efeitos, como, por exemplo, na revogação de mandato; e **não receptícios**, quando não importa ser do conhecimento de outra parte, para gerar efeitos como no caso do testamento.

b) Bilaterais:

São aqueles negócios que necessitam para o seu aperfeiçoamento de duas manifestações de vontades concordantes e se dividem em **bilaterais simples**, onde só uma das partes aufere vantagens, enquanto a outra suporta o encargo, como no caso da doação (CC, art. 538),[24] e **bilaterais sinalagmáticos**, nos quais há uma reciprocidade de direitos e obrigações, quer dizer, ambas as partes arcam com ônus e vantagens, como ocorre na compra e venda (CC, art. 481).[25] Alguns autores ainda classificam os bilaterais em **plurilaterais** quando envolvem mais de duas vontades em algum dos polos da relação negocial, como, por exemplo, nos contratos de sociedade ou nos contratos de consórcios.

Em resumo: o contrato é bilateral quanto existem dois polos distintos, independentemente do número de pessoas que integre cada polo.

9.2 Quanto às vantagens para as partes

Aqui classificamos o negócio jurídico a partir das vantagens patrimoniais que as partes possam obter; vejamos:

a) Gratuitos:

São os negócios jurídicos onde somente uma das partes leva vantagem, enquanto a outra sofre o prejuízo, tais como a doação e o comodato.

b) Onerosos:

São os negócios jurídicos em que ambos os participantes devem realizar uma contraprestação para obterem a vantagens desejadas. Classificam-se em **comutativos** (quando as prestações são previamente determinadas a exemplo da locação, empreitada, compra e venda) ou **aleatórios** (predo-

---

24. CC, Art. 538. Considera-se doação o contrato em que uma pessoa, por liberalidade, transfere do seu patrimônio bens ou vantagens para o de outra.

25. CC, Art. 481. Pelo contrato de compra e venda, um dos contratantes se obriga a transferir o domínio de certa coisa, e o outro, a pagar-lhe certo preço em dinheiro.

mina a incerteza, quanto ao lucro ou prejuízo que dependerá de evento futuro tal qual no jogo e na aposta ou na empreitada).

Importante: o contrato de seguro é a um só tempo comutativo e aleatório. É comutativo para o segurado (ele sabe desde logo quanto vai pagar de prêmio e qual indenização receberá se ocorrer o sinistro) e aleatório para a seguradora (que poderá lucrar se não ocorrer o sinistro ou tomará prejuízo na ocorrência do acidente segurado).

c) **Neutros:**

São os negócios que não têm uma finalidade econômica em si mesmos, embora possam envolver coisas com valor patrimonial. Normalmente destina-se a vincular um bem a determinada condição, como a instituição do bem de família ou a cláusula de inalienabilidade numa doação.

d) **Bifrontes:**

São aqueles negócios que podem ser gratuitos ou onerosos, dependendo da vontade das partes. O Código Civil considera o contrato de mandato como gratuito (art. 658, *caput*),[26] porém ele pode ser oneroso dependendo das partes. Da mesma forma o contrato de mútuo e o de depósito.

9.3 Quanto ao momento de produção dos efeitos

Aqui a classificação toma como referência o momento em que os efeitos do negócio se realizarão (tempo):

a) *Inter vivos*:

Os efeitos serão produzidos desde logo e durante a vida dos contraentes, o que ocorre com a quase totalidade dos negócios jurídicos, tais como a compra e venda, a locação, o mandato, o depósito etc.

b) *Causa mortis*:

Os efeitos do negócio jurídico são esperados para depois da morte do declarante, quer dizer, o pressuposto para a produção de efeitos jurídicos é a morte de quem expressou a vontade, como no testamento.

9.4 Quanto ao modo de existência

Os negócios jurídicos podem existir por si mesmos sem dependência de nenhum outro (dizemos principal), ou necessitarão da existência de outro para que possam ter razão de existir (acessórios). Vejamos:

---

26. CC, Art. 658. O mandato presume-se gratuito quando não houver sido estipulada retribuição, exceto se o seu objeto corresponder ao daqueles que o mandatário trata por ofício ou profissão lucrativa. (omissis).

a) Principais:

São os negócios jurídicos que têm existência própria, isto é, não dependem de nenhuma outra condição para existirem. Existem por si mesmo como a compra e venda, a locação etc.

b) Acessórios:

São os negócios que não existem por si mesmos, isto é, dependem de outro contrato (principal) para existirem, tais como a fiança, que só tem sentido se houver uma locação que ela garanta. Da mesma forma a hipoteca, o penhor, a cláusula penal.

Lembrete: "O acessório segue o principal."

9.5 Quanto à formalidade

Embora predomine a forma livre na realização dos negócios jurídicos (CC, art. 107),[27] muitas vezes, em nome da segurança jurídica, o legislador impõe uma forma a ser seguida para realização de determinados negócios, sob pena de invalidade. Dessa forma os negócios podem ser:

a) Solenes ou formais:

São aqueles negócios que, para sua validade, devem obedecer à forma que a lei prescreve, como, por exemplo, a obrigatoriedade de fazer-se por escritura pública qualquer transação envolvendo imóveis de valor superior a 30 salários mínimos (CC, art. 108).[28] Assim também o testamento (CC, art. 1864),[29] a fiança (CC, art. 819),[30] dentre outros.

b) Não solenes ou informais:

São aqueles negócios que para sua validade não se exige nenhuma forma especial, podendo ser realizados livremente pelas partes, até mesmo de forma verbal. Essa é a regra geral no **Código Civil que privilegia a liberdade de forma** (ver CC, art. 107).

---

27. CC, Art. 107. A validade da declaração de vontade não dependerá de forma especial, senão quando a lei expressamente a exigir

28. CC, Art. 108. Não dispondo a lei em contrário, a escritura pública é essencial à validade dos negócios jurídicos que visem à constituição, transferência, modificação ou renúncia de direitos reais sobre imóveis de valor superior a trinta vezes o maior salário mínimo vigente no País.

29. CC, Art. 1.864. São requisitos essenciais do testamento público:

    I – ser escrito por tabelião ou por seu substituto legal em seu livro de notas, de acordo com as declarações do testador, podendo este servir-se de minuta, notas ou apontamentos;

    II – lavrado o instrumento, ser lido em voz alta pelo tabelião ao testador e a duas testemunhas, a um só tempo; ou pelo testador, se o quiser, na presença destas e do oficial;

    III – ser o instrumento, em seguida à leitura, assinado pelo testador, pelas testemunhas e pelo tabelião. (omissis).

30. CC, Art. 819. A fiança dar-se-á por escrito, e não admite interpretação extensiva.

9.6 Quanto aos atos necessários

Aqui levamos em conta o número de atos a serem praticados para o aperfeiçoamento do negócio jurídico:

a) Simples:

O negócio se aperfeiçoa com um único ato praticado, como, por exemplo, a compra e venda à vista.

b) Complexos:

Quando se exige a prática de vários atos ou várias declarações de vontades para que o negócio se torne perfeito e acabado, como, por exemplo, a compra e venda de imóvel a prestação (vão ser praticados vários atos decorrentes do mesmo negócio, até que ele vai se aperfeiçoar completamente com outorga da respectiva escritura, ao final do pagamento das prestações).

c) Coligado:

Quando existe uma conexão entre os diversos contratos realizados, tais como o complexo comercial formado pelos *shoppings centers*, nos quais, ainda que distintos os contratos, todos eles se originam de um objeto comum. Podemos destacar ainda como exemplos os subcontratos de empreitadas, de fabricação e fornecimento de acessórios para produtos industrializados, de arrendamento e de locação.

9.7 Quanto ao conteúdo

No que diz respeito ao conteúdo econômico, podemos classificar o negócio jurídico realizado em:

a) Patrimonial:

São os negócios jurídicos que versam sobre questões passíveis de valoração econômica, envolvendo os direitos pessoais ou obrigacionais e os direitos reais.

b) Extrapatrimonial:

São aqueles negócios que não podem ser avaliados pecuniariamente, por se referirem a bens que estão fora do comércio, como os direitos personalíssimos ou os direitos de família, por exemplo.

9.8 Quanto aos efeitos

Todo negócio jurídico válido tem aptidão para gerar efeitos. Nesse sentido, vejamos a classificação:

a) Constitutivos (*ex nunc*):

Os efeitos do negócio jurídico se originam no ato de sua realização e se projetam para o futuro, como a compra e venda.

b) Declarativos (*ex tunc*):

Nesse caso os efeitos retroagem à data em que o fato jurídico se realizou e, desde aquela data e para o futuro, ele projeta seus efeitos, como, por exemplo, o reconhecimento do filho que retroage à data do nascimento do filho ou de sua concepção.

10. OUTRAS CLASSIFICAÇÕES

Existem outras classificações que levam em conta outros aspectos do negócio realizado, porém, a nosso ver, a classificação apresentada engloba a maioria das situações previstas pelos nossos doutrinadores.

LIÇÃO 14
ELEMENTOS DO NEGÓCIO JURÍDICO

Sumário: 1. Elementos constitutivos do negócio jurídico – 2. O trinômio: existência, validade e eficácia; 2.1 Requisitos de existência; 2.1.1 Declaração de vontade; 2.1.2 Finalidade negocial; 2.1.3 Idoneidade do objeto; 2.2 Requisitos de validade; 2.2.1 Agente capaz; 2.2.2 Objeto lícito, possível e determinado ou determinável; 2.2.3 Forma prescrita e não defesa em lei; 2.3 Requisitos de eficácia – 3. Teoria do negócio jurídico inexistente.

1. ELEMENTOS CONSTITUTIVOS DO NEGÓCIO JURÍDICO

Quando tratamos de negócios jurídicos, especialmente em face da possibilidade de realização dos mais variados atos negociais na vida moderna, vamos verificar que determinados negócios têm exigências específicas, porém, independentemente das especificidades de cada negócio, existem os elementos indispensáveis à sua existência, validade e eficácia, cuja classificação tradicional é a seguinte:

a) **Elementos essenciais:**

São os estruturais indispensáveis à existência do ato. Quer dizer, são elementos indispensáveis, de tal sorte que, **sem eles, o negócio jurídico será inexistente**. Podemos dividir os elementos essenciais em **gerais**, aqueles que são exigidos em todo e qualquer negócio jurídico, que são a declaração de vontade, a capacidade das partes e a licitude do objeto; e os **particulares,** que são aqueles que se referem a um determinado negócio jurídico em especial, como a coisa, o preço e o consentimento na compra e venda.

b) **Elementos naturais:**

Além dos elementos essenciais existem aqueles que vão existir por decorrência da própria natureza do negócio, tais como a responsabilidade do vendedor pelos vícios redibitórios (CC, art. 441, *caput*),[1] a responsa-

---

1. CC, Art. 441. A coisa recebida em virtude de contrato comutativo pode ser enjeitada por vícios ou defeitos ocultos, que a tornem imprópria ao uso a que é destinada, ou lhe diminuam o valor.

bilidade do alienante pela evicção (CC, art. 447),[2] o lugar de pagamento quando o contrato for omisso (CC, art. 327, *caput*).[3] Nesse caso, **esses elementos não necessitam nem constar do contrato, pois decorrem da própria lei.**

c) **Elementos acidentais:**

São estipulações acessórias que as partes podem, eventualmente, adicionar ao negócio jurídico, tais como a **condição** (CC, art. 121),[4] o **termo** (CC, art. 131),[5] o **encargo** (CC, art. 136).[6] Ainda que o negócio jurídico não necessite de nenhum desses elementos para sua validade, depois deles inseridos no contrato, passam a fazer parte integrante e obrigam ao seu fiel cumprimento, sob pena de invalidade.

2. O TRINÔMIO: EXISTÊNCIA, VALIDADE E EFICÁCIA

Foi Pontes de Miranda que estabeleceu esta escala (chama-se Ponteana) pela qual o negócio jurídico para ser pleno deve atender aos planos de existência, validade e eficácia.

Vamos estudar cada um desses elementos, pois, embora as pessoas considerem essas palavras como sinônimas, vamos verificar que cada uma delas tem significando diferente para o mundo dos negócios jurídicos, tendo em vista que o negócio pode existir, ter validade e ao mesmo tempo ser ineficaz.

2.1 Requisitos de existência

Os requisitos de existência são a **declaração de vontade, a finalidade negocial e a idoneidade do objeto**. Estes são os elementos indispensáveis à existência de qualquer negócio jurídico, de sorte a afirmar que, se faltar um deles, o negócio será considerado como inexistente. Vejamos.

---

2. CC, Art. 447. Nos contratos onerosos, o alienante responde pela evicção. Subsiste esta garantia ainda que a aquisição se tenha realizado em hasta pública.

3. CC, Art. 327. Efetuar-se-á o pagamento no domicílio do devedor, salvo se as partes convencionarem diversamente, ou se o contrário resultar da lei, da natureza da obrigação ou das circunstâncias.

4. CC, Art. 121. Considera-se condição a cláusula que, derivando exclusivamente da vontade das partes, subordina o efeito do negócio jurídico a evento futuro e incerto.

5. CC, Art. 131. O termo inicial suspende o exercício, mas não a aquisição do direito.

6. CC, Art. 136. O encargo não suspende a aquisição nem o exercício do direito, salvo quando expressamente imposto no negócio jurídico, pelo disponente, como condição suspensiva.

2.1.1 Declaração de vontade

É o pressuposto básico para a existência de qualquer negócio jurídico e essa declaração deverá ser, além de qualificada, livre e consciente, sob pena de invalidade do negócio. Essa manifestação pode ser expressa pelas mais variadas formas, senão vejamos:

a) **Declaração expressa:**

Quer dizer a declaração manifestada de maneira inequívoca que pode ser por palavras ou verbal (se o negócio não exigir forma escrita), por escrito (testamentos, por exemplo) verbal ou até mesmo por gestos (lance em leilão).

b) **Declaração tácita:**

Não há uma manifestação expressa, porém o agente pratica atos que indicam sua concordância com determinado ato, como, por exemplo, o herdeiro que não declara ter aceitado a herança, mas pratica atos de administração do patrimônio que lhe foi legado, donde se depreender que houve a aceitação (CC, art. 1.805, *caput*).[7]

c) **Declaração presumida:**

Nesse caso, ocorre quando a lei expressamente deduzir tal ocorrência como no caso da quitação pelo pagamento simbolizado pela entrega do título ao devedor (CC, art. 324, *caput*).[8]

d) **O silêncio:**

Como regra geral o silêncio nada representa do ponto de vista jurídico. Lembre-se: **quem cala nada diz**. Contudo, em circunstâncias especiais o silêncio também pode ser entendido como manifestação da vontade (CC, art. 111),[9] equiparando-se à manifestação tácita da vontade, como no caso da aceitação da doação (CC, art. 539)[10] ou a aceitação da herança (CC, art. 1.807).[11]

---

7. CC, Art. 1.805. A aceitação da herança, quando expressa, faz-se por declaração escrita; quando tácita, há de resultar tão somente de atos próprios da qualidade de herdeiro.

8. CC, Art. 324. A entrega do título ao devedor firma a presunção do pagamento.

9. CC, Art. 111. O silêncio importa anuência, quando as circunstâncias ou os usos o autorizarem, e não for necessária a declaração de vontade expressa.

10. CC, Art. 539. O doador pode fixar prazo ao donatário, para declarar se aceita ou não a liberalidade. Desde que o donatário, ciente do prazo, não faça, dentro dele, a declaração, entender-se-á que aceitou, se a doação não for sujeita a encargo.

11. CC, Art. 1.807. O interessado em que o herdeiro declare se aceita, ou não, a herança, poderá, vinte dias após aberta a sucessão, requerer ao juiz prazo razoável, não maior de trinta dias, para, nele, se pronunciar o herdeiro, sob pena de se haver a herança por aceita.

e) Reserva mental:

Ocorre a reserva mental quando um dos declarantes oculta a sua verdadeira intenção, porém **só terá relevância jurídica se a outra parte tinha conhecimento disso**, pois será equiparado à simulação, podendo ser invalidado (CC, art. 110).[12] Quer dizer, se a outra parte não tinha conhecimento da reserva mental, o negócio será válido e produzirá todos os seus efeitos, independentemente do que se passava no íntimo do declarante.

2.1.2 Finalidade negocial

Representa o propósito que moveu o agente na realização de um determinado negócio jurídico. É representado pela intenção de adquirir, conservar, modificar ou extinguir direitos. Sem essa intenção o negócio poderá estar viciado.

2.1.3 Idoneidade do objeto

Não deve ser confundida com o objeto ilícito, pois a idoneidade tem a ver com os requisitos ou qualidade que a lei exige para a prática de determinado ato.

Exemplos: só posso instituir uma hipoteca sobre bens imóveis e naqueles outros bens expressamente autorizados em lei (CC, art. 1.473).[13] Outro exemplo, só pode ser objeto de mútuo as coisas fungíveis (CC, art. 586),[14] assim como só pode ser celebrado contrato de comodato sobre bens infungíveis (CC, art. 579).[15]

---

12. CC, Art. 110. A manifestação de vontade subsiste ainda que o seu autor haja feito a reserva mental de não querer o que manifestou, salvo se dela o destinatário tinha conhecimento.
13. CC, Art. 1.473. Podem ser objeto de hipoteca:

    I – os imóveis e os acessórios dos imóveis conjuntamente com eles;

    II – o domínio direto;

    III – o domínio útil;

    IV – as estradas de ferro;

    V – os recursos naturais a que se refere o art. 1.230, independentemente do solo onde se acham;

    VI – os navios;

    VII – as aeronaves.

    VIII – o direito de uso especial para fins de moradia;

    IX – o direito real de uso;

    X – a propriedade superficiária.

    (omissis)...
14. CC, Art. 586. O mútuo é o empréstimo de coisas fungíveis. O mutuário é obrigado a restituir ao mutuante o que dele recebeu em coisa do mesmo gênero, qualidade e quantidade.
15. CC, Art. 579. O comodato é o empréstimo gratuito de coisas não fungíveis. Perfaz-se com a tradição do objeto.

2.2 Requisitos de validade

Os requisitos de validade são aqueles constantes do art. 104 do Código Civil, que já mencionamos em outras passagens e que recomendamos não sejam esquecidos jamais; são eles: **agente capaz; objeto lícito, possível, determinado ou determinável; e, forma prescrita ou não defesa em lei.** Vejamos cada um desses requisitos:

2.2.1 Agente capaz

Para que o negócio jurídico seja considerado válido, é necessário que o agente que o praticou tenha capacidade jurídica para tanto. Se o agente for incapaz (CC, arts. 3º e 4º) deverá ser representado (os absolutamente incapazes) ou assistido (os relativamente incapazes) por quem os represente (essa é a representação legal, que a lei estabelece e não precisa de procuração).[16] Na falta de representação o ato será considerado nulo (CC, art. 166, I)[17], e no caso de falta de assistência o ato será anulável (CC, art. 171, I).[18]

De regra os atos devem ser praticados pela própria pessoa, porém temos no nosso ordenamento jurídico a figura da representação pela qual uma pessoa pode praticar determinados atos por outra desde que investida de procuração (essa é a representação convencional), se a isso não se opuser a própria natureza do direito em jogo (direitos personalíssimos) ou ainda se a lei lhe outorgar o direito de representação (representação legal).[19]

Além disso, dependendo do negócio jurídico entabulado é preciso verificar se a lei exige alguma **legitimação especial** para a prática daquele ato. Algumas pessoas em razão de vínculos com a coisa ou com pessoas podem estar impedidas de praticarem determinados atos ou só o podem fazer atendendo determinadas

---

16. CC, Art. 3º São absolutamente incapazes de exercer pessoalmente os atos da vida civil os menores de 16 (dezesseis) anos.

    CC, Art. 4º São incapazes, relativamente a certos atos ou à maneira de os exercer:

    I – os maiores de dezesseis e menores de dezoito anos;

    II – os ébrios habituais e os viciados em tóxico;

    III – aqueles que, por causa transitória ou permanente, não puderem exprimir sua vontade;

    IV – os pródigos.

    Parágrafo único. A capacidade dos indígenas será regulada por legislação especial.

17. CC, Art. 166. É nulo o negócio jurídico quando:

    I – celebrado por pessoa absolutamente incapaz;

18. CC, Art. 171. Além dos casos expressamente declarados na lei, é anulável o negócio jurídico:

    I – por incapacidade relativa do agente.

19. Na 16ª aula deste volume vamos tratar de maneira genérica do instituto da representação (CC, art. 115 a 120) e quando estudarmos contratos (vol. 3) voltaremos com mais detalhes ao tema do contrato de mandato (CC, arts. 653 a 692).

condições. Por exemplo, nenhum dos cônjuges pode alienar bens imóveis sem a outorga do outro (CC, art. 1.647, I)[20] ou a proibição de venda de ascendente para descendentes sem o consentimento dos demais interessados (CC, art. 496).[21]

2.2.2 Objeto lícito, possível e determinado ou determinável

Quando falamos de objeto do negócio jurídico, estamos nos referindo ao bem da vida sobre o qual recai o interesse do indivíduo, quer dizer, são as vantagens patrimoniais ou extrapatrimoniais que vão motivar a realização do negócio.

Se o objeto sobre o qual recair o negócio não for lícito, possível, determinado ou pelo menos determinável, este negócio será considerado nulo (CC, art. 166, II).[22]

Vejamos cada uma das previsões.

a) **Objeto lícito:**

Quando a lei fala em objeto lícito, devemos considerar também aquele objeto que não seja contra a moral, os bons costumes e a ordem pública. Assim, não pode ser objeto de negócio jurídico a venda de maconha (objeto ilícito), assim como não é aceito pelo ordenamento jurídico o contrato de prestação de serviços sexuais (embora não seja ilícito, ainda é considerado imoral).

Atenção: a ideia de moral e bons costumes deve ser entendida como situações que eticamente não sejam aceitas pela maioria das pessoas ditas honestas, num dado ambiente e em certa localidade.

b) **Objeto possível:**

Advirta-se desde logo que a possibilidade do objeto deve ser analisada do ponto de vista **físico** (material) e **jurídico** (legal). Não pode ser objeto do contrato uma prestação cuja realização seja fisicamente impossível, como a entrega de um objeto em Marte (impossibilidade física), ou algo que pode até ser fisicamente possível, mas que a lei proíba expressamente, como o negócio envolvendo herança de pessoa viva (impossibilidade jurídica).

---

20. CC, Art. 1.647. Ressalvado o disposto no art. 1.648, nenhum dos cônjuges pode, sem autorização do outro, exceto no regime da separação absoluta:

    I – alienar ou gravar de ônus real os bens imóveis.

21. CC, Art. 496. É anulável a venda de ascendente a descendente, salvo se os outros descendentes e o cônjuge do alienante expressamente houverem consentido.

    Parágrafo único. Em ambos os casos, dispensa-se o consentimento do cônjuge se o regime de bens for o da separação obrigatória.

22. CC, Art. 166. É nulo o negócio jurídico quando: (Omissis);

    II – for ilícito, impossível ou indeterminável o seu objeto.

A impossibilidade física deverá ser **absoluta** (impossível de ser realizada por qualquer um) e, em sendo assim, o negócio jurídico será nulo. Se a impossibilidade for **relativa** (só o devedor não pode realizar), não anulará o negócio jurídico (CC, art. 106).[23]

c) **Objeto determinado ou determinável:**

De regra, o objeto de qualquer negócio jurídico deve ser determinado de maneira clara e objetiva sob pena de não obrigar ao seu cumprimento (a venda do imóvel situado na rua tal, número tal, bairro Y e cidade X, matrícula tal). Admite-se, por exceção, que a coisa objeto da transação seja determinável, isto é, não está determinada neste momento, mas é possível de determinação em momento futuro (venda de coisa incerta, indicada pelo gênero e quantidade – CC, art. 243).[24]

2.2.3 Forma prescrita e não defesa em lei

Prevalece no nosso ordenamento jurídico a regra da plena liberdade contratual no que diz respeito à forma (CC, art. 107).[25] **Prevalece assim a forma livre**, isto é, a que não exige maiores formalidades, podendo o negócio ser realizado por instrumento público ou particular e até mesmo sem instrumento escrito, podendo ser verbal ou até mímico.

Por exceção, algumas vezes a lei exige **forma especial** ou **solene** e, quando assim for, deverá ser respeitado sob pena de invalidade do negócio jurídico entabulado (CC, art. 166, IV e V).[26] Quer dizer, em alguns negócios jurídicos, a lei exige alguma solenidade que deve ser obedecida pelas partes, sob pena de nulidade.

Em alguns casos, a lei impõe uma só forma para a realização do negócio, como, por exemplo, a escritura pública para os negócios envolvendo imóveis de valor acima de 30 salários mínimos (CC, art. 108).[27]

Outras vezes, deixa em mãos do particular uma opção dentre aquelas expressamente previstas em lei, como, por exemplo, o reconhecimento voluntário

---

23. CC, Art. 106. A impossibilidade inicial do objeto não invalida o negócio jurídico se for relativa, ou se cessar antes de realizada a condição a que ele estiver subordinado.
24. CC, Art. 243. A coisa incerta será indicada, ao menos, pelo gênero e pela quantidade.
25. CC, Art. 107. A validade da declaração de vontade não dependerá de forma especial, senão quando a lei expressamente a exigir.
26. CC, Art. 166. É nulo o negócio jurídico quando:
    (Omissis)
    IV – não revestir a forma prescrita em lei;
    V – for preterida alguma solenidade que a lei considere essencial para a sua validade.
27. CC, Art. 108. Não dispondo a lei em contrário, a escritura pública é essencial à validade dos negócios jurídicos que visem à constituição, transferência, modificação ou renúncia de direitos reais sobre imóveis de valor superior a trinta vezes o maior salário mínimo vigente no País.

do filho havido fora do casamento, que pode ser feito por mais de uma forma conforme consta do art. 1.609 do Código Civil.[28] A isso a doutrina chama de **forma plural**, isto é, um negócio solene com possibilidade de ser realizado por mais de uma forma, segundo a escolha do próprio agente.

Por último, podemos ainda identificar outra forma de imposição, que é aquela imposta pela vontade das partes (CC, art. 109),[29] que chamamos de **forma contratual**.

2.3 Requisitos de eficácia

Eficácia é a aptidão para produzir efeitos. De regra, o negócio jurídico válido e regularmente constituído encontra-se apto a gerar os efeitos pretendidos pelas partes. Contudo, pode ocorrer de, apesar de estar apto a produzir efeitos, o mesmo não ocorra, como o testamento, que é plenamente válido, mas somente irá gerar o efeito de transferir a propriedade para os herdeiros após a morte do testador.

Por isso é importante advertir: Não se confunda eficácia com validade porque **o negócio jurídico pode ser válido, porém ineficaz**, como **pode ser inválido e ser eficaz**.

Vejamos um exemplo de um negócio jurídico que pode ser invalidado: o negócio simplesmente anulável (realizado mediante coação, por exemplo) subsiste enquanto não for anulado e, em regra, nesse meio-tempo, produz todos os efeitos a que visava. Ainda nesse caso, pode ocorrer que ninguém tome a iniciativa de promover a anulação do negócio e, vencido o prazo de decadência (quatro anos),[30] o negócio jurídico que era viciado, agora irá prevalecer e tornar-se inatacável por aquele fundamento. Neste caso, irá adquirir eficácia plena.

A eficácia pressupõe a validade; mas, às vezes, o negócio jurídico **pode ser eficaz sem a necessária validade**. O casamento putativo, por exemplo, é inválido, mas a lei diz que ele produzirá efeitos com relação ao cônjuge eventualmente de

---

28. CC, Art. 1.609. O reconhecimento dos filhos havidos fora do casamento é irrevogável e será feito:

    I – no registro do nascimento;

    II – por escritura pública ou escrito particular, a ser arquivado em cartório;

    III – por testamento, ainda que incidentalmente manifestado;

    IV – por manifestação direta e expressa perante o juiz, ainda que o reconhecimento não haja sido o objeto único e principal do ato que o contém.

    Parágrafo único. O reconhecimento pode preceder o nascimento do filho ou ser posterior ao seu falecimento, se ele deixar descendentes.
29. CC, Art. 109. No negócio jurídico celebrado com a cláusula de não valer sem instrumento público, este é da substância do ato.
30. Ver CC, art. 178, I.

LIÇÃO 14 • ELEMENTOS DO NEGÓCIO JURÍDICO | **167**

boa-fé e aos filhos (CC, art. 1.561).[31] Cumpre esclarecer que considera-se putativo o casamento nulo ou anulável, mas contraído de boa-fé, ou seja, celebrado com a convicção de se tratar de um casamento plenamente válido.

Por outro lado, **podemos ter um negócio perfeitamente válido, porém ineficaz**. Recorde-se o caso do pacto antenupcial, que é um negócio jurídico plenamente válido, mas que não produzirá efeitos se o casamento não se realizar (CC, art. 1.653, parte final);[32] ou o negócio submetido à condição suspensiva que só irá gerar efeitos quando a condição acontecer (CC, art. 125);[33] ou ainda o já citado testamento, que só gerará efeitos quando o testador falecer (CC, art. 1.857).[34]

3. TEORIA DO NEGÓCIO JURÍDICO INEXISTENTE

O negócio jurídico é inexistente quando lhe falta algum elemento indispensável à sua formação, isto é, falta o agente, ou falta o objeto, ou não foi emitida a declaração de vontade.

Vamos supor que uma empresa emita duplicatas frias contra outra e que essa outra empresa venha a tomar conhecimento de que esse título está sendo levado a protesto. Nesse caso, o documento que instrui o protesto é um título inexistente, lastreado numa compra e venda também inexistente. Apesar dos transtornos que isso causará à empresa contra a qual está sendo lavrado o protesto, a mesma poderá ingressar em juízo, com uma **ação declaratória de inexistência de relação jurídica**, pois nesse caso falta causa (objeto) para a emissão do título em questão.

A teoria dos negócios jurídicos inexistentes não está expressamente prevista no Código Civil, porém ela é aceita unanimemente pela doutrina e pela jurisprudência, até por uma questão de lógica do sistema normativo brasileiro.

Os principais aspectos que cabe destacar são:

a) **É um nada jurídico:**

Sendo um nada jurídico, a ação judicial para desconstituí-lo é uma ação meramente declaratória, que apenas confirmará a inexistência do negócio.

---

31. CC, Art. 1.561. Embora anulável ou mesmo nulo, se contraído de boa-fé por ambos os cônjuges, o casamento, em relação a estes como aos filhos, produz todos os efeitos até o dia da sentença anulatória.
32. CC, Art. 1.653. É nulo o pacto antenupcial se não for feito por escritura pública, e ineficaz se não lhe seguir o casamento.
33. CC, Art. 125. Subordinando-se a eficácia do negócio jurídico à condição suspensiva, enquanto esta se não verificar, não se terá adquirido o direito, a que ele visa.
34. CC, Art. 1.857. Toda pessoa capaz pode dispor, por testamento, da totalidade dos seus bens, ou de parte deles, para depois de sua morte.

b) Ação declaratória de inexistência de relação jurídica:

Às vezes, quando a aparência do ato jurídico denotar evidências materiais que possam induzir à existência de um negócio jurídico, cabe ação para declarar a inexistência deste negócio, que terá os mesmos efeitos da declaração de nulidade.

c) Não é um vício ou defeito:

Diferencia-se dos defeitos dos negócios jurídicos porque, se houve vontade, mas ela foi manifestada mediante erro, dolo ou coação, o negócio, ainda que anulável, é existente enquanto não declarada a nulidade. Diferentemente será quando o negócio prescindir de elemento essencial na sua formação, como, por exemplo, o agente, pois neste caso o negócio parece existir, mas a rigor é inexistente.

Lição 15
INTERPRETAÇÃO
DOS NEGÓCIOS JURÍDICOS

Sumário: 1. Interpretação dos negócios jurídicos – 2. A intenção – 3. Boa-fé e usos e costumes – 4. Negócios benéficos e renúncia – 5. Contratos de adesão – 6. Fiança – 7. Transação – 8. Testamento – 9. Regras gerais de interpretação.

1. INTERPRETAÇÃO DOS NEGÓCIOS JURÍDICOS

Apesar dos contratos representarem o consenso entre as partes quando de sua celebração, isto não impede que sejam suscitadas dúvidas no curso de sua execução ou mesmo após a sua extinção.

Muitas vezes, vai ser necessário interpretar o negócio jurídico em face de alguma dubiedade ou mesmo imprecisão. Assim, a interpretação vai servir para aclarar o verdadeiro sentido e alcance do que foi manifestado como vontade pelas partes celebrantes. Quer dizer, será através da interpretação que irá se buscar identificar a vontade concreta dos contratantes.

É importante destacar que existe uma ciência de interpretação das leis, que é a hermenêutica jurídica. Porém, além das regras de hermenêutica, quando se tratar de negócio jurídico, vamos também utilizar as regras previstas no próprio Código Civil. É o que veremos a seguir.

2. A INTENÇÃO

Para o legislador a intenção vale mais do que aquilo que foi declarado no documento. Quer dizer, por esta regra o que importa é a vontade real (intenção) e não a vontade declarada (gramática).

Contudo, isso não pode ser levado ao extremo sob pena de causar uma insegurança jurídica. Quer dizer, o que foi escrito no contrato tem validade e será a base a partir da qual o julgador irá ponderar outros aspectos e, com bom senso, irá validar o contrato, ou não, segundo consiga apurar a real e verdadeira intenção dos contratantes no momento em que firmaram o pacto (CC, art. 112).[1]

3. BOA-FÉ E USOS E COSTUMES

Deve o intérprete presumir que os contratantes agiram com lealdade e boa-fé e, por conseguinte, firmaram o contrato dentro do entendimento que lhes seria permitido em face dos usos e costumes do lugar da celebração (CC, art. 113, *caput*).[2]

Nesse aspecto caberá ao julgador verificar se pelo que consta do documento é possível considerar-se como razoável, isto é, exequível para uma dada realidade. De outro lado, se a **boa-fé é sinônimo de honestidade, lealdade, sinceridade, franqueza e correção de proceder**, caberá ao intérprete verificar se, no caso concreto, estes requisitos foram respeitados.

Prestigiando a autonomia da vontade § 2º do citado art. 113 dispõe que as partes poderão livremente pactuar regras de interpretação, de preenchimento de lacunas e de integração dos negócios jurídicos diversas daquelas previstas em lei.

Vale ainda lembrar que a boa-fé é sempre presumida, enquanto a má-fé deve ser fartamente provada.

4. NEGÓCIOS BENÉFICOS E RENÚNCIA

Os negócios jurídicos benéficos, assim como a renúncia, devem ser interpretados restritivamente (CC, art. 114).[3]

A ideia é a de que, se alguém fez uma doação, não pode o intérprete querer fazer a interpretação desse negócio de forma a prejudicar mais ainda aquele que já se desfalcou do bem doado. Da mesma forma a renúncia, pois ela também pressupõe que alguém abriu mão de algo e não poderá ser mais prejudicado do que o que já está sendo ao renunciar àquele determinado negócio.

Assim, a interpretação deve ser restritiva, não se admitindo possa ter caráter ampliativa, de sorte a não piorar ainda mais a posição do doador/ renunciante.

---

1. CC, Art. 112. Nas declarações de vontade se atenderá mais à intenção nelas consubstanciada do que ao sentido literal da linguagem.
2. CC, Art. 113. Os negócios jurídicos devem ser interpretados conforme a boa-fé e os usos do lugar de sua celebração.
3. CC, Art. 114. Os negócios jurídicos benéficos e a renúncia interpretam-se estritamente.

LIÇÃO 15 • INTERPRETAÇÃO DOS NEGÓCIOS JURÍDICOS | **171**

5. CONTRATOS DE ADESÃO

Manda o legislador que, quando tratar-se de contrato de adesão, o intérprete deve fazer uma interpretação mais favoravelmente ao aderente (CC, art. 423).[4]

A lógica está no fato de que, se houver dúvidas ou ambiguidades no negócio entabulado, quem fez o contrato é que deve ser preterido na interpretação que, neste caso, deverá ser feita a favor de quem não participou da elaboração do contrato e que a ele tão somente após sua assinatura.

6. FIANÇA

A fiança também deve ser interpretada restritivamente, pois não se admite possa ser interpretada extensivamente (CC, art. 819).[5]

Aqui também a ideia é a de não prejudicar além do previsto expressamente no contrato aquele que afiançou terceiros.

7. TRANSAÇÃO

A transação é um negócio jurídico pelo qual as partes transatoras abrem mão de alguma coisa para assim poderem chegar a um determinado consenso. Quer dizer, a transação pressupõe que ambas as partes vão ceder e, por conseguinte, vão abrir mão de uma parcela de seus direitos para que seja válida a transação.

Ora, se as partes já fizeram concessões recíprocas para resolverem seus problemas, não seria adequado impor a qualquer uma delas novos sacrifícios, por isso determina o Código Civil que, nestes casos, a interpretação deverá ser feita restritivamente (CC, art. 843).[6]

8. TESTAMENTO

Diz o Código Civil que no testamento as cláusulas que suscitem dúvidas devem ser interpretadas procurando assegurar da melhor forma possível a vontade do testador (CC, art. 1.899).[7]

---

4. CC, Art. 423. Quando houver no contrato de adesão cláusulas ambíguas ou contraditórias, dever-se-á adotar a interpretação mais favorável ao aderente.
5. CC, Art. 819. A fiança dar-se-á por escrito, e não admite interpretação extensiva.
6. CC, Art. 843. A transação interpreta-se restritivamente, e por ela não se transmitem, apenas se declaram ou reconhecem direitos.
7. CC, Art. 1.899. Quando a cláusula testamentária for suscetível de interpretações diferentes, prevalecerá a que melhor assegure a observância da vontade do testador.

9. REGRAS GERAIS DE INTERPRETAÇÃO

Manda a boa hermenêutica que o intérprete utilize mais de uma regra de doutrina para bem avaliar o que lhe foi submetido a apreciação, de sorte a melhor atender aos reclamos das partes.

Nesse sentido, além das regras de interpretação positivadas no Código Civil, vejamos algumas regras aceitas pela doutrina e pela jurisprudência.

a) **Nos contratos continuados:**

A melhor maneira de apurar a intenção dos contratantes é verificar o modo pelo qual vinha sendo executado, de comum acordo, o contrato.

b) **Interpretação favorável ao devedor:**

Na dúvida, deve-se interpretar o contrato de maneira menos onerosa para o devedor.

c) **Cláusulas conjuntas:**

Não se deve interpretar as cláusulas de maneira isolada, mas sim no seu conjunto.

d) **Obscuridade e dúvidas:**

Qualquer obscuridade ou dúvidas devem ser imputadas a quem redigiu a estipulação, já que podia ser claro e não foi.

e) **Cláusula com dois significados:**

Se houver no contrato cláusula com dois significados, deve se dar maior atenção àquela que pode ser mais facilmente exequível (princípio do aproveitamento).

f) **Na compra e venda:**

Todas as dúvidas, inclusive de extensão, devem ser interpretadas a favor do comprador.

Lição 16
REPRESENTAÇÃO[1]

> **Sumário:** 1. Conceito de representação – 2. Espécies de representação – 3. Espécies de representantes – 4. Prova da representação – 5. Atos que podem ser praticados por representantes – 6. Capacidade do representante e do representado – 7. Contrato consigo mesmo (autocontratação) – 8. Procuração em causa própria – 9. Substabelecimento – 10. Núncio ou emissário – 11. Negócio realizado em conflito de interesse com o representado – 12. Procuração *ad judicia* (mandato judicial).

1. CONCEITO DE REPRESENTAÇÃO

É a atuação jurídica de alguém (representante) em nome de outrem (representado), em função da lei ou do contrato, com a finalidade de adquirir, modificar ou resguardar direitos, cujos atos praticados vinculam o representado.

A **representação é uma ficção jurídica que permite que alguém pratique ou realize ato ou negócio jurídico em nome de outrem**, seja porque essa pessoa está impedida legalmente de realizar o negócio jurídico (representação legal dos incapazes), ou por qualquer outra impossibilidade física, como, por exemplo, a distância do lugar onde deva ser praticado o ato, doença do representado que o impede de comparecer e praticar o ato em seu próprio nome (representação convencional), dentre tantos outros.

> **Atenção:** o representante não é parte, pois pratica o ato não em seu nome, mas em nome de quem o investiu desse poder, de sorte que ele não fica vinculado ao negócio realizado. Quer dizer, **a vontade declarada é expressa pelo representante, mas quem fica vinculado é o representado**, pois foi em seu nome que o negócio foi realizado.

---

1. Essa matéria será melhor estudada quando tratarmos dos contratos no volume 3 desta coleção.

2. ESPÉCIES DE REPRESENTAÇÃO

Os poderes de representação podem ser conferidos a alguém por lei (representação legal) ou pela vontade do interessado (representação convencional ou voluntária), nos termos do nosso Código Civil (CC, art. 115).[2] Vejamos.

a) **Representação legal:**

É aquela que deriva da própria lei e é obrigatória, tais como a representação dos pais em nome de seus filhos menores; dos tutores pelos seus tutelados; do síndico pelo condomínio; do inventariante pelo espólio etc.

b) **Representação convencional ou voluntária:**

É aquela que decorre da vontade das partes, pela qual uma pessoa investe outra de poderes para agir em seu nome, através da procuração, que é o instrumento de mandato (CC, art. 653).[3]

3. ESPÉCIES DE REPRESENTANTES

Embora a representação seja de duas ordens, como vimos acima, existem três espécies de representantes: legal, judicial e convencional.

a) **Representante legal:**

É a representação que decorre da própria lei pela qual são conferidos a alguém poderes de administrar bens e interesses de terceiros, como no caso dos pais em relação aos filhos menores (ver CC, arts. 1.634 e 1.690).

b) **Representante judicial:**

O representante judicial é aquele que é nomeado pelo juiz, normalmente em um processo em andamento, como, por exemplo, o síndico como representante da massa falida, no processo de falência; o inventariante como representante do espólio, no processo de inventário etc.

c) **Representante convencional:**

É o representante escolhido e nomeado pelo interessado e que recebe a procuração para em seu nome praticar os atos cujos poderes estejam expressos nela. A procuração pode ser tácita, verbal ou escrita.

---

2. CC, Art. 115. Os poderes de representação conferem-se por lei ou pelo interessado.
3. CC, Art. 653. Opera-se o mandato quando alguém recebe de outrem poderes para, em seu nome, praticar atos ou administrar interesses. A procuração é o instrumento do mandato.

LIÇÃO 16 • REPRESENTAÇÃO **175**

4. PROVA DA REPRESENTAÇÃO

O representante tem a obrigação de provar às pessoas, com as quais vai transacionar em nome do representado, a sua **qualidade de representante, bem como quais os poderes que lhes foram conferidos**, sob pena de responder pelos excessos cometidos (CC, art. 118).[4]

Isso se justifica porque os atos praticados pelo representante (procurador) vinculam e obrigam o representado (outorgante da procuração), nos limites dos poderes outorgados (CC, art. 116).[5]

5. ATOS QUE PODEM SER PRATICADOS POR REPRESENTANTES

Exceto os atos personalíssimos e alguns atos ligados ao direito de família, todos os demais atos e negócios jurídicos podem ser praticados através de procuração, ficando o representado obrigado a cumprir os atos praticados por intermédio do representante.

Assim, não podem ser praticados por procurador os atos atinentes ao poder familiar: a curatela, a fidelidade conjugal ou a lavratura de testamento. Ou ainda o depoimento testemunhal em juízo, a prestação de serviço militar em nome de outro, por exemplo.

Alguns atos que parecem personalíssimos podem ser praticados pelo procurador, tais como o reconhecimento de filho havido fora do casamento (ver CC, art. 1.609, II) e, até mesmo, o ato de comparecimento à celebração do casamento em nome de um ou de ambos os nubentes (ver CC, art. 1.542).

6. CAPACIDADE DO REPRESENTANTE E DO REPRESENTADO

Somente as pessoas maiores e capazes podem outorgar procuração, tanto pública quanto particular, bastando ter a assinatura do outorgante (CC, art. 654).[6]

---

4. CC, Art. 118. O representante é obrigado a provar às pessoas, com quem tratar em nome do representado, a sua qualidade e a extensão de seus poderes, sob pena de, não o fazendo, responder pelos atos que a estes excederem.

5. CC, Art. 116. A manifestação de vontade pelo representante, nos limites de seus poderes, produz efeitos em relação ao representado.

6. CC, Art. 654. Todas as pessoas capazes são aptas para dar procuração mediante instrumento particular, que valerá desde que tenha a assinatura do outorgante.

   § 1º O instrumento particular deve conter a indicação do lugar onde foi passado, a qualificação do outorgante e do outorgado, a data e o objetivo da outorga com a designação e a extensão dos poderes conferidos.

   § 2º O terceiro com quem o mandatário tratar poderá exigir que a procuração traga a firma reconhecida.

Excepcionalmente o menor de 18 e maior de 16 anos pode ser mandatário, porém o mandante não tem ação contra ele se eventualmente exceder o mandato, senão de conformidade com as regras gerais, aplicáveis às obrigações contraídas por menores (CC, art. 666).[7]

7. CONTRATO CONSIGO MESMO (AUTOCONTRATAÇÃO)

Admite nosso ordenamento jurídico o chamado "contrato consigo mesmo", também chamado de "autocontratação", desde que isso não cause prejuízo ao representado, sob pena de ser anulado (CC, art. 117).[8]

> **Entendendo melhor:** pode ocorrer de uma mesma pessoa receber procuração de duas pessoas diferentes para, em nome de uma, vender um imóvel; e, em nome de outra, comprar aquele mesmo imóvel. O representante irá comparecer em cartório e assinará a escritura de compra e venda como vendedor (em nome de quem lhe outorgou procuração para vender) e assinará também como comprador (em nome de quem lhe outorgou procuração para comprar).
>
> **Outro exemplo:** pode também ocorrer que o representante seja a parte interessada no negócio jurídico a ser celebrado e, nesse caso, terá dois papéis: de um lado será o representante, atuando em nome de quem lhe outorgou o mandato; e, de outro, será ele mesmo agindo como contratante, em seu próprio nome.
>
> Veja-se que nas duas situações acima referenciadas caracteriza-se aquilo que a doutrina chama de "contrato consigo mesmo" ou "autocontratação", porque uma mesma pessoa estará assinando o contrato tanto como vendedor quanto como comprador.

8. PROCURAÇÃO EM CAUSA PRÓPRIA

Diferentemente dos tipos de representação que estudamos, a procuração em causa própria é outorgada pelo mandante não para a defesa do seu interesse, mas no interesse exclusivamente do próprio mandatário.

---

7. CC, Art. 666. O maior de dezesseis e menor de dezoito anos não emancipado pode ser mandatário, mas o mandante não tem ação contra ele senão de conformidade com as regras gerais, aplicáveis às obrigações contraídas por menores.

8. CC, Art. 117. Salvo se o permitir a lei ou o representado, é anulável o negócio jurídico que o representante, no seu interesse ou por conta de outrem, celebrar consigo mesmo.

   Parágrafo único. Para esse efeito, tem-se como celebrado pelo representante o negócio realizado por aquele em quem os poderes houverem sido subestabelecidos.

LIÇÃO 16 • REPRESENTAÇÃO **177**

É muito utilizado nas alienações de imóveis quando por qualquer conveniência as partes postergam a efetiva transferência do bem para data futura. Assim, o alienante juntamente com o compromisso de compra e venda, outorga a procuração que confere poderes ao adquirente de transferir o imóvel para seu nome.

É comum essa procuração ser concedida juntamente com os famosos "contratos de gaveta", especialmente quando envolve imóveis financiados por órgãos públicos ou mesmo por bancos particulares e o mutuário resolve transferir para outrem seus direitos de aquisição, sem a participação do governo ou do agente financeiro.

Como é uma procuração no exclusivo interesse do mandatário, o Código Civil diz que ele é irrevogável e que não se extinguirá pela morte de qualquer das partes e, como seria natural, o mandatário fica dispensado de prestar contas, podendo transferir para o seu nome os bens móveis ou imóveis objeto do mandato, devendo apenas obedecer às formalidades legais (CC, art. 685).[9]

> **Entendendo melhor**: vamos imaginar que Jojolino Sauro queria comprar o imóvel de Juka Bill. O imóvel está financiado pelo Banco Topa Tudo Por Dinheiro S/A, que não aprovou a transferência do financiamento porque Jojolino está com o nome inscrito no SERASA. Como o negócio interessa aos dois, ambos realizam o negócio com o imóvel (contrato de gaveta) e Juka outorga uma procuração para que Jojolino, ao final do pagamento das parcelas do financiamento, possa se apresentar perante o Banco como seu representante e reivindique a transferência do imóvel diretamente para seu nome.

9. SUBSTABELECIMENTO

Quando se trata de representação legal, não há falar-se em substabelecimento, tendo em vista ser impensável que o pai possa delegar a outrem suas responsabilidades decorrentes do poder familiar ou o inventariante transferir para outrem sua responsabilidade perante o juízo do inventário.

Quando se trata de representação convencional, nada obsta possa o representante transferir parte ou todos os poderes que lhes foram outorgados pelo representado.

---

9. CC, Art. 685. Conferido o mandato com a cláusula "em causa própria", a sua revogação não terá eficácia, nem se extinguirá pela morte de qualquer das partes, ficando o mandatário dispensado de prestar contas, e podendo transferir para si os bens móveis ou imóveis objeto do mandato, obedecidas as formalidades legais.

Permite o nosso Código que o substabelecimento seja por instrumento particular mesmo quando a procuração tenha sido outorgada por instrumento público (CC, art. 655).[10]

10. NÚNCIO OU EMISSÁRIO

Embora não haja expressa menção à figura do núncio ou emissário no Código Civil, é importante registrar que não se deve confundir esse instituto com a representação.

O núncio ou emissário é aquele que apenas transmite a vontade do próprio emitente, quer dizer, ele apenas se limita a transmitir o que lhe foi dito (se a ordem foi verbal) ou a entregá-la (quando foi escrita).

Assim, o núncio não tem nenhuma responsabilidade pelo conteúdo da declaração de vontade.

11. NEGÓCIO REALIZADO EM CONFLITO DE INTERESSE COM O REPRESENTADO

É perfeitamente possível que o representante possa realizar o negócio para o qual foi incumbido e acabe por exceder os poderes do mandato ou o exerça com manifesto abuso de direito.

Nesse caso, o Código Civil prevê duas soluções distintas conforme seja o caso (CC, art. 119),[11] vejamos:

a) **Terceiro de má-fé:**

É o caso do adquirente que sabia da situação conflitiva de interesses e ainda assim realizou o negócio. O negócio será anulável e o próprio representado poderá tomar a iniciativa de requerer judicialmente a declaração de nulidade.

b) **Terceiros de boa-fé:**

Se o terceiro com o qual o representante realizou o negócio desconhecia o conflito de interesse, o negócio será plenamente válido, porém o repre-

---

10. CC, Art. 655. Ainda quando se outorgue mandato por instrumento público, pode substabelecer-se mediante instrumento particular.

11. CC, Art. 119. É anulável o negócio concluído pelo representante em conflito de interesses com o representado, se tal fato era ou devia ser do conhecimento de quem com aquele tratou.
Parágrafo único. É de cento e oitenta dias, a contar da conclusão do negócio ou da cessação da incapacidade, o prazo de decadência para pleitear-se a anulação prevista neste artigo.

sentado terá direito de ação contra o representante para se ver ressarcido dos eventuais prejuízos, segundo os princípios da responsabilidade civil.

Atenção: em ambas as situações, o prazo para que o representado possa requerer em juízo a anulação do negócio é de 180 (cento e oitenta) dias, a contar da realização do negócio ou do fim da incapacidade e esse prazo é decadencial. Significa dizer que passado esse prazo, o negócio jurídico, ainda que imperfeito, não mais poderá ser anulado porque terá sido convalidado pelo decurso do tempo.

12. PROCURAÇÃO *AD JUDICIA* (MANDATO JUDICIAL)

Este é um tipo especial de procuração pela qual alguém nomeia um advogado, habilitando-o legalmente com poderes para representá-lo em juízo.

Por suas características, pode ser, a um só tempo, um contrato de mandato e de prestação de serviços, estando previsto no Código Civil (CC, art. 692),[12] no Código de Processo Civil (CPC, art. 105) e também no Estatuto da OAB (Lei nº 8.906/94, arts. 4º, 36, 37 e 38).

A procuração ***ad judicia*** pode ser concedida por instrumento público ou particular, mesmo quando envolva incapaz, e sendo particular, que é o mais comum, não há necessidade de reconhecimento de firma. Tratando-se de menor de idade, a procuração ad *judicia* deverá ser outorgada pelos seus pais. Se menor tiver entre 16 e 18 anos, deverá ser assistido por parte dos responsáveis, constando na procuração a presença e concordância dos mesmos. Se o menor for emancipado não necessitará de assistência, mas deverá comprovar documentalmente a emancipação.

Quem dá a procuração é chamado de outorgante enquanto quem recebe é chamado de outorgado e no documento deve constar a qualificação completa tanto de um quanto do outro, além de discriminar quais os poderes estão sendo outorgados.

---

12. CC, Art. 692. O mandato judicial fica subordinado às normas que lhe dizem respeito, constantes da legislação processual, e, supletivamente, às estabelecidas neste Código.

Lição 17
DOS ELEMENTOS ACIDENTAIS DOS NEGÓCIOS JURÍDICOS

Sumário:. I – Noções gerais – 1. Conceito dos elementos acidentais – 2. São eles: condição, termo e encargo – II – Condição – 3. Conceito de condição – 4. Requisitos necessários – 5. Condição legal – 6. Negócios que não admitem condições – 7. Classificação das condições; 7.1 Quanto à licitude; 7.2 Quanto à possibilidade; 7.3 Quanto às origens; 7.4 Quanto aos efeitos – 8. Retroatividade e irretroatividade da condição (efeitos *ex tunc ou ex nunc)* – 9. Pendência, implemento e frustração da condição – III – Termo – 10. Conceito de termo – 11. Espécies de termo; 11.1 Quanto à origem; 11.2 Quanto à sua ocorrência – 12. Prazo – 13. Contagem do prazo – 14. Negócios que não admitem termos – 15. Diferença entre termo e condição – IV – Encargo ou modo – 16. Conceito de encargo ou modo – 17. Campo de incidência – 18. Característica principal – 19. Outras características importantes.

I – NOÇÕES GERAIS

1. CONCEITO DOS ELEMENTOS ACIDENTAIS

Elementos acidentais dos negócios jurídicos são cláusulas acessórias, limitativas da vontade das partes que podem se manifestar de forma unilateral ou bilateral, acarretando modificações no que diz respeito à eficácia ou mesmo à abrangência do negócio entabulado.

É um elemento meramente **acidental, porque não é exigido como indispensável à validade dos negócios jurídicos**. Quer dizer, é uma cláusula que pode ser inserida nas declarações de vontade, mas que, se não for inserida, em nada prejudica o direito que as partes visam proteger.

Dizemos ainda que é uma **cláusula acessória porque ela não existe por si só**. Para existir, depende de uma declaração principal que pode ser o contrato, ou mesmo uma declaração unilateral da vontade.

2. SÃO ELES: CONDIÇÃO, TERMO E ENCARGO

Pode acontecer, em face das conveniências das partes, que as mesmas estipulem que determinado negócio jurídico só vai ter validade a partir de uma determinada data (termo); ou subordinar a sua eficácia a um determinado acontecimento futuro e incerto (condição); ou ainda impor a alguém que deva praticar uma determinada conduta, para fazer jus a uma doação (encargo).

Essas cláusulas serão válidas desde que não contrariem a lei, nem contradigam os elementos essenciais do contrato, pois se assim acontecer poderemos estar diante de uma anulabilidade do mesmo.

II – CONDIÇÃO

3. CONCEITO DE CONDIÇÃO

É a cláusula voluntária e acessória, derivada exclusivamente da vontade das partes, que disciplina um acontecimento futuro e incerto do qual irá depender a eficácia do negócio jurídico, pois é preciso que o mesmo ocorra, sob pena de não ocorrendo não se perfazer o direito protegido (CC, art. 121).[1]

Exemplo típico de condição é aquela em que o pai faz uma promessa para a filha de lhe doar um apartamento se ela casar com Jojolino. O apartamento só será dela quando a mesma se casar, pois nesse caso terá ocorrido o implemento da condição.

4. REQUISITOS NECESSÁRIOS

Com fundamento nos ensinamentos doutrinários, podemos identificar os seguintes elementos indispensáveis para validade da condição:

a) **Cláusula voluntária:**

É indispensável que a condição se origine da vontade das partes, isto é, que as partes queiram o evento ao qual subordinaram a eficácia do negócio realizado.

b) **Acontecimento futuro:**

---

1. CC, Art. 121. Considera-se condição a cláusula que, derivando exclusivamente da vontade das partes, subordina o efeito do negócio jurídico a evento futuro e incerto.

LIÇÃO 17 • DOS ELEMENTOS ACIDENTAIS DOS NEGÓCIOS JURÍDICOS **183**

A condição a que se subordina a eficácia ou a resolução do negócio tem que ser com relação a um evento futuro. Não será válida a condição se ela se referir a evento passado ou presente, ainda que as partes não tenham conhecimento dele.

c) **Incerteza do evento:**

Ainda, para sua validade, a condição deve se referir a algo incerto, pois tratando-se de evento certo, estaremos diante de termo.

d) **Evento possível:**

O evento embora futuro e incerto deve ser possível de se realizar, tanto do ponto de vista físico (não pode ser algo impossível de ser realizado) quanto jurídico (não pode afrontar a ordem jurídica).

e) **Licitude da condição:**

A condição deve ser lícita. Embora pareça ser dispensável dizer, vamos reafirmar que para validade da condição ela não pode afrontar a lei, os costumes, nem a moral (CC, art. 122).[2]

5. CONDIÇÃO LEGAL

Se a condição for uma imposição da própria lei, esta **não é uma verdadeira condição**, podendo ser chamada de condição imprópria.

Conforme já mencionamos, para validade da condição a mesma deve ser estipulada e aceita livremente pelas partes. Ocorre que muitas vezes a condição é imposta por lei e, em sendo assim, não é oriunda da vontade das partes, mas sim da vontade da lei, logo não há falar-se em condição nos termos como estabelecido no art. 121 do Código Civil.

Vejamos um exemplo: Jojolino adquire um imóvel com valor acima de 30 salários mínimos, paga à vista e o vendedor condiciona a lavratura da escritura a que ele pratique um ato qualquer. Esta "condição" imposta pelo vendedor é nula porque o instrumento público é da essência do ato de compra e venda de imóvel, logo é uma formalidade obrigatória, exigida por lei (CC, art. 108).[3]

---

2. CC, Art. 122. São lícitas, em geral, todas as condições não contrárias à lei, à ordem pública ou aos bons costumes; entre as condições defesas se incluem as que privarem de todo efeito o negócio jurídico, ou o sujeitarem ao puro arbítrio de uma das partes.

3. CC, Art. 108. Não dispondo a lei em contrário, a escritura pública é essencial à validade dos negócios jurídicos que visem à constituição, transferência, modificação ou renúncia de direitos reais sobre imóveis de valor superior a trinta vezes o maior salário mínimo vigente no País.

6. NEGÓCIOS QUE NÃO ADMITEM CONDIÇÕES

Embora a regra seja de que as pessoas podem livremente impor determinadas condições para validade do negócio jurídico, por exceção alguns negócios jurídicos **não admitem seja imposta qualquer condição** como, por exemplo, aqueles ligados aos **direitos de família e aos direitos da personalidade**.

Há toda uma lógica para assim ser, pois seria inadmissível que alguém impusesse uma condição ao nubente para a realização do seu casamento; ou impusesse uma condição para o reconhecimento de um filho (CC, art. 1.613);[4] ou para promover a adoção de alguém; ou ainda, para aceitação ou renúncia da herança (CC, art. 1.808, *caput*)[5] etc.

Também não se admite condição para o exercício dos direitos personalíssimos, tais como o direito à vida, à integridade física, à honra, à dignidade pessoal, à segurança, à liberdade etc.

7. CLASSIFICAÇÃO DAS CONDIÇÕES

Para efeito de estudos e melhor compreensão do tema, adotamos a seguinte classificação.

7.1 Quanto à licitude

a) **Lícita:**

São todas as condições que não contrariam a lei, a ordem pública, a moral e os bons costumes (ver CC, art. 122).

b) **Ilícita:**

Por conseguinte, serão ilícitas todas as condições que contrariarem estes preceitos, tais como a cláusula que impõe a alguém matar outra pessoa (isso é crime), ou de alguém se entregar à prostituição (embora não seja contrária à lei, é contrária à moral e aos bons costumes).

7.2 Quanto à possibilidade

a) **Possível:**

São aquelas que podem ser cumpridas do ponto de vista físico ou jurídico. É necessário que a condição seja possível de se realizar, pois se for impossível será considerada inexistente (CC, art. 124).[6]

---

4. CC, Art. 1.613. São ineficazes a condição e o termo apostos ao ato de reconhecimento do filho.
5. CC, Art. 1.808. Não se pode aceitar ou renunciar a herança em parte, sob condição ou a termo.
6. CC, Art. 124. Têm-se por inexistentes as condições impossíveis, quando resolutivas, e as de não fazer coisa impossível.

b) Impossível:

A impossibilidade, que tanto pode ser física (te dou cem reais se tocares o céu), quanto jurídica (impor como condição adotar alguém de mesma idade é impossível juridicamente, tendo em vista que a lei exige que o adotante seja 16 anos mais velho do que o adotado – ver ECA, art. 42, § 3º).

7.3 Quanto às origens

Quanto às origens, classificamos as condições como sendo casuais, potestativas, mistas, perplexas ou contraditórias e promíscuas; vejamos cada uma delas.

a) Casual:

São as condições que dependem de um fato alheio à vontade dos contratantes. Quer dizer, sua ocorrência fica na dependência do acaso. Nesse tipo de condição, as partes não têm poder para determinar ou mesmo para impedir o evento, como, por exemplo, "dar-te-ei tal quantia se não chover amanhã". Outro exemplo típico de condição casual suspensiva é a do jogador de loteria que compra o bilhete e fica na dependência de o mesmo vir a ser sorteado.

b) Potestativa:

São aquelas que decorrem da vontade ou do poder de uma das partes que pode provocar ou impedir que a condição venha a ocorrer. Podem ser puramente potestativa ou simplesmente potestativa.

Somente as puramente potestativas é que serão consideradas ilícitas (ver CC, art. 122, parte final), pois estaria a indicar que a conclusão do negócio ficaria a depender exclusivamente do capricho de um dos contratantes, como, por exemplo, dar-te-ei a Molly se eu quiser.

As simplesmente potestativas são admitidas como válidas pelo direito porque, além de dependerem da vontade de uma das partes, dependem também de algum acontecimento estranho à vontade da parte que as impõe, como, por exemplo, "dar-te-ei cem reais se fores ao Jardim Robru" (veja bem: ir ao Jardim Robru não depende somente da vontade da parte, pois vai depender também de ele ter condições de ir lá, de ter dinheiro para pagar a passagem, de ter tempo para se deslocar etc.).

Atenção: existem algumas condições potestativas previstas no Código Civil, tais como a cláusula contratual de arrependimento (ver CC, art. 420), a retrovenda (ver CC, art. 505), a cláusula suspensiva das vendas a contento (ver CC, art. 509) e a preempção nos contratos de compra e venda (ver CC, art. 513).

c) Mista:

Pode ainda acontecer de existirem condições que dependam da vontade de uma das partes e também da vontade de um terceiro. Nesse caso, chamaremos a condição de mista e esta será plenamente válida, como, por exemplo, "dar-te-ei cem reais se casares com fulano".

d) Perplexa ou contraditória:

São aquelas condições que não fazem sentido, cujo conteúdo é absurdo, causando confusão na sua interpretação e onde não fica claro o que foi estipulado de sorte que o negócio será inválido como, por exemplo, firmo um contrato de locação com a condição de que o locatário nele não se estabeleça (CC, art. 123, III).[7]

e) Promíscua:

A doutrina também reconhece esta modalidade de condição para aqueles casos em que a condição era inicialmente puramente potestativa, mas perdeu esse caráter em razão de fato superveniente estranho ao negócio realizado.

Exemplo: prometo um prêmio ao jogador que foi campeão este ano se ele participar do próximo torneio (condição puramente potestativa). Este jogador sofre um acidente e fica impossibilitado de participar do próximo torneio (este fato impede a realização da condição inicialmente proposta).

7.4   Quanto aos efeitos

No que diz respeito aos efeitos, as condições dividem-se em suspensiva (CC, art. 125)[8] e resolutiva (CC, art. 127).[9]

a) Suspensiva:

É aquela que condiciona a produção dos efeitos do ato a evento futuro e incerto, de tal sorte que, enquanto ele não se verificar, não se terá adquirido o direito que ele visa realizar. Neste caso, **a aquisição do direito fica condicionado a que o evento ocorra.**

---

7. CC, Art. 123. Invalidam os negócios jurídicos que lhes são subordinados:
   I– as condições física ou juridicamente impossíveis, quando suspensivas;
   II – as condições ilícitas, ou de fazer coisa ilícita;
   III – as condições incompreensíveis ou contraditórias.
8. CC, Art. 125. Subordinando-se a eficácia do negócio jurídico à condição suspensiva, enquanto esta se não verificar, não se terá adquirido o direito, a que ele visa.
9. CC, Art. 127. Se for resolutiva a condição, enquanto esta se não realizar, vigorará o negócio jurídico, podendo exercer-se desde a conclusão deste o direito por ele estabelecido.

LIÇÃO 17 • DOS ELEMENTOS ACIDENTAIS DOS NEGÓCIOS JURÍDICOS   **187**

Exemplo: faço uma promessa de venda e compra pela qual me comprometo a vender meu Monza 82 para Juka, se neste ano for lançado pela General Motors um modelo novo.

b) **Resolutiva:**

É a cláusula que extingue o negócio jurídico se o evento contratualmente previsto vier a acontecer. Neste caso, o direito é exercido desde logo, porém poderá ser extinto se acontecer o evento ao qual ela fica subordinada. **Pode ser expressa**, quando constar do contrato; **ou tácita**, quando se pode presumir sua existência em face do negócio realizado.

Exemplo: faço um compromisso com meu filho de pagar as mensalidades de sua faculdade se ele não ficar reprovado em nenhuma matéria.

Entendendo melhor: se o evento acontecer (ser reprovado na faculdade) não estarei mais obrigado a pagar a faculdade.

8. RETROATIVIDADE E IRRETROATIVIDADE DA CONDIÇÃO (EFEITOS *EX TUNC OU EX NUNC*)

Saber se a condição pode retroagir ou não só tem importância para os contratos de execução continuada, como, por exemplo, na relação locatícia em que, ocorrendo o implemento da condição resolutiva estipulada, os atos já praticados não perdem sua eficácia, como o pagamento dos aluguéis e encargos.

Nosso Código Civil admite a condição suspensiva resolutória retroativa como regra, estabelecendo a irretroatividade como exceção (CC, art. 128),[10] até porque a retroatividade tem como maior escopo proteger o credor do direito condicional, que não poderá ser prejudicado por evento posterior que lhe onere ou prive de utilidade o bem prometido condicionalmente (CC, art. 126).[11]

9. PENDÊNCIA, IMPLEMENTO E FRUSTRAÇÃO DA CONDIÇÃO

Estabelecida a condição, poderemos identificar três fases distintas, que são a pendência, o implemento e a frustração da condição:

---

10. CC, Art. 128. Sobrevindo a condição resolutiva, extingue-se, para todos os efeitos, o direito a que ela se opõe; mas, se aposta a um negócio de execução continuada ou periódica, a sua realização, salvo disposição em contrário, não tem eficácia quanto aos atos já praticados, desde que compatíveis com a natureza da condição pendente e conforme aos ditames de boa-fé.
11. CC, Art. 126. Se alguém dispuser de uma coisa sob condição suspensiva, e, pendente esta, fizer quanto àquela novas disposições, estas não terão valor, realizada a condição, se com ela forem incompatíveis.

a) Pendência:

Enquanto não ocorre ou não se frustra o evento futuro e incerto, considera-se que o negócio está pendente, de sorte que, pendente a condição suspensiva, não se terá adquirido o direito que visa o negócio assegurar (ver CC, art. 125). Já com relação à condição resolutiva, o direito pode ser exercido desde logo, porém será extinto se o evento acontecer (ver CC, art. 127).

Atenção: enquanto pendente a condição, a parte é titular de um direito eventual, porém pode praticar os atos necessários à conservação do seu direito, utilizando para tanto os meios judiciais quanto os extrajudiciais úteis e necessários para repelir qualquer ameaça (CC, art. 130).[12]

b) Implemento:

É a ocorrência do evento. Quer dizer, verificando a ocorrência da condição, dizemos que houve o implemento da mesma, quando então o negócio que era condicional passa a valer desde o início como se nunca tivesse sido condicional.

c) Frustração:

Podemos dizer que houve a frustração da condição suspensiva quando o evento futuro e incerto ao qual se condicionava a validade do negócio não se realiza. Quer dizer, o evento futuro e incerto não aconteceu no período estipulado, de tal sorte que considera-se como se o negócio nunca tivesse existido.

Exemplo: prometo para Fernanda que darei a ela meu Monza 82 se ela passar no vestibular de direito da USP no ano de 2023. Realizado o vestibular, se ela não for aprovada diremos que houve a frustração da condição. Quer dizer, não ocorrendo a condição, o negócio estará frustrado e a minha promessa de doação fica como se nunca tivesse existido.

III – TERMO

10. CONCEITO DE TERMO

É o evento futuro e certo que determina a eficácia do negócio jurídico condicionada a uma determinada data que indica o momento a partir do qual o exercício do direito se inicia ou se extingue.

---

12. CC, Art. 130. Ao titular do direito eventual, nos casos de condição suspensiva ou resolutiva, é permitido praticar os atos destinados a conservá-lo.

LIÇÃO 17 • DOS ELEMENTOS ACIDENTAIS DOS NEGÓCIOS JURÍDICOS **189**

Melhor dizendo: é a cláusula contratual que fixa um determinado dia em que começa ou se extingue a eficácia de determinado negócio jurídico. O termo não suspende a aquisição de direito porque, embora futuro, ele é dotado de certeza (CC, art. 131).[13]

Exemplo: alguém assina hoje um contrato de locação de um determinado imóvel, com uma cláusula de que o locador dará posse no trigésimo dia após a sua assinatura. Quer dizer, a partir do momento em que as partes celebraram o contrato, o locatário terá adquirido o direito de usar o imóvel, contudo deverá esperar chegar à data aprazada para poder exercitar esse direito.

11. ESPÉCIES DE TERMO

Conforme seja o termo, podemos classificar de duas formas: quanto à origem e quanto à sua ocorrência, vejamos.

11.1 Quanto à origem

Nessa classificação toma-se como referência o fato que originou o termo se a livre vontade das partes (convencional) ou se por imposição de lei (legal ou de direito):

a) **Convencional:**

É o mais comum e decorre da vontade das partes que podem livremente estipular uma data à qual ficará subordina a eficácia do negócio jurídico realizado.

b) **Legal ou de direito:**

É aquele que decorre da lei, isto é, independe da vontade das partes. Quer dizer, é a lei que estabelece um termo para o início de vigência de um determinado ato como, por exemplo, a contagem dos juros de mora cujo termo inicial é o da citação inicial do devedor (CC, art. 405).[14]

11.2 Quanto à sua ocorrência

Nessa classificação tomamos como referência à data a partir da qual o negócio jurídico irá gerar efeitos, vejamos:

a) **Certo ou incerto:**

Embora o termo seja sempre um evento certo, pode ser que a sua ocorrência fica ao sabor do acaso quando então diremos que o termo é incerto,

---

13. CC, Art. 131. O termo inicial suspende o exercício, mas não a aquisição do direito.
14. CC, Art. 405. Contam-se os juros de mora desde a citação inicial.

como no caso de validade de um negócio condicionado à morte de seu proprietário. Dessa forma, o termo será certo (*certus an certus*) quando tiver uma data determinada e incerto (*certus an incertus*) quando esta data fique ao acaso.

Exemplo: Dar-te-ei esse automóvel quando você concluir o curso de direito (termo certo). Dar-te-ei esse imóvel após a morte do seu pai (termo incerto).

b) **Inicial ou suspensivo e final ou resolutivo:**

Se tomarmos como exemplo um contrato de locação, poderemos identificar o termo inicial (*dies a quo*) como a data a partir da qual o contrato começa a sua vigência; e, a data do término (*dies ad quem*) da locação como o termo final.

12. PRAZO

É o lapso de tempo decorrido entre a declaração da vontade e a superveniência do termo. É também o tempo que medeia entre o termo inicial e o termo final.

Logo, não se deve confundir *termo* com *prazo*, porque prazo é o tempo que se mede entre o termo inicial e o termo final.

a) **Termo inicial ou suspensivo:**

Corresponde à data fixada para ter início a vigência de um determinado contrato. É o chamado *dies a quo*.

b) **Termo final ou resolutivo:**

É a data fixada para o término da eficácia do negócio jurídico, também chamada de *dies ad quem*.

c) **Termo de graça:**

É a prorrogação do prazo normalmente concedida pelo credor ao devedor ou, em algumas situações, por decisão judicial, como aquela em que o juiz acolhe o pedido de uma das partes deferindo uma data posterior para o cumprimento de determinada obrigação.

13. CONTAGEM DO PRAZO

Contam-se os prazos por inteiro, da meia-noite de um dia até a meia-noite do dia seguinte. Os prazos contam-se excluindo o dia de começo e incluindo o dia de vencimento (CC, art. 132).[15]

---

15. CC, Art. 132. Salvo disposição legal ou convencional em contrário, computam-se os prazos, excluído o dia do começo, e incluído o do vencimento.

Na eventualidade de o dia de vencimento coincidir com um feriado, prorroga-se o prazo final para o primeiro dia útil subsequente.

Quando a lei ou o contrato referir-se a meado do mês, entende-se como sendo o décimo quinto dia do mês em questão. Quando o prazo for em horas, conta-se minuto a minuto.

Embora já tenhamos assinalado, vale repisar que a data do início de vigência do negócio chama-se *dies a quo* (que é o termo inicial); e a data que marca o fim da vigência do negócio, *dies ad quem* (termo final).

14. NEGÓCIOS QUE NÃO ADMITEM TERMOS

Assim como na condição, alguns negócios jurídicos não admitem o termo, tais como a aceitação ou renúncia da herança (ver CC, art. 1.808); o reconhecimento de filho (ver CC, art. 1.613); assim como a quase totalidade dos direitos de família e dos direitos da personalidade. Outros exemplos: adoção, a emancipação, o casamento etc.

15. DIFERENÇA ENTRE TERMO E CONDIÇÃO

A condição subordina a eficácia do negócio a evento futuro e incerto, enquanto o termo, mesmo sendo um evento futuro, tem eficácia garantida a partir da data aprazada.

Os dois institutos são tão assemelhados que o legislador manda aplicar ao termo, no que couber, as disposições atinentes às condições suspensivas e resolutivas (CC, art. 135).[16]

IV – ENCARGO OU MODO

16. CONCEITO DE ENCARGO OU MODO

É a cláusula pela qual o autor da liberalidade impõe ao beneficiário a obrigação de cumpri-la sob risco de, não o fazendo, poder ser revogada.

---

§ 1º Se o dia do vencimento cair em feriado, considerar-se-á prorrogado o prazo até o seguinte dia útil.

§ 2º Meado considera-se, em qualquer mês, o seu décimo quinto dia.

§ 3º Os prazos de meses e anos expiram no dia de igual número do de início, ou no imediato, se faltar exata correspondência.

§ 4º Os prazos fixados por hora contar-se-ão de minuto a minuto.

16. CC, Art. 135. Ao termo inicial e final aplicam-se, no que couber, as disposições relativas à condição suspensiva e resolutiva.

17. CAMPO DE INCIDÊNCIA

É cláusula aposta nas liberalidades, quer dizer, nos negócios jurídicos gratuitos, tais como nas doações (*inter vivos*), ou nos testamentos (*causa mortis*) através dos quais o autor da liberalidade impõe determinado encargo a quem recebe a doação ou a deixa testamentária.

Como regra, o encargo não suspende a aquisição nem o exercício do direito, exceto quando constar na doação como condição suspensiva (CC, art. 136).[17]

> **Exemplo:** Juka Bill deixa de herança um determinado bem para Jojolino com a obrigação dele cuidar de determinada pessoa ou animal de estimação.
>
> **Outro Exemplo:** Auricreia faz uma doação de um terreno a uma entidade ou pessoa, com a obrigação de que a mesma edifique um hospital, uma creche ou um asilo.

18. CARACTERÍSTICA PRINCIPAL

A característica marcante do instituto é a obrigatoriedade, podendo seu cumprimento ser exigido por meio de ação cominatória (CC, art. 553),[18] pois, no mais das vezes, implica em uma obrigação de dar (doar uma esmola mensal para os pobres), de fazer (construir um canil para recolhimento de cães abandonados), ou de não fazer (não demolir a capela).

19. OUTRAS CARACTERÍSTICAS IMPORTANTES

O encargo ou modo, enquanto cláusula acessória aos negócios jurídicos benéficos, além da obrigatoriedade, tem ainda as seguintes características:

a) **Não pode representar uma contraprestação:**

Embora o encargo imponha uma determinada obrigação ao donatário, não pode ser uma espécie de troca, quer dizer, não pode ser instituído como se fosse uma retribuição por alguma coisa.

---

17. CC, Art. 136. O encargo não suspende a aquisição nem o exercício do direito, salvo quando expressamente imposto no negócio jurídico, pelo disponente, como condição suspensiva.
18. CC, Art. 553. O donatário é obrigado a cumprir os encargos da doação, caso forem a benefício do doador, de terceiro, ou do interesse geral.
   Parágrafo único. Se desta última espécie for o encargo, o Ministério Público poderá exigir sua execução, depois da morte do doador, se este não tiver feito.

b) Não obrigatoriedade:

O beneficiário não é obrigado a aceitar, pois, tendo tomando ciência do encargo que lhe foi imposto, terá a oportunidade de dizer se aceita ou renuncia ao mesmo.

c) Força coercitiva:

O encargo é coercitivo na exata medida em que, depois de aceito, pode ser exigido judicialmente o seu cumprimento por quem tenha legítimo interesse, inclusive o representante do MP.

d) Licitude do encargo:

Deve ser uma obrigação lícita e possível de ser realizada, tanto do ponto de vista jurídico quanto físico (CC, art. 137).[19]

e) Resolução da liberalidade:

Não cumprido o encargo por qualquer que seja a razão, a liberalidade poderá ser revogada (CC, art. 555).[20]

f) Incidência:

Embora o encargo seja comum nas doações, podemos encontrá-la também no testamento, na cessão gratuita, na promessa de recompensa, na renúncia e em outras declarações unilaterais da vontade.

---

19. CC, Art. 137. Considera-se não escrito o encargo ilícito ou impossível, salvo se constituir o motivo determinante da liberalidade, caso em que se invalida o negócio jurídico.
20. CC, Art. 555. A doação pode ser revogada por ingratidão do donatário, ou por inexecução do encargo.

LIÇÃO 18
DEFEITOS DOS NEGÓCIOS JURÍDICOS

Sumário: I – Noções gerais – 1. Defeito do negócio jurídico – 2. Defeitos que podem invalidar o negócio jurídico – II – Erro ou ignorância – 3. Conceito de erro e ignorância – 4. Espécies – 5. Características do erro substancial – 6. Erro escusável – 7. Erro real – 8. Erro obstativo ou impróprio – 9. Falso motivo – 10. Transmissão errônea da vontade – 11. Erro na indicação de pessoa ou coisa – 12. Erro de conta ou de cálculo – 13. Convalescimento do erro – III – Dolo – 14. Conceito de dolo – 15. Diferenciação do dolo com outros vícios – 16. Espécies de dolo – IV – Coação – 17. Conceito de coação – 18. Espécies de coação – 19. Requisitos – 20. Exercício regular de direito e temor reverencial – 21. Coação de terceiro – V – Estado de perigo – 22. Conceito de estado de perigo – 23. Requisitos – 24. Justificativas para anulação do negócio – VI – Lesão – 25. Conceito de lesão – 26. Requisitos – 27. Premência e inexperiência – 28. Efeitos da lesão – 29. Presença da lesão em outras leis – VII – Fraude contra credores – 30. Conceito de fraude a credores – 31. Requisitos da ação pauliana – 32. Terceiro de boa-fé – 33. Hipóteses legais – 34. Ação cabível contra a fraude – 35. Fraude à execução – VIII – Conclusão – 36. Resumo quanto aos vícios da vontade – 37. Decadência.

I – NOÇÕES GERAIS

1. DEFEITO DO NEGÓCIO JURÍDICO

É a imperfeição ou anomalia que vicia a vontade manifestada e torna o negócio jurídico nulo ou anulável, pois, sendo a declaração da vontade requisito indispensável de existência e validade do mesmo, não se pode admitir nenhum defeito em sua formação.

> **Atenção:** essa vontade, para ser válida, além de ser qualificada, deve ser manifestada sem pressões ou constrangimentos, quer dizer, **a vontade deve ser livre e consciente sob pena de invalidade do negócio jurídico**.

2. DEFEITOS QUE PODEM INVALIDAR O NEGÓCIO JURÍDICO

A ordem jurídica não pode se conformar com um negócio jurídico que seja defeituoso, isto é, que tenha na sua formação um vício que possa comprometer a real intenção das partes celebrantes.

Para efeito de estudos, dividimos os defeitos dos negócios jurídicos em:

a) Vícios de consentimento:

São aqueles em que identificamos um desacordo entre a manifestação da vontade e o ato efetivamente praticado, que pode ocorrer por erro, dolo, coação, estado de perigo e lesão.

b) Vício social:

Aqui não se trata de um vício de vontade, mas sim de um negócio realizado em desconformidade com a lei ou com a boa-fé, com o objetivo de prejudicar terceiro, típica situação da fraude contra credores.

II – ERRO OU IGNORÂNCIA

3. CONCEITO DE ERRO E IGNORÂNCIA

Erro é a equivocada compreensão da realidade, já a ignorância é a ausência de conhecimento da realidade dos fatos ou da lei. Tanto num quanto noutro caso, o agente pratica determinado ato negocial que não celebraria se tivesse pleno conhecimento das circunstâncias.

4. ESPÉCIES

Conforme seja o grau e a importância do erro, classificamos em substancial ou essencial aquele apto a macular o negócio jurídico; e erro acidental ou incidental aquele que recai em motivos secundários, o qual, como regra, não tem o condão de invalidar o negócio realizado. Vejamos:

a) Substancial ou essencial:

É aquele erro que recai sobre as circunstâncias e os aspectos relevantes do negócio e deve agir como causa determinante na realização do negócio (CC, art. 138).[1] Ou seja, é aquele erro que, sem ele, o ato negocial não se realizaria.

---

1. CC, Art. 138. São anuláveis os negócios jurídicos, quando as declarações de vontade emanarem de erro substancial que poderia ser percebido por pessoa de diligência normal, em face das circunstâncias do negócio.

Exemplos: Jojolino acredita ter comprado parafusos quando em verdade eram pregos. Outro exemplo: o mesmo Jojolino recebe um imóvel pensando que lhe foi entregue em comodato, quando em verdade trata-se de uma locação.

b) Acidental ou incidental:

É o erro que recai sobre elementos circunstanciais, portanto menos relevantes e que não acarretam prejuízos às partes contratantes. Ou seja, é o tipo de erro que, mesmo que fosse conhecido, ainda assim o negócio se realizaria. Pode referir-se a qualidades ou quantidades do objeto fruto do negócio realizado.

Exemplo: Jojolino compra o imóvel da Rua Três Marias nº 24 e quando recebe a escritura verifica tratar-se do imóvel nº 21. Nesse caso, trata-se de um mero erro ou de digitação ou de indicação do imóvel que, a rigor, em nada modifica a vontade do comprador.

5. CARACTERÍSTICAS DO ERRO SUBSTANCIAL

O erro para tornar anulável o negócio jurídico deverá ser significativo, isto é, justificável e relevante, devendo recair em circunstâncias que o agente, tomando-se o homem médio como referência, não realizaria.

Aliás, o próprio Código Civil procura deixar claro quais seriam os erros substanciais (CC, art. 139),[2] os quais iremos ver em detalhes.

a) Sobre a natureza do negócio (*error in negotio*):

É aquele em que uma das partes manifesta sua vontade pretendendo e acreditando celebrar determinado negócio e, na verdade, realiza outro diferente.

Exemplos: alguém empresta e o outro entende que houve doação; alguém vende uma coisa e o outro entende que houve doação; alguém aluga um bem e a outra parte pensa tratar-se de comodato etc.

---

2. CC, Art. 139. O erro é substancial quando:

I – interessa à natureza do negócio, ao objeto principal da declaração, ou a alguma das qualidades a ele essenciais;

II – concerne à identidade ou à qualidade essencial da pessoa a quem se refira a declaração de vontade, desde que tenha influído nesta de modo relevante;

III – sendo de direito e não implicando recusa à aplicação da lei, for o motivo único ou principal do negócio jurídico.

b) **Sobre o objeto principal da declaração** (*error in ipso corpore*):

Esse é o tipo de erro que recai sobre a exata identidade do objeto do negócio.

Exemplos: alguém adquire um terreno que supõe valorizado porque na Av. Paulista e depois descobre que esta Av. Paulista não é em São Paulo, mas em cidade vizinha; ou, pessoa que adquire um quadro de um aprendiz pensando tratar-se de um pintor famoso etc.

c) **Sobre alguma qualidade essencial do objeto** (*error in corpore*):

Há um erro na formação da vontade, pois o motivo determinante do negócio é a crença de que o objeto possui determinadas qualidades que, em verdade, constata-se não possuir.

Exemplo: alguém adquire candelabros banhados a prata, pensando tratar-se de prata maciça; alguém adquire um quadro por alto preço por sabê-lo valioso, pensando ser original, e descobre que é uma cópia etc.

d) **Sobre a identidade da pessoa com quem contrata** (*error in persona*):

É uma espécie de erro que diz respeito à identidade ou qualidade da pessoa com quem o agente pratica o ato negocial, porém para que possa ser invocado como motivo de invalidação do negócio jurídico deverá ser demonstrado que ele influiu "de modo relevante" na formação da vontade manifestada (art. 139, II, segunda parte).

Exemplo: doação ou deixa testamentária a pessoa que o doador pensa que lhe salvou a vida, quando não foi aquela pessoa, mas outra.

Atenção: este estudo é importante inclusive para o fim de anulação do casamento, tendo em vista ser possível um dos cônjuges alegar desconhecimento de determinadas qualidades que recaiam sobre o parceiro como motivo determinante para a dissolução do casamento (ver CC, arts. 1.556 e 1.557).

e) **De direito** (*error juris*):

É o falso conhecimento, ignorância ou defeituosa interpretação da norma jurídica aplicável à espécie negocial. Quer dizer, não se trata de negar vigência ao cumprimento de nenhuma lei, mas de desconhecimento quanto às implicações jurídicas que recaem sobre o objeto do negócio.

Exemplo: pessoa contrata a importação de um objeto sem saber que existe lei proibindo tal importação.

6. ERRO ESCUSÁVEL

O erro para tornar o negócio jurídico anulável deve ter relevância, deve ter uma razão justificável, desculpável em comparação com o homem médio da sociedade. Se o erro for grosseiro, quer dizer decorrente da falta de diligência do contratante, não se poderá falar em erro escusável.

7. ERRO REAL

Além de escusável, para ser a causa da invalidade dos negócios jurídicos, o erro precisa ser efetivo, isto é, tenha potencial de causar um prejuízo real. Não basta ser substancial e escusável, é preciso que o erro seja palpável e que seja possível medir os prejuízos dele decorrentes.

8. ERRO OBSTATIVO OU IMPRÓPRIO

É aquele erro de grande relevância, exacerbado, que apresenta grande divergência entre as partes ou a coisa, e que obsta a formação do próprio negócio.

Podemos citar como exemplo o caso da pessoa que quer vender e o anúncio acaba sendo publicado como "locação". É o típico erro grosseiro que não vinculará o seu proponente.

9. FALSO MOTIVO

As razões de foro íntimo que levam as pessoas a realizar um negócio não maculam o negócio, a não ser que esse motivo esteja expressamente declarado no instrumento contratual como razão determinante (CC, art. 140).[3]

> **Exemplo:** alguém realiza a compra de um ponto comercial acreditando que tinha uma determinada média mensal de faturamento, que depois vem a se verificar não ser verdade. Se esse valor médio do faturamento constou do contrato de compra e venda, será motivo suficiente para anulação do negócio.

10. TRANSMISSÃO ERRÔNEA DA VONTADE

Se a declaração é feita a distância e o declarante se serve de interposta pessoa (mensageiro) ou faz uso de algum meio de comunicação (telegrama, fax ou

---

3. CC, Art. 140. O falso motivo só vicia a declaração de vontade quando expresso como razão determinante.

e-mail) e se a mensagem chega truncada ao destinatário, tal fato pode viciar o negócio, tornando-o anulável (CC, art. 141).[4]

11. ERRO NA INDICAÇÃO DE PESSOA OU COISA

Pode ocorrer o erro na indicação de uma pessoa ou de coisa, como, por exemplo, a pessoa beneficiária em testamento de um determinado bem como legado. Em ambos os casos, se for possível identificar a pessoa ou a coisa, o erro não viciaria o negócio jurídico (CC, art. 142).[5] Quer dizer, o legislador privilegiou mais a intenção do declarante do que a literalidade do que constou documentalmente, dotando assim o aplicador da norma de mais um instrumento de interpretação.

12. ERRO DE CONTA OU DE CÁLCULO

É aquele erro tipicamente acidental que não vicia o negócio jurídico realizado, pois pode ser facilmente corrigido, inclusive unilateralmente, mediante retificação pela parte declarante (CC, art. 143).[6]

13. CONVALESCIMENTO DO ERRO

Se houver disparidade entre o contratado e o que realmente as partes pretendiam celebrar, é dada oportunidade às partes de cumprir com o que deveria ser efetivamente contratado, corrigindo o erro (CC, art. 144).[7]

> **Exemplo:** Jojolino pensa que comprou terreno na quadra B, lote 2, porém adquiriu o lote B da quadra 2. Se o vendedor puder entregar o lote correto, o erro estará sanado e o negócio será plenamente válido.

III – DOLO

14. CONCEITO DE DOLO

Dolo é o artifício ou manobra astuciosa, empregado pelo agente ou terceiro com o fim de induzir a outra parte à prática de um ato que lhe é lesivo, beneficiando o próprio agente ou a terceiro.

---

4. CC, Art. 141. A transmissão errônea da vontade por meios interpostos é anulável nos mesmos casos em que o é a declaração direta.
5. CC, Art. 142. O erro de indicação da pessoa ou da coisa, a que se referir a declaração de vontade, não viciará o negócio quando, por seu contexto e pelas circunstâncias, se puder identificar a coisa ou pessoa cogitada.
6. CC, Art. 143. O erro de cálculo apenas autoriza a retificação da declaração de vontade.
7. CC, Art. 144. O erro não prejudica a validade do negócio jurídico quando a pessoa, a quem a manifestação de vontade se dirige, se oferecer para executá-la na conformidade da vontade real do manifestante.

Explicando melhor: caracteriza-se o dolo quando alguém procura tirar vantagem da outra parte, induzindo-a a pensar que estaria fazendo um ótimo negócio quando, em verdade, o negócio lhe é lesivo, beneficiando o próprio agente ou terceiro.

15. DIFERENCIAÇÃO DO DOLO COM OUTROS VÍCIOS

O dolo tem muita parecença com outros institutos estudados neste capítulo. Vejamos quais são.

a) **Em relação ao erro:**

Conforme já vimos, o erro deriva de um equívoco da própria vítima que se engana sozinha; enquanto no dolo ela é levada a erro pelo autor ou por terceiro.

b) **Em relação à simulação:**

Na simulação a vítima é lesada sem participar do negócio, pois a parte se associa com outrem para simular uma situação visando fraudar a lei ou prejudicar terceiro; no dolo a vítima participa diretamente do negócio, embora desconheça a artimanha e a má-fé da outra parte.

c) **Em relação à fraude:**

A fraude se consuma sem a participação pessoal do lesado no negócio; no dolo o próprio lesado participa, embora iludido.

16. ESPÉCIES DE DOLO

Conforme seja a gravidade e as consequências do dolo, o classificamos da seguinte forma.

a) **Dolo principal e acidental:**

É principal ou essencial aquele dolo que for a causa determinante da declaração viciada, ou seja, o dolo propriamente dito que é causa de anulação do negócio jurídico (CC, art. 145).[8] Já o dolo acidental é aquele que, independentemente de sua presença, o negócio seria realizado, ainda que de outro modo, e que só autoriza o pleito de indenização pelos eventuais danos sofridos (CC, art. 146).[9]

---

8. CC, Art. 145. São os negócios jurídicos anuláveis por dolo, quando este for a sua causa.
9. CC, Art. 146. O dolo acidental só obriga à satisfação das perdas e danos, e é acidental quando, a seu despeito, o negócio seria realizado, embora por outro modo.

b) Dolo *bonus* e *malus*:

Bonus é o dolo tolerável, sem gravidade, que não chega a viciar o negócio. É algo que é aceito pela sociedade porque qualquer pessoa de mediana inteligência saberia que aquilo é um exagero, tal qual o comerciante que exacerba as qualidades e diz que seus produtos "são os melhores do mundo". Já o dolo capaz de tornar inválido o negócio jurídico é o *malus*, ou seja, aquele que se reveste de gravidade, que visa prejudicar a outra parte e da qual o agente tira proveito.

c) Dolo positivo (comissivo) **e negativo** (omissivo):

O dolo positivo é aquele em que há uma ação deliberada do agente visando induzir a outra parte a celebrar com ele o negócio jurídico em seu próprio prejuízo. Já o negativo é aquele que se caracteriza pelo silêncio intencional, ou seja, é a omissão dolosa de informação e fatos que seriam importantes para a outra parte conhecer. Também constitui motivo para anular o negócio se for provado que sem ela o negócio não se teria realizado (CC, art. 147).[10]

d) Dolo de terceiro:

O dolo será de terceiro quando praticado por pessoa estranha ao negócio. Se o beneficiário da manobra tinha conhecimento da ação dolosa, o negócio jurídico é anulável, porém, se ele não tomou ciência do dolo praticado, o negócio é válido, podendo o lesado reclamar do terceiro autor do dano, perdas e danos (CC, art. 148).[11]

e) Dolo do representante da parte:

É o dolo praticado por aquele que realiza o negócio jurídico em nome de outrem, ou seja, aquele que age em nome do representado. Se for o representante legal (pais, tutores ou curadores), o representado só responde civilmente até o valor correspondente ao seu proveito econômico. Se o representante for o convencional (procurador), o representado responderá solidariamente com o autor do dolo, inclusive por perdas e danos (CC, art. 149).[12]

---

10. CC, Art. 147. Nos negócios jurídicos bilaterais, o silêncio intencional de uma das partes a respeito de fato ou qualidade que a outra parte haja ignorado, constitui omissão dolosa, provando-se que sem ela o negócio não se teria celebrado.

11. CC, Art. 148. Pode também ser anulado o negócio jurídico por dolo de terceiro, se a parte a quem aproveite dele tivesse ou devesse ter conhecimento; em caso contrário, ainda que subsista o negócio jurídico, o terceiro responderá por todas as perdas e danos da parte a quem ludibriou.

12. CC, Art. 149. O dolo do representante legal de uma das partes só obriga o representado a responder civilmente até a importância do proveito que teve; se, porém, o dolo for do representante convencional, o representado responderá solidariamente com ele por perdas e danos.

LIÇÃO 18 • DEFEITOS DOS NEGÓCIOS JURÍDICOS | **203**

f) Dolo bilateral ou recíproco:

Se ambas as partes procederam com dolo, uma induzindo a outra a erro, não poderão nenhuma delas se socorrer do judiciário porque há um princípio basilar de direito que diz: "ninguém poderá se beneficiar da sua própria torpeza" (CC, art. 150).[13]

g) Dolo de aproveitamento:

É aquele que hoje se encontra representado pelo instituto da lesão (ver CC, art. 157), que será estudado nos próximos tópicos.

IV – COAÇÃO

17. CONCEITO DE COAÇÃO

Coação é a pressão moral ou pressão psicológica com ameaça de causar um mal grave ao próprio indivíduo, sua família ou seus bens, com a finalidade de obrigá-lo, contra a sua vontade, a realizar determinado negócio (CC, art. 151).[14]

18. ESPÉCIES DE COAÇÃO

a) Absoluta ou física (*vis absolutas*):

É aquela que tolhe totalmente a vontade do indivíduo, de tal sorte a poder afirmar que não há vontade, logo não existe vício, tendo em vista haver uma total ausência de vontade, sendo negócio jurídico nulo de pleno direito, pois a rigor a vontade foi totalmente excluída. **Nesse caso, o negócio jurídico é inexistente**.

Exemplo: alguém aponta uma arma para a cabeça de outrem e o obriga a assinar um documento.

b) Relativa ou moral (*vis compulsiva*):

Esta é a coação que nos interessa. **Essa é a coação psicológica ou moral, que é o vício de vontade propriamente dito**, porque, neste tipo, existe para o coagido uma certa possibilidade de escolha entre expor-se ao mal

---

13. CC, Art. 150. Se ambas as partes procederem com dolo, nenhuma pode alegá-lo para anular o negócio, ou reclamar indenização.
14. CC, Art. 151. A coação, para viciar a declaração da vontade, há de ser tal que incuta ao paciente fundado temor de dano iminente e considerável à sua pessoa, à sua família, ou aos seus bens.
    Parágrafo único. Se disser respeito a pessoa não pertencente à família do paciente, o juiz, com base nas circunstâncias, decidirá se houve coação.

resultante da ameaça ou concluir o negócio, ou seja, a vontade é cerceada, não é totalmente excluída.

Exemplo: alguém ameaça sequestrar seu filho se você não assinar um determinado documento.

19. REQUISITOS

Para caracterização da coação, são necessários alguns requisitos sob pena de não configurar o vício de consentimento ora em estudo. Assim, a coação:

a) **Deve ser a causa determinante do ato:**

Isto é, deve haver uma relação de causalidade entre a coação e o ato negocial realizado. Quer dizer, se não fosse a *vis compulsiva*, o negócio jurídico não teria sido realizado.

b) **Deve ser grave:**

É preciso que a ameaça de dano moral ou material seja grave e isto deverá ser aferido caso a caso, especialmente em razão das condições da pessoa coagida (CC, art. 152).[15]

Exemplo: uma ameaça dirigida a uma mulher pode ser para ela irresistível, enquanto para um homem a mesma ameaça talvez nada representaria.

c) **Deve ser injusta:**

A ameaça deve ser contrária ao direito, isto é, deve ser ilícita, pois, se for uma ameaça baseada no exercício regular de um direito, não configurará coação (CC, art. 153).[16]

Exemplo: se o credor ameaça protestar o título não pago, estará exercendo o seu direito e isto não configura coação.

d) **Deve dizer respeito a dano atual ou eminente:**

Deve se referir a dano atual e inevitável, pois se a ameaça é um ato impossível de realizar-se ou algo difícil de acontecer, ou ainda, algo possível de ser evitado, não tipificará coação.

e) **Deve ser ameaça de prejuízo à pessoa ou às pessoas de sua família ou ao patrimônio:**

Esta ameaça diz respeito à própria pessoa e seus familiares (no sentido mais amplo) e aos bens da vítima. Assim, alguém pode coagir outrem ameaçando atear fogo em sua propriedade ou na propriedade de seu pai,

---

15. CC, Art. 152. No apreciar a coação, ter-se-ão em conta o sexo, a idade, a condição, a saúde, o temperamento do paciente e todas as demais circunstâncias que possam influir na gravidade dela.
16. CC, Art. 153. Não se considera coação a ameaça do exercício normal de um direito, nem o simples temor reverencial.

bem como poderá coagir, ameaçando manter a própria pessoa ou alguém de sua família em cárcere privado (ver CC, art. 151, *caput*).

Atenção: se a ameaça for contra pessoa que não é da família da vítima, caberá ao juiz avaliar cada caso em particular, isto porque, quando se trata de alguém da família, presume-se haver afetividade entre seus membros; já com relação a terceiro isto é possível de acontecer, mas não é uma regra (ver CC, art. 151, parágrafo único – NR-14).

20. EXERCÍCIO REGULAR DE DIREITO E TEMOR REVERENCIAL

Se a ameaça consistir no exercício regular de um direito ou incutir na vítima um temor referencial, não configurará coação (ver CC, art. 153); vejamos:

a) **Uso regular de um direito:**

É o exercício normal do direito subjetivo de cada um. Se no exercício de seu direito alguém vem a incomodar outrem, isso por si só não caracterizará ato ilícito.

Exemplo: o credor avisa o devedor que se ele não pagar o título vencido, irá levá-lo a protesto. Podemos até dizer que o credor estará de certa forma "ameaçando" o devedor, porém protestar um título é seu direito, logo, ele não estará praticando nenhum ilícito.

b) **Temor reverencial:**

Temor reverencial é o receio de desgostar alguém a quem se deve obediência e respeito como os familiares, o superior hierárquico ou chefe religioso. É o medo de desgostar alguém e prejudicar a relação de afinidade. Neste caso, caberá ao juiz avaliar onde termina o simples temor e começa a coação propriamente dita, se for o caso.

Exemplo: alguém "ameaça" contar para o pastor um fato depreciativo da vida da vítima para assim forçá-la a realizar um determinado negócio. Isso não configura coação.

21. COAÇÃO DE TERCEIRO

A coação exercida por terceiro somente vicia o negócio realizado tornando-o anulável se dela a parte a quem aproveita (declaratário) tomou ou devesse tomar conhecimento, caso em que ambos, tanto o coator quanto a parte beneficiada, serão responsáveis solidariamente também pelas eventuais perdas e danos (CC, art. 154).[17]

---

17. CC, Art. 154. Vicia o negócio jurídico a coação exercida por terceiro, se dela tivesse ou devesse ter conhecimento a parte a que aproveite, e esta responderá solidariamente com aquele por perdas e danos.

Se, contudo, a parte beneficiária não tinha conhecimento da coação realizada por terceiros em seu benefício, o negócio valerá e a pessoa que foi coagida terá direito de ação contra o coator para se ver indenizada de todos os prejuízos que o ato lhe causou (CC, art. 155).[18]

V – ESTADO DE PERIGO

22. CONCEITO DE ESTADO DE PERIGO

É a situação em que o agente, necessitando salvar-se ou salvar alguém de sua família, se obriga a realizar negócio jurídico, assumindo obrigação excessivamente onerosa que, em condições normais, jamais realizaria.

Se a ameaça recair sobre pessoa que não é da própria família, caberá ao juiz analisar se os laços de afetividade justificariam o agir do declarante. Assim, o critério será o afetivo ou emocional que poderá ser aferido como no caso, por exemplo, da ameaça recair sobre a pessoa da madrasta, do afilhado, do irmão de criação etc. (CC, art. 156).[19]

> **Exemplo:** Tércio necessita internar seu pai em caráter de urgência num hospital e, frente a negativa do plano de saúde, lhe é exigido que assine uma nota promissória como garantia, e ele, não tendo outra alternativa, acaba aceitando fazê-lo. Neste caso, o negócio foi realizado em face do estado de necessidade de Tércio e poderá ser anulado.

23. REQUISITOS

Para caracterizar o estado de perigo não basta tão somente uma suposta ameaça de dano, é preciso preencher alguns requisitos, quais sejam:

a) **Uma situação de necessidade:**

Na dicção da lei o agente deverá estar premido de uma necessidade de salvar-se ou salvar alguém que lhe é querido.

---

18. CC, Art. 155. Subsistirá o negócio jurídico, se a coação decorrer de terceiro, sem que a parte a que aproveite dela tivesse ou devesse ter conhecimento; mas o autor da coação responderá por todas as perdas e danos que houver causado ao coacto.

19. CC, Art. 156. Configura-se o estado de perigo quando alguém, premido da necessidade de salvar-se, ou a pessoa de sua família, de grave dano conhecido pela outra parte, assume obrigação excessivamente onerosa.

 Parágrafo único. Tratando-se de pessoa não pertencente à família do declarante, o juiz decidirá segundo as circunstâncias.

b) Perigo de dano atual e grave:

A ameaça de dano deve ser real, não hipotética e, além disso, deve ser iminente, pois se for uma ameaça futura presume-se que haveria tempo hábil para a vítima se safar da pressão.

c) Nexo de causalidade:

Por óbvio que não se pode falar em anulação do negócio jurídico entabulado se não for possível provar que o negócio somente se realizou em face daquela situação. Quer dizer, é preciso que haja um nexo de causalidade entre a manifestação da vontade exarada e o perigo de dano.

d) Ameaça de dano à própria pessoa ou alguém de sua família:

Quando o perigo de dano refere-se à própria pessoa não há grandes problemas na sua identificação. Mais complexa é a situação quando envolve pessoas da família porque o legislador não especificou quais seriam esses parentes. Contudo, é nosso entendimento que se deve considerar a família no seu sentido mais amplo, tendo em vista que o legislador prevê a possibilidade de que até pessoas de fora da família possam influir na decisão da vítima. Quer dizer, o que deve ser aferido é o grau de proximidade e afetividade entre a vítima e a pessoa ameaçada de dano.

e) Conhecimento da situação pela parte contrária:

Para configurar o estado de perigo é também necessário que a outra parte saiba da situação e dela tente tirar proveito. Seria aquilo que poderíamos grosseiramente dizer: "tirar proveito da situação".

f) Assunção de obrigação excessivamente onerosa:

Também não se configurará estado de necessidade se a obrigação assumida se encontrar dentro da normalidade, isto é, não for uma prestação excessivamente onerosa.

24. JUSTIFICATIVAS PARA ANULAÇÃO DO NEGÓCIO

Prevê o Código Civil que o contrato firmado nestas circunstâncias poderá ser anulado se assim o desejar a vítima. Vale ressaltar que o negócio jurídico não é nulo, logo pode ser convalescido pela vontade das partes (podem ratificar o negócio) ou mesmo pelo decurso de tempo (a vítima deixa passar o prazo decadencial de quatro anos).

Alguns doutrinadores advogam que o contrato deveria ser mantido, expurgando-se tão somente a parte excessiva da cobrança, de sorte que houvesse uma contrapartida pelos serviços prestados.

Ouso discordar, pois entendo que, quando se trata de estado de perigo, **aquele que se beneficiou, tirando proveito da situação de necessidade da outra parte, deve ser punido civilmente com a anulação do contrato**. Não pensar assim significa a meu ver premiar a má-fé da parte contrária, tendo em vista que aquele que agiu dessa forma feriu de morte dois princípios importantes que estão atualmente positivados em nosso Código Civil: a função social dos contratos (CC, art. 421)[20] e a boa-fé (CC, art. 422).[21]

> **Conclusão:** a anulação deve ser vista como uma espécie de pena civil a ser dirigida contra aquele que se beneficiou do negócio.

VI – LESÃO

25. CONCEITO DE LESÃO

É o negócio jurídico realizado em que uma das partes, abusando da inexperiência da outra ou da sua premente necessidade, obtém vantagem exorbitante que, em condições normais, não auferiria (CC, art. 157).

> **Exemplo:** Jojolino, em face da necessidade de levantar dinheiro para pagar tratamento médico de seu pai, coloca à venda um imóvel por R$ 100 mil (valor de mercado do imóvel). Túlio, único interessado, oferece R$ 40 mil e Jojolino acaba por concordar, já que os R$ 40 mil são suficientes para as despesas médicas.

26. REQUISITOS

Para configuração da lesão, é necessária a presença de dois elementos: o subjetivo e o objetivo. Vejamos:

a) **Elemento objetivo:**

Representado pela grande desproporção entre as prestações recíprocas resultando em um lucro exagerado a favor da parte que se aproveita do negócio; e um prejuízo manifesto para a parte lesada.

---

20. CC, Art. 421. A liberdade contratual será exercida nos limites da função social do contrato.
Parágrafo único. Nas relações contratuais privadas, prevalecerão o princípio da intervenção mínima e a excepcionalidade da revisão contratual.
21. CC, Art. 422. Os contratantes são obrigados a guardar, assim na conclusão do contrato, como em sua execução, os princípios de probidade e boa-fé.

LIÇÃO 18 • DEFEITOS DOS NEGÓCIOS JURÍDICOS **209**

b) **Elemento subjetivo:**

Este pode ser identificado na inexperiência ou premente necessidade do lesado que se encontrava numa determinada situação em que sua capacidade de avaliação estava tolhida em face da urgência de realização do negócio.

Atenção: em ambos os casos, a desproporção deve ocorrer no momento da celebração do contrato, pois se ela se manifesta depois de ele realizado, estaremos diante da onerosidade excessiva (ver CC, art. 478), que é instituto diferente.

27. PREMÊNCIA E INEXPERIÊNCIA

Para caracterizar a lesão, o legislador fala em premência e inexperiência, cabendo esclarecer:

a) **Premência:**

A premência deve ser vista como essencialmente negocial, sempre contratual, não se identificando com o estado de perigo.

Exemplo: o lesado paga preço exorbitante pelo aluguel de um imóvel para o qual precisa mudar urgentemente em face de um despejo iminente do imóvel onde reside.

Outro exemplo: Tício, necessitando urgentemente levantar dinheiro para custear o tratamento de seu pai, põe a venda imóvel por 100 mil, e Túlio oferece 40 mil, e Tício acaba por concordar.

Conclusão: em ambos os casos, o negócio é anulável; porém, se a parte beneficiada fizer um desconto, no primeiro caso, ou complementar os valores no segundo, o negócio fica plenamente válido (CC, art. 157, § 2º).[22]

b) **Inexperiência:**

Esta tem a ver com a falta de reflexão sobre o negócio a ser realizado, significando a afoiteza, a pressa, ou mesmo a falta de experiência. Significa, em última análise, falta de vivência negocial. Quer dizer, não significa falta de cultura, porque a pessoa pode ser muito culta e ao mesmo tempo ser inexperiente com relação a alguns aspectos que envolvem o negócio jurídico entabulado.

---

22. CC, Art. 157. Ocorre a lesão quando uma pessoa, sob premente necessidade, ou por inexperiência, se obriga a prestação manifestamente desproporcional ao valor da prestação oposta.

§ 1º Aprecia-se a desproporção das prestações segundo os valores vigentes ao tempo em que foi celebrado o negócio jurídico.

§ 2º Não se decretará a anulação do negócio, se for oferecido suplemento suficiente, ou se a parte favorecida concordar com a redução do proveito.

Por exemplo: firmar um contrato de financiamento sem o auxílio de um contador e desconhecendo a política de juros, assumir uma dívida desproporcional em face do empréstimo obtido.

28. EFEITOS DA LESÃO

O lesado poderá pedir a anulação do negócio provando a ocorrência dos elementos já mencionados: o objetivo (desproporção entre as prestações) e o subjetivo (representado pela inexperiência ou premente necessidade), ou poderá pedir a revisão do contrato para expurgar o excesso que representou a vantagem da parte contrária.

Mesmo que a vítima peça a anulação do contrato, o beneficiado pela lesão poderá impedir a anulação do negócio oferecendo-se para completar o valor do preço ou reduzindo a vantagem que tinha auferido.

Atenção: no exemplo do item 25, o negócio não será anulado se Túlio completar o valor do preço de mercado do imóvel, ou seja, pagar mais R$ 60 mil, que é a diferença para completar o valor de R$ 100 mil (ver CC, art. 157, § 2º). Quer dizer, se ele completou o preço não existe mais a lesão e o negócio passa a ser regular.

29. PRESENÇA DA LESÃO EM OUTRAS LEIS

O instituto da lesão está previsto no Código de Defesa do Consumidor (Lei nº 8.078/90), especialmente quando considera nulo de pleno direito aquilo que denomina de práticas e cláusulas abusivas (ver CDC, arts. 39 e 51 e seus incisos); também está presente na Lei de Economia Popular (Lei nº 1.521/51), especialmente quando prevê o dolo de aproveitamento (art. 4º, alínea "b"); e constou também da histórica Lei da Usura (Decreto nº 22.626/33).

VII – FRAUDE CONTRA CREDORES

30. CONCEITO DE FRAUDE A CREDORES

É o ato praticado pelo devedor insolvente ou prestes a tornar-se insolvente, que dilapida seu patrimônio com o claro objetivo de reduzir as garantias de recebimento dos créditos de seus credores, vencidos ou a vencer.

Explicando melhor: é o negócio jurídico praticado pelo devedor que, sabendo que seus bens podem ser penhorados para pagamento das dívidas assumidas, os transfere para terceiros e assim tenta frustrar qualquer tentativa de seus credores em receberem seus créditos. Muitas vezes essa alienação é realizada de maneira verdadeira como, por exemplo, a doação para um filho; ou falsa como, por exemplo, a venda simulada para um parente ou amigo.

Vale lembrar: é o patrimônio do devedor que responde por suas dívidas (CPC, art. 789).[23] Se ele liquida seu patrimônio, quando o credor for executar a dívida que não foi paga, não encontrará bens que possam ser penhorados para satisfação do crédito.

31. REQUISITOS DA AÇÃO PAULIANA

Na ação que visa declarar a fraude contra credores, caberá ao credor provar em juízo 3 (três) requisitos fundamentais: a anterioridade do crédito além dos elementos objetivo e o subjetivo. Se não o fizer, poderá ver frustrada sua pretensão de anular o negócio entabulado pelo devedor fraudador. Vejamos:

a) **Anterioridade do crédito:**

Somente pode pleitear a anulação do negócio jurídico aquele credor que já o era ao tempo em que o devedor realizou a alienação (ver CPC, art. 158, § 2º). Quer dizer, se não havia dívida no momento da alienação (onerosa ou gratuita), não há falar-se em fraude a credores.

b) **Elemento subjetivo** (*eventus damni*):

É a prova do estado de insolvência do devedor que por sua vez vai representar um dano consistente em ato capaz de prejudicar o credor, impossibilitando-o de recebimento de seus créditos através da execução no patrimônio do devedor.

c) **Elemento subjetivo** (*consilium fraudis*):

É o conluio entre o devedor insolvente e a pessoa que com ele realizou o negócio fraudulento, isto é, o intuito malicioso de ilidir a cobrança pela má-fé.

Exceção: em algumas situações dispensa-se a prova do conluio porque a lei faz presumir que os atos de transmissão gratuita de bens (doações), bem como as remissões de dívidas antecipadas (perdão), ou ainda, o pagamento antecipado de dívidas ou o oferecimento de garantias de dívidas a outros credores quirografários (hipoteca, penhor ou anticrese) são atos fraudulentos, conforme veremos a seguir (ver CC, arts. 158, 162 e 163).

---

23. CPC, Art. 789. O devedor responde com todos os seus bens presentes e futuros para o cumprimento de suas obrigações, salvo as restrições estabelecidas em lei.

32. TERCEIRO DE BOA-FÉ

Se o adquirente do bem desconhecia o estado de insolvência do devedor, ou não tinha meios de saber, poderá se opor à penhora do bem através da ação chamada embargos de terceiro (CPC, art. 674),[24] na qual deverá provar de maneira escorreita que não sabia, ou não tinha como saber, que aquele negócio realizado pelo devedor visava prejudicar terceiros.

Nesse caso, se ao final do processo o juiz entender que o adquirente agiu de boa-fé, não anulará o negócio e ele conservará o bem adquirido.

> **Para entender melhor:** vamos supor que Jojolino pretendia comprar um imóvel de Tércio Túlio e, cauteloso como deve ser qualquer pessoa minimamente diligente, faz uma busca completa e descobre que existem vários protestos de títulos contra ele. Os protestos ainda não viraram ações de cobrança ou de execução, mas existe uma grande probabilidade de que venham a serem propostas ações pelos credores dos títulos protestados. Nesse caso, tudo desaconselha a compra, e se Jojolino ainda assim comprar o imóvel, poderá vir a perdê-lo mais à frente se os credores provarem em juízo que ele sabia dos protestos que poderiam levar Tércio à insolvência.

33. HIPÓTESES LEGAIS

São três as hipóteses de fraude contra credores, previstas no Código Civil, quais sejam:

a) **Transmissão gratuita e remissão de dívidas:**

A lei permite que se anulem os atos de transmissão gratuita de bens, quando praticado pelo devedor insolvente. Existem várias possibilida-

---

24. CPC, Art. 674. Quem, não sendo parte no processo, sofrer constrição ou ameaça de constrição sobre bens que possua ou sobre os quais tenha direito incompatível com o ato constritivo, poderá requerer seu desfazimento ou sua inibição por meio de embargos de terceiro.

§ 1º. Os embargos podem ser de terceiro proprietário, inclusive fiduciário, ou possuidor.

§ 2º. Considera-se terceiro, para ajuizamento dos embargos:

I – o cônjuge ou companheiro, quando defende a posse de bens próprios ou de sua meação, ressalvado o disposto no art. 843;

II – adquirente de bens cuja constrição decorreu de decisão que declara a ineficácia da alienação realizada em fraude à execução;

III – quem sofre constrição judicial de seus bens por força de desconsideração da personalidade jurídica, de cujo incidente não fez parte;

IV – o credor com garantia real para obstar expropriação judicial do objeto de direito real de garantia, caso não tenha sido intimado, nos termos legais dos atos expropriatórios respectivos.

LIÇÃO 18 • DEFEITOS DOS NEGÓCIOS JURÍDICOS **213**

des, porém é muito comum nas doações para filhos e outros parentes próximos que, em verdade, visam retirar do patrimônio do devedor aqueles bens doados, e assim, frustrar o legítimo direito dos credores. Existem outros casos, como, por exemplo, renúncia ao direito de herança, reconhecimento de dívidas inexistente com data anterior aos outros créditos, ou ainda, remissão (perdão) de dívidas. Nessas circunstâncias, o credor nem precisa provar o conluio, pois a lei já o presume (CC, art. 158).[25]

b) Transmissão onerosa:

No caso de transmissão onerosa, caberá ao credor provar em juízo, além do estado de insolvência do devedor, que o terceiro adquirente tinha conhecimento da situação da possível insolvência. A lei fala em dois tipos de em insolvência: a notória, aquela que se pode aferir facilmente, como, por exemplo, o devedor que tem vários protestos na praça, ou várias ações contra ele em andamento; e a presumida, quando envolver pessoas próximas do fraudador, como, por exemplo, o pai, que adquire do filho um imóvel por preço vil (CC, art. 159).[26]

c) Antecipado de dívida:

No caso de credor quirografário (aqueles com garantia pessoal como, por exemplo, um cheque, uma nota promissória, um contrato etc.), a lei procura assegurar situação de igualdade para todos, através do concurso de credores. Se um desses recebe antecipadamente seus créditos, presume-se que ele recebeu em detrimento do direito dos outros de concorrerem em pé de igualdade e, nesse caso, será obrigado a repor o que recebeu para ser partilhado em concurso de credores (CC, art. 162).[27]

Atenção: isto não se aplica ao credor com crédito privilegiado, como, por exemplo, o credor hipotecário que tem preferência por lei.

---

25. CC, Art. 158. Os negócios de transmissão gratuita de bens ou remissão de dívida, se os praticar o devedor já insolvente, ou por eles reduzido à insolvência, ainda quando o ignore, poderão ser anulados pelos credores quirografários, como lesivos dos seus direitos.

    § 1º Igual direito assiste aos credores cuja garantia se tornar insuficiente.

    § 2º Só os credores que já o eram ao tempo daqueles atos podem pleitear a anulação deles.

    Nos casos versados nos incisos §§ 1º e 2º do artigo em comento, sugerimos a leitura dos Enunciados 151 e 292 das Jornadas do Conselho de Justiça Federal. Coordenadores: Gustavo Tepedino e Silvio Romero Beltrão.

26. CC, Art. 159. Serão igualmente anuláveis os contratos onerosos do devedor insolvente, quando a insolvência for notória, ou houver motivo para ser conhecida do outro contratante.

27. CC, Art. 162. O credor quirografário, que receber do devedor insolvente o pagamento da dívida ainda não vencida, ficará obrigado a repor, em proveito do acervo sobre que se tenha de efetuar o concurso de credores, aquilo que recebeu.

d) Concessão fraudulenta de garantias:

Pode também ocorrer a mesma fraude quando o devedor oferece garantias reais (hipoteca, penhor ou anticrese) a um credor que era quirografário que agora passa a ter um crédito privilegiado, quer dizer, um crédito garantido. Nesse caso, os outros credores quirografários serão prejudicados porque, no eventual praceamento do bem, serão pagas primeiro as dívidas garantidas e, se sobrar alguma coisa, será realizado o concurso de credores. Nesse caso a lei também presume que a garantia foi dada em fraude a credores (CC, art. 163).[28]

34. AÇÃO CABÍVEL CONTRA A FRAUDE

Qualquer que seja a situação, a medida judicial cabível para anular os atos fraudulentos é a **ação pauliana ou revocatória**, pela qual os credores impugnam os atos fraudulentos praticados pelo devedor, com o fim de obter a declaração de nulidade do ato, provando os dois elementos acima mencionados: o objetivo (*eventus damni*) e o subjetivo (*consilium fraudis*).

Depois de anulado judicialmente o negócio, o bem volta para o patrimônio do devedor e agora pode ser penhorado e depois praceado para, com a arrecadação do leilão, pagar as dívidas.

35. FRAUDE À EXECUÇÃO

Não confundir a fraude contra credores com a fraude à execução. Ambos são institutos similares, porém aplicáveis em situações diferentes, já que a fraude à execução ocorre quando o devedor aliena bens quando já existia uma (ou mais) ação proposta contra ele (CPC, art. 792).[29]

---

28. CC, Art. 163. Presumem-se fraudatórias dos direitos dos outros credores as garantias de dívidas que o devedor insolvente tiver dado a algum credor.
29. CPC, Art. 792. A alienação ou a oneração de bem é considerada fraude à execução:
    I – quando sobre o bem pender ação fundada em direito real ou com pretensão reipersecutória, desde que a pendência do processo tenha sido averbada no respectivo registro público, se houver;
    II – quando tiver sido averbada, no registro do bem, a pendência do processo de execução, na forma do art. 828;
    III – quando tiver sido averbado, no registro do bem, hipoteca judiciária ou outro ato de constrição judicial originário do processo onde foi arguida a fraude;
    IV – quando, ao tempo da alienação ou da oneração, tramitava contra o devedor ação capaz de reduzi-lo à insolvência;
    V – nos demais casos expressos em lei.
    (omissis).

Nesse caso o credor não necessita de uma ação especial para pedir ao juiz a anulação do negócio realizado, bastando peticionar no próprio processo de execução (incidentalmente). O juiz, por sua vez, mandará penhorar o bem alienado em fraude à execução, como se ele ainda fosse do devedor.

Quanto ao terceiro adquirente, se realmente fez o negócio com o vendedor fraudulento, terá direito a uma ação de regresso visando receber de volta o que pagou pelo bem que irá perder em face da penhora determinada. Nesse caso, a boa-fé do adquirente não pode ser oposta contra os credores porque ele tinha todos os meios para saber dos processos que estavam em andamento.

VIII – CONCLUSÃO

36. RESUMO QUANTO AOS VÍCIOS DA VONTADE

O erro se manifesta através da compreensão errônea da realidade. Quando essa compreensão equivocada é provocada maliciosamente por outrem, trata-se de dolo.

Quando o agente é obrigado a praticar o ato por ameaça contra si ou contra pessoa que lhe é cara, trata-se de coação.

Se praticou o ato excessivamente oneroso, em razão da necessidade de salvar-se ou salvar pessoa de sua família, estaremos diante do estado de perigo.

Se, de outro lado, o agente paga valor desproporcional pela coisa, em face de certas circunstâncias decorrentes de urgência ou de sua inexperiência, tratar-se-á de lesão.

37. DECADÊNCIA

O prazo para pleitear judicialmente a anulação do negócio jurídico nas situações acima expostas é de quatro anos (CC, art. 178),[30] contados:

a) No caso de coação, do dia em que ela cessar.

---

30. CC, Art. 178. É de quatro anos o prazo de decadência para pleitear-se a anulação do negócio jurídico, contado:

I – no caso de coação, do dia em que ela cessar;

II – no de erro, dolo, fraude contra credores, estado de perigo ou lesão, do dia em que se realizou o negócio jurídico;

III – no de atos de incapazes, do dia em que cessar a incapacidade.

b) No caso de erro, dolo, fraude contra credores, estado de perigo ou lesão, do dia em que se realizou o negócio jurídico;

c) No caso de atos de incapazes, do dia em que cessar a incapacidade.

Atenção: no caso de fraude contra credores, em se tratando de imóveis, o STJ tem considerado que o prazo inicial para contagem da decadência é o registro do título aquisitivo no Cartório de Registro de Imóveis quando então a transação passa a ter efeito erga *omnes* (publicidade).

Lição 19
INVALIDADE DOS NEGÓCIOS JURÍDICOS E SEUS EFEITOS

Sumário: I – Das nulidades – 1. Nulidade – 2. Espécies de nulidades – 3. Conversão do negócio jurídico nulo – 4. Anulabilidade – 5. Diferenças entre nulidade e anulabilidade – II – Negócio jurídico inexistente – 6. Negócio jurídico inexistente – 7. Previsão em lei – 8. Principais aspectos – III – Da simulação – 9. Conceito de simulação – 10. Características – 11. Espécies de simulação – 12. Simulação por interposta pessoa – 13. Negócio real, mas declaração falsa – 14. Simulação por documento com data falsa – 15. Consequência da simulação – 16. Terceiro de boa-fé – 17. Diferenças entre a simulação e outros institutos afins.

I – DAS NULIDADES

1. NULIDADE

É a sanção imposta pelo ordenamento jurídico aos atos e negócios jurídicos que tenham sido realizados sem respeitarem requisitos tidos como essenciais, de tal sorte a impedir os efeitos jurídicos do negócio praticado.

2. ESPÉCIES DE NULIDADES

Podem ser absolutas ou relativas, totais ou parciais, textuais ou virtuais. Vejamos cada uma delas:

a) **Absoluta:**

É aquela que priva o negócio jurídico dos seus efeitos regulares, em razão de ofender princípios de ordem pública (CC, art. 166),[1] podendo

---

1. CC, Art. 166. É nulo o negócio jurídico quando:
   I – celebrado por pessoa absolutamente incapaz;

ser arguida por qualquer interessado a qualquer tempo, e pode ser pronunciada de ofício pelo juiz que não as pode suprir (CC, art. 168),[2] não se convalidando pelo decurso de tempo (é imprescritível), nem pode ser confirmada por acordo entre as partes (CC, art. 169).[3] Nesse caso, há um interesse público superior ao dos particulares envolvidos, o que justifica a decretação de nulidade do ato praticado.

Exemplo: se uma pessoa absolutamente incapaz realizar um negócio de compra e venda, esse negócio será nulo de pleno direito (ver CC, art. 166, I). Assim, ainda que passe vários anos, o negócio será sempre nulo e qualquer pessoa interessada pode provocar a declaração de nulidade que, nesse caso, retroagirá à data em que foi firmado o negócio (*ex tunc*).

b) **Relativa:**

É aquela que vicia o negócio realizado, podendo invalidá-lo (CC, art. 171),[4] mas que pode ser sanada ou mesmo convalidada pelas partes (CC, 172),[5] ou ainda pelo decurso de tempo (CC, art. 178).[6] Aqui prevalece o interesse do particular em ver declarada a nulidade do negócio ou não, de sorte que somente ele é que possui legitimidade para ver declarada a nulidade. Quer dizer, não há interesse público.

II – for ilícito, impossível ou indeterminável o seu objeto;

III – o motivo determinante, comum a ambas as partes, for ilícito;

IV – não revestir a forma prescrita em lei;

V – for preterida alguma solenidade que a lei considere essencial para a sua validade;

VI – tiver por objetivo fraudar lei imperativa;

VII – a lei taxativamente o declarar nulo, ou proibir-lhe a prática, sem cominar sanção.

2. CC, Art. 168. As nulidades dos artigos antecedentes podem ser alegadas por qualquer interessado, ou pelo Ministério Público, quando lhe couber intervir.

Parágrafo único. As nulidades devem ser pronunciadas pelo juiz, quando conhecer do negócio jurídico ou dos seus efeitos e as encontrar provadas, não lhe sendo permitido supri-las, ainda que a requerimento das partes.

3. CC, Art. 169. O negócio jurídico nulo não é suscetível de confirmação, nem convalesce pelo decurso do tempo.

4. CC, Art. 171. Além dos casos expressamente declarados na lei, é anulável o negócio jurídico:

I – por incapacidade relativa do agente;

II – por vício resultante de erro, dolo, coação, estado de perigo, lesão ou fraude contra credores.

5. CC, Art. 172. O negócio anulável pode ser confirmado pelas partes, salvo direito de terceiro.

6. CC, Art. 178. É de quatro anos o prazo de decadência para pleitear-se a anulação do negócio jurídico, contado:

I – no caso de coação, do dia em que ela cessar;

II – no de erro, dolo, fraude contra credores, estado de perigo ou lesão, do dia em que se realizou o negócio jurídico;

III – no de atos de incapazes, do dia em que cessar a incapacidade.

LIÇÃO 19 • INVALIDADE DOS NEGÓCIOS JURÍDICOS E SEUS EFEITOS **219**

Exemplo: o negócio jurídico realizado sob coação é algo que pode ser anulado, não é nulo. Para que o negócio se torne válido, basta que a vítima quede-se silente e deixe passar o prazo decadencial, que é de quatro anos (ver CC, art. 178, I). Também poderia confirmar expressamente o negócio (ver CC, art. 172). Quer dizer, nas duas situações expostas o negócio que antes padecia de um vício e poderia ser anulado, agora já não pode mais, ou porque o tempo se encarregou de sanar o vício (1º caso) ou porque as partes assim ratificaram (2º caso).

c) **Total ou parcial:**

A nulidade será total se atingir o negócio jurídico como um todo, anulando-o completamente. Mas a nulidade pode ser parcial, isto é, atingir somente uma parte do negócio realizado (CC, art. 184).[7]

Exemplificando: se for firmado um contrato de compra e venda por pessoa absolutamente incapaz, todo o negócio será nulo, nada se aproveitando (nulidade total). Contudo, se alguém firmar um contrato de locação e nele houver uma cláusula nula, somente essa cláusula será expurgada, aproveitando-se o resto do contrato que se apresenta perfeitamente válido (nulidade parcial).

d) **Textual e virtual ou tácita:**

Será textual quando houver expressa determinação legal dizendo que determinado procedimento é nulo (CC, art. 548).[8] Será virtual ou implícita quando, embora não sendo expressa, a nulidade pode ser deduzida do contexto da lei (CC, art. 426).[9]

Explicando melhor: no primeiro caso, a lei é clara ao dizer que "é nula a doação de todos os bens sem reserva de parte, ou renda suficiente para a subsistência do doador" (ver CC, art. 548). Quer dizer, não há necessidade de fazer-se nenhuma interpretação, pois a lei é clara (textual). Já no segundo caso, a lei fala que "não pode ser objeto de contrato a herança de pessoa viva" (ver CC, art. 426), logo, se alguém celebrar esse tipo de contrato, ele será nulo. Quer dizer, não está expresso que é nulo, porém quando a lei diz "não pode" significa que se for feito será nulo a partir da interpretação do referido texto legal (virtual ou tácita).

---

7. CC, Art. 184. Respeitada a intenção das partes, a invalidade parcial de um negócio jurídico não o prejudicará na parte válida, se esta for separável; a invalidade da obrigação principal implica a das obrigações acessórias, mas a destas não induz a da obrigação principal.

8. CC, Art. 548. É nula a doação de todos os bens sem reserva de parte, ou renda suficiente para a subsistência do doador.

9. CC, Art. 426. Não pode ser objeto de contrato a herança de pessoa viva.

3. CONVERSÃO DO NEGÓCIO JURÍDICO NULO

Admite a lei civil a conversão do negócio jurídico nulo em outro de natureza diversa, desde que na origem a vontade das partes era realmente realizar este outro negócio (CC, art. 170).[10]

> **Atenção:** podem ainda as partes refazerem o negócio, só que desta vez sem o defeito que o tornava nulo (renovação do negócio).

4. ANULABILIDADE

A anulabilidade ou nulidade relativa é aquela que decorre de um vício de vontade ou de consentimento, ou ainda da incapacidade relativa do agente.

Os negócios jurídicos podem ser anulados quando padecerem de vícios ou defeitos que lhes retirem a regularidade exigida pela lei, como, por exemplo, o negócio jurídico realizado por pessoa relativamente incapaz (ver CC, art. 171, I), porém dependerá sempre de um pronunciamento judicial e, se não for arguida em tempo hábil, o negócio se conformará com o tempo, de tal sorte que será como se o defeito nunca tivesse existido.

A anulabilidade permite a retificação ou confirmação. No exemplo acima, o negócio jurídico praticado pelo relativamente incapaz pode ser tornado plenamente válido, bastando para isso que o seu representante legal compareça e coloque sua assinatura no mesmo documento firmado pelo incapaz (CC, art. 176).[11] Além disso, como o negócio jurídico anulável pode ser confirmado pelas partes, assim que o menor atingir a maioridade, poderá ele mesmo ratificar o negócio (ver CC, art. 172).

Em ambos os casos, havia um vício que agora foi sanado, e o negócio, que era viciado, agora se encontra plenamente válido.

5. DIFERENÇAS ENTRE NULIDADE E ANULABILIDADE

Embora já tenhamos mencionado ao longo da presente lição, vale a pena destacar algumas diferenças entre os dois institutos. Vejamos:

a) **Quanto ao interesse:**

Na nulidade, o interesse a ser protegido é público; enquanto na anulabilidade é de interesse pessoal das partes que eventualmente se sintam prejudicadas.

---

10. CC, Art. 170. Se, porém, o negócio jurídico nulo contiver os requisitos de outro, subsistirá este quando o fim a que visavam as partes permitir supor que o teriam querido, se houvessem previsto a nulidade.

11. CC, Art. 176. Quando a anulabilidade do ato resultar da falta de autorização de terceiro, será validado se este a der posteriormente.

LIÇÃO 19 • INVALIDADE DOS NEGÓCIOS JURÍDICOS E SEUS EFEITOS — 221

b) Quanto à confirmação:

A nulidade jamais pode ser confirmada pelas partes; já o negócio jurídico anulável pode ser objeto de confirmação pelas partes interessadas, ressalvado o interesse de terceiros (ver CC, art. 172).

c) Quanto ao suprimento judicial:

A nulidade jamais pode ser suprida pelo juiz, nem mesmo se as partes assim requererem (ver CC, art. 168, parágrafo único, parte final); enquanto a anulabilidade pode ser suprida sem nenhum problema.

d) Quanto à decretação judicial:

No caso de nulidade, ela pode ser decretada *ex officio*, isto é, sem provocação das partes; enquanto a anulabilidade não pode ser pronunciada *de ofício*, só pode ser decretada se requerida pela parte que aproveita.

e) Quanto à legitimidade:

Quanto se trata de ato nulo, qualquer pessoa tem legitimidade para requerer sua decretação, inclusive o Ministério Público; enquanto a anulabilidade somente pode ser provocada pelos próprios interessados.

f) Quanto à decadência:

Quando se trata de ato nulo, o mesmo jamais se convalidará com o tempo (ver CC, art. 169); enquanto o ato simplesmente anulável aperfeiçoa-se com o decorrer do tempo, em face da decadência que será de quatro anos para os casos de coação, erro, dolo, fraude contra credores, estado de perigo, lesão ou atos praticados por pessoas relativamente incapazes (ver CC, arts. 178); e de dois anos para os demais casos previstos em lei (CC, art. 179).[12]

g) Quanto à produção de efeitos:

O ato anulável produz efeitos desde sua celebração e assim continuará até que seja decretada sua invalidade, projetando os efeitos da anulação dali para frente (*ex nunc*). Já o negócio nulo não produz nenhum efeito e, se chegou a produzir algum, a sentença que o reconhecer irá declarar que seus efeitos retroagem à data da celebração do negócio (*ex tunc*), anulando-se tudo que tenha sido praticado ao longo do tempo.

---

12. CC, Art. 179. Quando a lei dispuser que determinado ato é anulável, sem estabelecer prazo para pleitear-se a anulação, será este de dois anos, a contar da data da conclusão do ato.

II – NEGÓCIO JURÍDICO INEXISTENTE

6. NEGÓCIO JURÍDICO INEXISTENTE

O negócio jurídico inexistente é aquele em que falta algum elemento indispensável à sua formação, isto é, falta o agente, ou falta o objeto, ou não foi emitida a declaração de vontade.

Se o ato negocial é realizado por uma pessoa absolutamente incapaz, o negócio jurídico existe, porém nulo. Da mesma forma, se o negócio é realizado com algum vício de consentimento, temos um defeito que pode torná-lo anulável, porém ele existe. Diferente é o é o caso do negócio jurídico inexistente, porque este é um nada jurídico.

Por exemplo: em uma compra e venda não foi estipulado o preço; ou não consta a identificação do comprador ou do vendedor, ou de ambos; ou ainda tem todos os outros elementos, mas lhe falta objeto. Conclusão: esse negócio jurídico é inexistente.

7. PREVISÃO EM LEI

A teoria dos negócios jurídicos inexistentes não está expressamente prevista no Código Civil, porém ela é aceita unanimemente pela doutrina e pela jurisprudência, até por uma questão de lógica do sistema normativo brasileiro.

8. PRINCIPAIS ASPECTOS

Apesar de ser um nada jurídico e muitos doutrinadores pregarem a sua inutilidade, deixamos aqui registrado que em muitas situações, embora pareça com o ato nulo, vamos estar diante de um ato ou negócio inexistente.

Aliás, é muito comum no nosso dia a dia.

Exemplo: vamos supor que Jojolino nunca teve nenhuma relação negocial com o Banco Topa Tudo por Dinheiro S/A, porém vem a descobrir que seu nome foi negativado junto ao SERASA exatamente por débito com aquela instituição. Ora, se ele nunca teve negócios com aquele banco, a inscrição de seu nome naquele cadastro negativo de dados só pode ser resultante de um negócio jurídico inexistente. Nesse caso, ele terá legitimidade para propor uma ação declaratória de inexistência de relação jurídica e, como houve a inscrição indevida, também poderá pleitear danos morais.

Outro exemplo: vamos imaginar que a empresa Tralhas & Treckos recebe um aviso de protesto pelo não pagamento de uma duplicata emitida por uma empresa com a qual nunca teve negócios. O negócio jurídico que embasa a emissão dessa duplicata é inexistente.

Nesse sentido, vejamos os principais aspectos com relação ao tema em foco.

a) **Ação para desconstituir:**

Sendo um nada jurídico, a ação judicial para desconstituí-lo é uma ação meramente declaratória, que apenas confirmará a inexistência do negócio.

b) **Semelhança com ato nulo:**

Às vezes, quando a aparência do ato jurídico denotar evidências materiais que possam induzir à existência do negócio jurídico, cabe ação para declarar a inexistência do negócio jurídico, que terá os mesmos efeitos da declaração de nulidade.

c) **Diferença com relação aos vícios:**

Quando se trata dos defeitos dos negócios jurídicos há uma vontade, mas ela foi manifestada mediante erro, dolo ou coação, de sorte que o negócio existe, ainda que possa ser anulado. Diferentemente se o negócio prescinde de elemento essencial, como o agente, pois neste caso o negócio parece existir, mas a rigor é inexistente.

III – DA SIMULAÇÃO

9. CONCEITO DE SIMULAÇÃO

Simulação é a declaração enganosa visando aparentar negócio jurídico diverso do que foi efetivamente realizado, com a finalidade de prejudicar terceiros ou fraudar a lei.

Esclarecendo melhor: apesar de a simulação ter sido colocada no Código Civil no capítulo que trata das nulidades, entendemos ser mais adequada, para efeitos de estudos, sua colocação entre os vícios, por ser um vício social, assim como a fraude contra credores.

10. CARACTERÍSTICAS

A simulação apresenta as seguintes características:

a) **Bilateralidade:**

Em regra, resulta quase sempre do acordo entre duas ou mais pessoas (negócio bilateral), visando lesar terceiros ou fraudar a lei. Porém, pode também ocorrer nas declarações unilaterais da vontade, em conluio com o destinatário da declaração.

b) Acordo com a outra parte:

Na simulação há sempre um acordo entre o declarante e a pessoa que com ele participa da simulação, visando prejudicar terceira pessoa que não participa do negócio. Por isso difere do dolo, pois neste a vítima é estranha ao pactuado, sofrendo apenas os efeitos do negócio simulado.

c) Dissimular intencionalmente a realidade:

É uma falsa declaração que visa exatamente aparentar coisa diversa do que efetivamente as partes maliciosamente celebraram.

d) Fraudar terceiros ou burlar a lei:

A simulação é sempre realizada com o intuito de lesar terceiros ou fraudar a lei.

11. ESPÉCIES DE SIMULAÇÃO

A doutrina identifica duas espécies de simulação, conforme se pode depreender do insculpido no nosso Código Civil (CC, art. 167):[13]

a) Absoluta:

As partes celebrantes dão aparência de terem realizado um negócio que em verdade não existe. Quer dizer, não realizaram negócio nenhum.

Exemplo: alguém assina uma confissão de dívida sem nada dever só para que este suposto credor possa se habilitar judicialmente a receber esse falso crédito antes dos demais verdadeiros credores.

b) Relativa:

O negócio realmente existe, porém não é aquele declarado, mas sim outro que as partes procuram esconder.

---

13. CC, Art. 167. É nulo o negócio jurídico simulado, mas subsistirá o que se dissimulou, se válido for na substância e na forma.

§ 1º Haverá simulação nos negócios jurídicos quando:

I – aparentarem conferir ou transmitir direitos a pessoas diversas daquelas às quais realmente se conferem, ou transmitem;

II – contiverem declaração, confissão, condição ou cláusula não verdadeira; I

III – os instrumentos particulares forem antedatados, ou pós-datados.

§ 2º Ressalvam-se os direitos de terceiros de boa-fé em face dos contraentes do negócio jurídico simulado.

Exemplo: para pagamento de uma dívida de jogo, o devedor assina um contrato de empréstimo (mútuo).

12. SIMULAÇÃO POR INTERPOSTA PESSOA

Algumas vezes, é possível encontrar nos negócios jurídicos simulados uma triangulação de pessoas. Quer dizer, para realizar com sucesso a simulação às vezes é necessário utilizar uma pessoa interposta (ver CC, art. 167, § 1º, I). Essa terceira pessoa é aquilo que popularmente é chamado de "testa-de-ferro".

Exemplo: a pessoa casada que queira beneficiar sua amante não o poderá fazer diretamente porque a lei proíbe esse tipo de doação (CC, art. 550).[14] Para atingir seus objetivos, o cônjuge adúltero simula uma venda para um amigo de confiança com o compromisso de esse amigo fazer a doação para a sua amante. Essa venda é nula, tendo legitimidade para promover a ação o cônjuge traído e os herdeiros necessários, provando que a venda foi uma simulação para beneficiar pessoa que não podia receber diretamente o bem.

13. NEGÓCIO REAL, MAS DECLARAÇÃO FALSA

Às vezes, o negócio é verdadeiro, mas a declaração nele contida não corresponde à verdadeira realidade. Se isso acontecer, estaremos diante de um negócio jurídico efetivamente realizado, porém com outra finalidade que não aquela declarada (ver CC, art. 167, § 1º, II).

Exemplo: alguém vende um imóvel e o comprador, visando pagar menos imposto, propõe que conste da escritura um valor menor do que efetivamente ele vai pagar (fraude ao fisco).

14. SIMULAÇÃO POR DOCUMENTO COM DATA FALSA

Algumas vezes, para fraudar a lei ou mesmo terceiros, as partes simulam terem realizado o negócio em data anterior, ou posterior, ao dia em que estão celebrando o contrato (ver CC, art. 167, § 1º, III).

Exemplos: visando fraudar terceiros, as partes simulam um documento com data anterior (antedatado), portanto falso, de sorte que possa prevalecer frente a outro de data posterior; ou pós-datam um documento com a finalidade de ilidir a cobrança do fisco.

---

14. CC, Art. 550. A doação do cônjuge adúltero ao seu cúmplice pode ser anulada pelo outro cônjuge, ou por seus herdeiros necessários, até dois anos depois de dissolvida a sociedade conjugal.

15. CONSEQUÊNCIA DA SIMULAÇÃO

A simulação, diferentemente dos vícios de consentimento ou social, torna o negócio jurídico nulo (CC, art. 167, *caput*, 1ª parte).

Porém, quando a simulação for relativa, o negócio será válido, declarando-se nulo apenas o que foi dissimulado. No exemplo da escritura por preço menor, o negócio será válido, porém o valor recolhido de imposto será nulo, validando-se o valor real (CC, art. 167, *caput*, 2ª parte).[15]

16. TERCEIRO DE BOA-FÉ

A lei ressalva o direito de terceiros de boa-fé, pois é possível que pessoa estranha à entabulação inicial se veja prejudicada pelo reconhecimento da nulidade, em face da simulação (ver CC, art. 167, § 2º).

Nesse caso, as partes devem retornar ao *status quo ante*; na impossibilidade, deve-se resolver via indenização por perdas e danos.

17. DIFERENÇAS ENTRE A SIMULAÇÃO E OUTROS INSTITUTOS AFINS

Embora a simulação guarde similitude com os institutos do erro, dolo e coação, com eles não se confundem. Vejamos as diferenças.

a) **Com o erro:**

No erro o agente tem uma falsa noção da realidade e se engana sozinho, enquanto na simulação ele é levado ao erro.

b) **No dolo:**

A vítima participa diretamente do negócio que lhe prejudicial, enquanto na simulação ela não participa, apenas sofre os efeitos.

c) **Coação:**

Na coação força-se alguém a realizar determinado ato, enquanto na simulação o ato é realizado como acordo de vontades.

---

15. CC, Art. 167. É nulo o negócio jurídico simulado, mas subsistirá o que se dissimulou, se válido for na substância e na forma.

§ 1º Haverá simulação nos negócios jurídicos quando:

I – aparentarem conferir ou transmitir direitos a pessoas diversas daquelas às quais realmente se conferem, ou transmitem;

II – contiverem declaração, confissão, condição ou cláusula não verdadeira;

III – os instrumentos particulares forem antedatados, ou pós-datados.

§ 2º Ressalvam-se os direitos de terceiros de boa-fé em face dos contraentes do negócio jurídico simulado.

Lição 20
DOS ATOS ILÍCITOS[1]

> **Sumário:** 1. Conceito – 2. Requisitos – 3. Responsabilidade contratual e extracontratual – 4. Responsabilidade civil e penal – 5. Responsabilidade subjetiva e objetiva – 6. Culpa presumida – 7. Abuso de direito – 8. Dano, agente ou responsável e nexo causal – 9. Excludentes de responsabilidade subjetiva – 10. Exclusão do nexo causal.

1. CONCEITO

Ato ilícito **é aquele praticado com infração ao dever legal de não causar dano a outrem,** tanto moral quanto material ou mesmo estético (CC, art. 186),[2] fundado no brocardo jurídico romano que diz: *honest vivere, neminem laedere, suum cuique tribuere* (viver honestamente, não prejudicar ninguém, atribuir a cada um o que lhe pertence).

Também comete ato ilícito aquele que abusa do seu direito, isto é, usa de seu direito de forma abusiva, extrapolando os limites impostos pelos fins econômicos e sociais, pela boa-fé ou pelos bons costumes (CC, art. 187).[3]

Os atos ilícitos são causas de inúmeras controvérsias nos nossos tribunais, tendo em vista que aquele que causar dano a outrem fica obrigado a reparar (CC, art. 927, *caput*),[4] fazendo surgir para a vítima o direito de pleitear a devida indenização pelo dano material ou moral decorrente do fato.

---

1. Voltaremos ao tema para melhor estudar os atos ilícitos, quando tratamos da responsabilidade civil, no volume 2 desta coleção, segunda parte.
2. CC, Art. 186. Aquele que, por ação ou omissão voluntária, negligência ou imprudência, violar direito e causar dano a outrem, ainda que exclusivamente moral, comete ato ilícito.
3. CC, Art. 187. Também comete ato ilícito o titular de um direito que, ao exercê-lo, excede manifestamente os limites impostos pelo seu fim econômico ou social, pela boa-fé ou pelos bons costumes.
4. CC, Art. 927. Aquele que, por ato ilícito (arts. 186 e 187), causar dano a outrem, fica obrigado a repará-lo.
   Parágrafo único. Haverá obrigação de reparar o dano, independentemente de culpa, nos casos especificados em lei, ou quando a atividade normalmente desenvolvida pelo autor do dano implicar, por sua natureza, risco para os direitos de outrem.

2. REQUISITOS

Para que haja o dever de indenizar o ato ilícito, é preciso que estejam presentes os seguintes requisitos:

a) Agente ou responsável:

É aquele que provocou diretamente o dano ou é responsável pela ação de outrem (CC, art. 932);[5] ou ainda, aquele que é responsável pela atividade causadora do dano. O agente tanto pode ser responsabilizado por ação quanto por omissão, em face de uma conduta voluntária, contrária à ordem jurídica, apurada mediante a aferição de negligência, imprudência ou imperícia (responsabilidade subjetiva ou aquiliana) ou em razão do risco (responsabilidade objetiva ou sem culpa).

b) Dano:

Além da violação a um dever jurídico, é preciso que tenha havido um dano (material, moral ou estético), decorrente da ação ou omissão do agente ou responsável.

Vale o lembrete: Sem a prova do dano, não há falar-se em indenização.

c) Nexo de causalidade:

É preciso também que haja uma relação direta entre a ação ou omissão do agente e o dano sofrido pela vítima. Se houve dano, mas a sua causa não está relacionada à conduta do agente, inexiste relação de causalidade e, portanto, não existe obrigação de indenizar.

3. RESPONSABILIDADE CONTRATUAL E EXTRACONTRATUAL

O agente pode ser responsabilizado por descumprir uma obrigação livremente pactuada (responsabilidade contratual), como pode ser também responsabilizado por infração a um dever de conduta (responsabilidade extracontratual ou aquiliana), sendo importante apresentar as seguintes diferenças entre elas:

---

5. CC, Art. 932. São também responsáveis pela reparação civil:

I – os pais, pelos filhos menores que estiverem sob sua autoridade e em sua companhia;

II – o tutor e o curador, pelos pupilos e curatelados, que se acharem nas mesmas condições;

III – o empregador ou comitente, por seus empregados, serviçais e prepostos, no exercício do trabalho que lhes competir, ou em razão dele;

IV – os donos de hotéis, hospedarias, casas ou estabelecimentos onde se albergue por dinheiro, mesmo para fins de educação, pelos seus hóspedes, moradores e educandos;

V – os que gratuitamente houverem participado nos produtos do crime, até a concorrente quantia.

a) Ônus da prova:

Na contratual, o inadimplemento presume-se culposo, de tal sorte que ao credor basta demonstrar que a prestação não foi realizada (obrigação do transportador, por exemplo), enquanto na extracontratual incumbe ao lesado provar que houve culpa ou dolo do agente causador do dano.

b) Origem:

A contratual se origina de uma convenção realizada livremente entre as partes; enquanto a extracontratual se origina de um descumprimento ao dever genérico de não causar dano a outrem.

c) Capacidade:

Na responsabilidade contratual, somente as pessoas capazes é que poderão ser inadimplentes, porquanto somente elas é que podem expressar sua vontade através de contratos válidos; enquanto no campo da responsabilidade extracontratual o leque é mais amplo, porquanto o ato ilícito pode ser perpetrado por amentais, por menores e até mesmo por animais ou coisas.

d) Gradação da culpa:

Na responsabilidade contratual, ela é mais branda, podendo até ser relevada, enquanto na extracontratual ela é mais rigorosa, porque até a mais levíssima culpa implica o dever de indenizar.

4. RESPONSABILIDADE CIVIL E PENAL

Na responsabilidade penal, o agente infringe uma norma de direito penal, onde o interesse protegido é o público, logo da sociedade; enquanto a ilicitude civil tem a ver com os interesses privados. Na responsabilidade penal, somente a pessoa do infrator é que pode sofrer a sanção, enquanto no âmbito civil o dever de indenizar pode passar da pessoa que praticou o ilícito (ver CC, art. 932).

Também quanto à imputabilidade, há diferenças, pois na esfera penal somente os maiores de 18 anos e capazes é que são responsáveis criminalmente; enquanto no âmbito civil o menor pode responder pelos danos causados (CC, art. 928).[6]

---

6. CC, Art. 928. O incapaz responde pelos prejuízos que causar, se as pessoas por ele responsáveis não tiverem obrigação de fazê-lo ou não dispuserem de meios suficientes.

Parágrafo único. A indenização prevista neste artigo, que deverá ser equitativa, não terá lugar se privar do necessário o incapaz ou as pessoas que dele dependem.

As vezes um mesmo fato pode ser caracterizado como crime e como um ilícito civil. Neste caso, o tratamento será diferente tendo em vista que a responsabilidade criminal será apurada no juízo criminal e a responsabilidade civil no juízo cível. Ambas as responsabilidades são independentes, isto é, **a responsabilidade civil é independente da responsabilidade criminal** (CC, art. 935).[7]

5. RESPONSABILIDADE SUBJETIVA E OBJETIVA

O nosso Código Civil adotou, como regra, a teoria clássica, também chamada 'teoria da culpa' ou 'aquiliana', cujo elemento principal é a necessidade de comprovação da culpa do agente (ver CC, arts. 186 e 927, *caput*), como forma de fazer nascer o dever indenizatório.

De forma subsidiária, o Código Civil contempla a responsabilidade objetiva (sem culpa), fundada na teoria do risco ou em decorrência de preceito legal (ver CC, art. 927, parágrafo único, arts. 931 e 933).

Cumpre alertar que a responsabilidade objetiva (sem culpa), diferentemente do Código Civil, foi adotada como regra pelo Código de Defesa do Consumidor (Lei nº 9.078/90). Também é encontrada em diversas outras atividades como a responsabilidade do Estado (ver CF, art. 37, § 6º) ou por danos causados ao meio ambiente (ver Lei nº 6.938/81, art. 14, § 1º).

6. CULPA PRESUMIDA

Não se confunda culpa presumida com responsabilidade objetiva. Na responsabilidade objetiva, não se perquire sobre a existência de culpa, mas sim do responsável pela atividade causadora do dano. Na culpa presumida, a lei faz presumir que determinada conduta impõe um dever de culpa (neste caso, a vítima não precisa provar a culpa do agente), como, por exemplo, no caso de dano causado por animal, onde se presume, até prova em contrário, a culpa do dono (CC, art. 936).[8]

7. ABUSO DE DIREITO

O novo Código Civil equiparou o uso abusivo de um direito ao ato ilícito, quer dizer, aquele que exercer de forma abusiva o seu direito, excedendo os li-

---

7. CC, Art. 935. A responsabilidade civil é independente da criminal, não se podendo questionar mais sobre a existência do fato, ou sobre quem seja o seu autor, quando estas questões se acharem decididas no juízo criminal.

8. CC, Art. 936. O dono, ou detentor, do animal ressarcirá o dano por este causado, se não provar culpa da vítima ou força maior.

LIÇÃO 20 • DOS ATOS ILÍCITOS | 231

mites impostos pelos fins sociais ou econômicos, pela boa-fé ou pelos costumes, estará cometendo ato ilícito e, portanto, sujeito a indenizar os prejuízos que seu ato tenha causado (ver CC, art. 187).

8. DANO, AGENTE OU RESPONSÁVEL E NEXO CAUSAL

Para que a vítima tenha o direito a indenização reconhecido em juízo deverá provar a existência de um dano; um agente causador ou o responsável pela atividade lesiva; e finalmente, o nexo de causalidade entre o dano e o agente ou responsável, vejamos.

a) **Dano indenizável:**

Dano é a agressão ou a violação de qualquer direito, material ou imaterial que, provocado com dolo ou culpa pelo agente (responsabilidade subjetiva) ou em razão da atividade desenvolvida (responsabilidade objetiva), cause a uma pessoa, independentemente de sua vontade, uma diminuição de valor de um bem juridicamente protegido, seja de valor pecuniário, valor moral ou até mesmo de valor afetivo. O dano é um dos elementos mais importante porque sem ele não há falar-se em indenizar. Pode haver responsabilidade sem culpa, mas **não pode haver responsabilidade civil sem dano**.

b) **Agente:**

A responsabilidade de indenizar poderá decorrer de conduta do próprio agente, como também poderá decorrer de ato praticado por terceiro, quando este terceiro aja em nome do agente ou esteja sob sua guarda, bem como poderá decorrer de danos causados por coisas animadas ou inanimadas que se lhes pertençam ou estejam sob sua guarda (ver CC, arts. 932, 936, 937 e 938). O agente também poderá ser responsabilizado em razão dos danos causado por atividade de risco que seja de sua propriedade ou pelos produtos ou serviços fornecidos ao mercado e, nesse caso, a responsabilidade é objetiva, isto é, independente de culpa (ver CC, art. 927, caput e 931).

c) **Nexo causal:**

É o liame que liga o dano ao causador (responsabilidade subjetiva) ou ao responsável pela atividade (responsabilidade objetiva). Pela sua importância, na responsabilização do dever indenizatório, deve ser o primeiro pressuposto sob o qual se deve debruçar aquele que pretenda interpor qualquer ação de responsabilidade civil. É através do nexo de causalidade que poderemos identificar quem foi o causador do dano (ou responsável pelo dano).

9. EXCLUDENTES DE RESPONSABILIDADE SUBJETIVA

Cabe aqui fazer uma breve abordagem das causas de exclusão de ilicitude, que se aplicam exclusivamente à responsabilidade subjetiva, que são: legítima defesa, exercício regular de um direito, estado de necessidade e estrito cumprimento do dever legal. Vejamos.

a) **Legítima defesa:**

Age em legítima defesa quem, de forma moderada, repele um mal grave e injusto, que tanto pode ser atual quanto iminente, que ofereça riscos à própria pessoa ou seus bens (ver CP, art. 25). Assim, o agente que age em legítima defesa, ainda que venha a causar dano a terceiro, estará eximido do dever de reparar o dano, porquanto a lei civil lhe assegura este direito (CC, art. 188, I).[9]

b) **Exercício regular de um direito:**

Também estará isento do dever indenizatório aquele que, agindo dentro dos limites do seu regular direito, cause danos a outrem, porquanto, ainda que possa ter provocado o dano, agiu dentro do que o ordenamento jurídico prescreve (ver CC, art. 188, I).

Exemplo: um lutador de boxe mesmo ferindo seu adversário em uma luta não pode ser responsabilizado civilmente pelas lesões por ventura causadas, pois terá praticado o dano no exercício regular de um direito.

c) **Estado de necessidade:**

O estado de necessidade está definido no Código Penal, que preceitua: "Considera-se em estado de necessidade quem pratica o fato para salvar de perigo atual, que não provocou por sua vontade, nem podia de outro modo evitar, direito próprio ou alheio, cujo sacrifício, nas circunstâncias, não era razoável exigir-se" (CP, art. 24).

Exemplo: o médico que, tendo recebido em seu consultório mulher grávida, estando a mesma em estado de perigo de vida em razão de problemas com a gestação, vem a praticar o abortamento (aborto necessário). Tal acontecimento encontrará justificativas no fato de que praticou tal ato para salvar alguém de perigo atual e, também, no fato de que não podia

---

9. CC, Art. 188. Não constituem atos ilícitos:

I – os praticados em legítima defesa ou no exercício regular de um direito reconhecido;

II – a deterioração ou destruição da coisa alheia, ou a lesão a pessoa, a fim de remover perigo iminente.

Parágrafo único. No caso do inciso II, o ato será legítimo somente quando as circunstâncias o tornarem absolutamente necessário, não excedendo os limites do indispensável para a remoção do perigo.

de outro modo evitá-lo. Assim, para preservar direito alheio (a vida da gestante), nas circunstâncias, não era razoável exigir-se outra conduta do médico, logo, ele agiu em estado de necessidade.

d) Estrito cumprimento do dever legal:

Estrito cumprimento do dever legal é o agir dentro dos limites delineados no próprio regramento jurídico.

Exemplo: o policial que, tendo o dever legal de agir na defesa e manutenção da segurança pública, faz uso de força intimidatória (não abusiva) para deter um suspeito em face de clamor popular. Poderá estar sendo sacrificado um bem juridicamente protegido constitucionalmente (direito à liberdade), para garantir a manutenção da ordem pública e a integridade física do suposto infrator.

10. EXCLUSÃO DO NEXO CAUSAL

Cumpre reforçar que a legítima defesa, o regular exercício de direito, o estado de necessidade e o estrito cumprimento do dever legal são excludentes de ilicitudes e somente se aplicam aos casos de responsabilidade subjetiva, isto é, aferida mediante a comprovação de culpa.

Existem também outras causas que isentam de indenizar o eventual agente que são aplicáveis tanto à responsabilidade subjetiva (culpa) quanto à objetiva (risco) que são as excludentes do nexo de causalidade que são: caso fortuito ou de força maior, culpa exclusiva da vítima ou fato de terceiro.

a) Caso fortuito ou de força maior:

O caso fortuito está diretamente relacionado com eventos alheios à vontade das partes, tais como: greves, motins, guerras, dentre outros. Já a força maior é fato que decorre de eventos naturais, como, por exemplo, raios, inundações e terremotos. De toda sorte, o Código Civil trata os dois institutos da mesma forma, não fazendo nenhuma distinção entre eles, ao preceituar: "O caso fortuito ou de força maior verifica-se no fato necessário, cujos efeitos não era possível evitar ou impedir" (art. 393, § único).

Para caracterização do caso fortuito ou de força maior é preciso que o evento possa ser classificado como inevitável e irresistível a qualquer esforço humano quando então, a sua ocorrência, fará cessar a responsabilidade de indenizar porquanto estes fatos excluem a culpabilidade do agente, visto que não se poderia atribuir a ele, nem dolo nem culpa.

Exemplos: um assalto no interior de um ônibus de transporte coletivo é algo imprevisível e inevitável (caso fortuito) assim como a excessiva chuva e vento que faz cair uma árvore danificando uma residência é algo também imprevisível e inevitável (força maior).

b) **Culpa exclusiva da vítima:**

A culpa exclusiva da vítima é um dos excludentes do dever de indenizar. Não poderia ser de outra forma. Se o agente em nada contribuiu para a ocorrência do evento, tendo sido tão somente o instrumento pelo qual o mal se materializou, não há falar-se que exista nexo entre o resultado lesivo e a ação praticada.

Exemplo: imagine que alguém trafega a noite por uma rodovia cuja velocidade limite é de 120 km e, de repente, se depara com um pedestre atravessando a estrada e, não conseguindo frear ou desviar seu veículo, vem a atropelar o transeunte. Numa situação como esta, não há falar-se em indenização tendo em vista que a culpa exclusiva pelo acidente foi da infeliz vítima.

c) **Fato de terceiro:**

Fato de terceiro é o evento em que, nem a vítima nem o agente, deram causa a sua incidência. Em muito se assemelha com o caso fortuito e a força maior, na exata medida de sua imprevisibilidade e inevitabilidade, que são os elementos a excluir o dever de indenizar, exatamente porque desfaz o nexo de causalidade entre a conduta do agente e o resultado lesivo.

Exemplo: se alguém viaja de trem de Caracas para São Paulo e uma pedra atirada quebra o vidro da janela do trem e fere esse passageiro, não há como responsabilizar a empresa de transporte porque o dano foi causado por fato de terceiro, completamente estranho ao contrato de transporte.

LIÇÃO 21
DA PRESCRIÇÃO

Sumário: 1. Conceito de prescrição – 2. Pretensões imprescritíveis – 3. Direitos imprescritíveis e as ações para obter indenização em face de sua violação – 4. Impedem a prescrição (não corre a prescrição) – 5. Interrompem a prescrição – 6. Suspende a prescrição – 7. Prescrição intercorrente – 8. Momento em que se pode alegar a prescrição – 9. Algumas observações importantes.

1. CONCEITO DE PRESCRIÇÃO

É a extinção da pretensão e, por via de consequência, do direito de ação, em razão do decurso de tempo, pelo fato de o titular do direito não a ter exercido nos prazos que a lei estabelece.

Atenção: este é o conceito de prescrição extintiva de direito, porque é importante lembrar que existe também a prescrição aquisitiva representada pela usucapião, que será estudada em direito das coisas.

Entendendo melhor: a partir do momento em que um direito pode ser exigido, caso ele não seja reconhecido espontaneamente pelo devedor, nasce para o seu titular a possibilidade do manejo da correspondente ação para fazer valer esse direito. Como regra geral, é a partir desse momento que começa a contar o prazo prescricional, que extinguirá o direito à pretensão, caso o autor não ingresse com a ação judicial nos prazos estabelecidos em lei (CC, art. 189).[1]

Vejamos um exemplo: o direito do segurado de receber da seguradora a indenização pelo acidente ocorrido com o seu veículo é de um ano (CC, art. 206, § 1º, I).[2] Se o segurado requereu extrajudicialmente a indeniza-

---

1. CC, Art. 189. Violado o direito, nasce para o titular a pretensão, a qual se extingue, pela prescrição, nos prazos a que aludem os arts. 205 e 206.
2. CC, Art. 206. Prescreve:

   § 1º Em um ano:

ção e a seguradora negou seu pedido, a partir desse momento ele pode exercitar a ação correspondente para receber os valores indenizatórios. Se deixar passar um ano, já não poderá mais ver reconhecido esse direito judicialmente, pois terá ocorrido a prescrição.

Conclusão: pode parecer "injusto" alguém perder um direito por não ter exercido a pretensão no prazo legal, mas é preciso lembrar que "o direito não socorre aos que dormem" (*dormientibus non succurrit jus*).

2. PRETENSÕES IMPRESCRITÍVEIS

Embora a prescrição seja a regra, por exceção temos que alguns direitos são imprescritíveis. Assim, não são atingidos pela prescrição:

a) **Direitos da personalidade:**

Tais como o direito à vida, à honra, à liberdade, à imagem, ao nome, enfim, todos os direitos ditos personalíssimos.

b) **Direitos quanto ao estado das pessoas:**

Tais como a filiação, cidadania, condição conjugal e a maioria dos direitos de família.

c) **Direitos cujo exercício é facultativo** (potestativo):

São aqueles que não decorrem de um direito violado, como, por exemplo, extinção de condomínio (CC, art. 1.320)[3] ou o direito de exigir do vizinho a participação na demarcação do terreno (CC, art. 1.297),[4] dentre outros.

d) **Bens públicos:**

Tendo em vista que os bens públicos, de qualquer natureza, são impres- critíveis, por conseguinte não podem ser adquiridos por usucapião (ver CF, art. 191, parágrafo único e CC, art. 102).

e) **Direitos de propriedade:**

Tendo em vista a perpetuidade do direito da propriedade, temos que a ação reivindicatória é imprescritível, porém pode ser a ela oponível a prescrição aquisitiva (usucapião).

(Omissis);

II – a pretensão do segurado contra o segurador, ou a deste contra aquele, contado o prazo:

3. CC, Art. 1.320. A todo tempo será lícito ao condômino exigir a divisão da coisa comum, respondendo o quinhão de cada um pela sua parte nas despesas da divisão.

4. CC, Art. 1.297. O proprietário tem direito a cercar, murar, valar ou tapar de qualquer modo o seu pré- dio, urbano ou rural, e pode constranger o seu confinante a proceder com ele à demarcação entre os dois prédios, a aviventar rumos apagados e a renovar marcos destruídos ou arruinados, repartindo-se proporcionalmente entre os interessados as respectivas despesas.

LIÇÃO 21 • DA PRESCRIÇÃO 237

f) Bens confiados à guarda de terceiros:

Os direitos de reaver os bens dados a guarda de outrem em depósito, penhor ou mandato também não prescrevem, tendo em vista que este tipo de posse não faz surgir o direito de usucapião.

g) Direito de anular a inscrição do nome empresarial:

Nos casos em que a inscrição tenha sido realizada em afronta à lei ou ao contrato (CC, art. 1.167).[5]

3. DIREITOS IMPRESCRITÍVEIS E AS AÇÕES PARA OBTER INDENIZAÇÃO EM FACE DE SUA VIOLAÇÃO

É importante esclarecer que, embora alguns direitos sejam imprescritíveis, as ações que visam obter alguma vantagem econômica em decorrência da violação desses direitos podem prescrever; vejamos:

a) Quanto aos direitos da personalidade:

Embora não prescrevam os direitos da personalidade propriamente ditos (vida, honra, imagem etc.), prescreve a ação visando obter alguma vantagem patrimonial decorrente da lesão a esses direitos, como, por exemplo, a ação de indenização por dano moral por exposição indevida na mídia, cuja prescrição é de três anos (CC, art. 206, § 3º, V).[6]

b) Quanto ao direito de estado:

Embora não prescreva a ação visando o reconhecimento da paternidade, por exemplo, prescreve em dez anos o direito de petição de herança para o herdeiro eventualmente reconhecido *a posteriori* obter sua parte na herança do genitor falecido (ver CC, art. 205 e Súmula STF 149).

c) Quanto aos alimentos:

O direito de propor ação pedindo a fixação de alimentos não prescreve, porém, a ação para cobrar alimentos já fixados e vencidos (execução) prescreve em dois anos (CC, art. 206, § 2º).[7]

---

5. CC, Art. 1.167. Cabe ao prejudicado, a qualquer tempo, ação para anular a inscrição do nome empresarial feita com violação da lei ou do contrato.
6. CC, Art. 206. Prescreve:
   (Omissis)
   § 3º Em três anos:
   (Omissis);
   V – a pretensão de reparação civil;
7. Art. 206. Prescreve:
   (Omissis)
   § 2º Em dois anos, a pretensão para haver prestações alimentares, a partir da data em que se vencerem.

4. IMPEDEM A PRESCRIÇÃO (NÃO CORRE A PRESCRIÇÃO)

Algumas causas impedem a fluência do prazo prescricional, quer dizer, impedem que a prescrição se inicie, e isso ocorre em razão de que determinadas pessoas, seja pela sua condição ou pela situação em que se encontrem, estariam, em tese, impedidas de agir; são elas:

a) **Entre os cônjuges na constância do casamento:**

Nesse caso, o motivo é a necessidade de manutenção da estabilidade do lar conjugal, tendo em vista que não se pode exigir de um dos cônjuges que mova a ação contra o outro sob pena de não o fazendo vir a perder o direito de ação. Assim, durante a constância do casamento, a prescrição não irá correr (CC, art. 197, I).[8]

b) **Entre ascendente e descendente, tutelado e curatelado:**

Não corre a prescrição enquanto durar o poder familiar (ver CC, art. 197, II), bem como entre tutelados ou curatelados e seus tutores e curadores enquanto durar a tutela ou curatela (ver CC, art. 197, III). Aqui os motivos são a afeição e os laços de amizade ou mesmo de confiança que poderiam ficar abalados se os envolvidos tivessem que mover a eventual ação por receio de perder o direito em face da prescrição.

c) **Contra os absolutamente incapazes** (ver CC, art. 3º.):

Aqui a norma protege aquelas pessoas que, pela própria circunstância da idade, não estão em condições de serem diligentes e não podem ser prejudicadas por eventual inércia de quem lhes representem (CC, art. 198, I).[9]

d) **Contra os ausentes do país:**

Nesse caso só se beneficiam as pessoas que estejam em serviço público da União, dos Estados ou dos Municípios (ver CC, art. 198, II).

e) **Serviço militar em tempo de guerra:**

Também não corre a prescrição contra aqueles que se acharem servindo as Forças Armadas em período de guerra (ver CC, art. 198, III).

---

8. CC, Art. 197. Não corre a prescrição:
   I – entre os cônjuges, na constância da sociedade conjugal;
   II – entre ascendentes e descendentes, durante o poder familiar;
   III – entre tutelados ou curatelados e seus tutores ou curadores, durante a tutela ou curatela
9. CC, Art. 198. Também não corre a prescrição:
   I – contra os incapazes de que trata o art. 3º;
   II – contra os ausentes do País em serviço público da União, dos Estados ou dos Municípios;
   III contra os que se acharem servindo nas Forças Armadas, em tempo de guerra.

LIÇÃO 21 • DA PRESCRIÇÃO **239**

f) Pendendo condição suspensiva:

Enquanto não ocorrer a condição, o direito não pode ser exigido, logo a prescrição somente começa a contar a partir da sua frustração (CC, art. 199, I).[10]

g) Não estando vencido o prazo:

Se não está vencido o prazo, por óbvio que o direito não é exigível, logo não se pode falar em prescrição (ver CC, art. 199, II).

h) Pendendo ação de evicção:

Se um terceiro propõe a ação de evicção, suspende-se a prescrição até pronunciamento final nessa ação (ver CC, art. 199, III).

i) Pendente ação penal:

Se a ação se originar em fato que deva ser apurado primeiro no juízo criminal, não correrá a prescrição no cível enquanto não houver sentença criminal definitiva (CC, art. 200).[11]

5. INTERROMPEM A PRESCRIÇÃO

Ocorre a interrupção da prescrição quando o prazo já havia começado a contar, e surge um fato novo, algo superveniente, que faz com que se suspenda o curso da mesma. Quer dizer, a prescrição já havia sido iniciada, correu até um determinado momento e depois algum ato foi praticado que a interrompeu.

Importante notar que **a interrupção só pode ocorrer uma única vez** e, tendo ela ocorrido, **os prazos voltam a ser contados por inteiro**, a partir do ato que deu causa à interrupção (CC, art. 202).[12]

---

10. CC, Art. 199. Não corre igualmente a prescrição:
    I – pendendo condição suspensiva;
    II – não estando vencido o prazo;
    III – pendendo ação de evicção.
11. CC, Art. 200. Quando a ação se originar de fato que deva ser apurado no juízo criminal, não correrá a prescrição antes da respectiva sentença definitiva.
12. CC, Art. 202. A interrupção da prescrição, que somente poderá ocorrer uma vez, dar-se-á:
    I – por despacho do juiz, mesmo incompetente, que ordenar a citação, se o interessado a promover no prazo e na forma da lei processual;
    II – por protesto, nas condições do inciso antecedente;
    III – por protesto cambial;
    IV – pela apresentação do título de crédito em juízo de inventário ou em concurso de credores;
    V – por qualquer ato judicial que constitua em mora o devedor;
    VI – por qualquer ato inequívoco, ainda que extrajudicial, que importe reconhecimento do direito pelo devedor.

Por exemplo: vamos supor que o prazo de prescrição de um título de crédito é de três anos e que depois de passados dois anos o credor resolve levar esse título a protesto. O ato de protestá-lo faz com que a prescrição seja interrompida, e agora o prazo será contado por inteiro a partir da data do dia seguinte ao protesto, isto é, será contado novamente como sendo de três anos, a partir da data do protesto, pouco importando os dois anos que já havia se passado.

Todas as causas de interrupção da prescrição demandam uma atuação ativa do credor, conforme veremos a seguir, que promoverá o ato tendente a impedir a fluidez do prazo; são elas:

a) **O despacho do juiz ordenando a citação:**

Se o autor promoveu a ação no prazo legal para o seu exercício, o ato determinando a citação interrompe a prescrição (ver CC, art. 202, I).

b) **O protesto judicial:**

Esse ocorre através de medida cautelar em ação proposta perante o Poder Judiciário (ver CC, art. 202, II).

c) **O protesto cambial:**

Esse é o protesto extrajudicial que se realiza mediante lavratura pelos cartórios de protesto (ver CC, art. 202, III).

d) **Habilitação do credor:**

Apresentação do título pelo credor em juízo de inventário ou em concurso de credores também interrompe a prescrição (ver CC, art. 202, IV).

e) **Propositura de ação pelo credor:**

Qualquer atitude do credor visando constituir judicialmente o devedor em mora também interromperá a prescrição (ver CC, art. 202, V). E, por fim:

f) **Ato do devedor admitindo a verdade a favor do credor:**

Se o devedor admite por qualquer que seja a forma, ainda que extrajudicial, a existência do direito do credor, esse também será um fato relevante para a interrupção da prescrição (ver CC, art. 202, VI).

Atenção: vale anotar que essa é a única hipótese que independe da manifestação do credor, pois o ato a ser praticado é pelo devedor.

Parágrafo único. A prescrição interrompida recomeça a correr da data do ato que a interrompeu, ou do último ato do processo para a interromper.

6. SUSPENDE A PRESCRIÇÃO

A suspensão da prescrição, diferentemente da interrupção, apenas suspende o prazo pelo tempo estabelecido e depois volta a correr pelo restante do tempo.

Se uma determinada causa surge após o prazo prescricional ter se iniciado, dá-se a suspensão que fará cessar temporariamente o andamento do prazo. Contudo, depois de superada a causa que deu motivo à suspensão, a prescrição volta a correr normalmente, descontando-se o tempo que já havia transcorrido anteriormente.

> **Entendendo melhor:** vamos imaginar que um prazo prescricional já havia começado a correr (passou-se um ano de um prazo de dois), quando surge uma causa de suspensão (que irá durar seis meses). O prazo ficará suspenso pelos seis meses e, depois de passados esses meses, voltará a ser contado pelo prazo restante de um ano, ou seja, pelo prazo que ainda faltava quando ocorreu a suspensão.

7. PRESCRIÇÃO INTERCORRENTE

Ocorre quando um processo fica parado, sem impulso do seu interessado, pelo lapso de tempo igual à prescrição do direito discutido nos autos (ver CC, art. 202, parágrafo único, parte final). Tem como finalidade o princípio da razoável duração do processo esculpido no art. 5º, LXXVIII, da Constituição Brasileira.

Quer dizer, embora o processo se desenvolva por impulso do juiz, em muitas situações é a parte que tem que provocar a jurisdição. Assim, se um processo ficar parado, sem que a parte o impulsione, pelo prazo da prescrição da pretensão, poderá a parte contrária requerer ao juiz que declare a prescrição intercorrente (ver CC, art. 206-A e CPC, art. 921).

É muito comum a ocorrência dessa figura jurídica nos processos do Fisco cobrando impostos; assim também nas ações trabalhistas e também no processo penal.

8. MOMENTO EM QUE SE PODE ALEGAR A PRESCRIÇÃO

A prescrição pode ser alegada pela parte que a aproveita **em qualquer fase do processo ou grau de jurisdição** (CC, art. 193),[13] bem como **pode ser causa**

---

13. CC, Art. 193. A prescrição pode ser alegada em qualquer grau de jurisdição, pela parte a quem aproveita.

de improcedência do pedido, a ser pronunciada *ex officio* pelo juiz (NCPC, art. 332, § 1º),[14] por isso não está sujeita à preclusão.

> **Explicitando melhor:** mesmo não tendo sido alegada pelo interessado num primeiro momento que lhe coube intervir no processo, isso não caracteriza renúncia tácita. Vamos supor que o réu não tenha alegado a prescrição na contestação; isto não significa dizer que tenha havido a preclusão, tendo em vista que poderá, em qualquer outro momento processual, vir a alegá-la.

> **Cabe um alerta:** se a prescrição não foi objeto de questionamento no tribunal de origem, explícita ou implicitamente, o Recurso Especial não será conhecido (Súmula n. 211 do STJ).

9. ALGUMAS OBSERVAÇÕES IMPORTANTES

Os prazos prescricionais não podem ser alterados pelas partes (CC, art. 192).[15]

A suspensão da prescrição decorre da lei, já a interrupção depende de ato praticado pelo credor do direito.

A prescrição também pode ser alegada por terceiro interessado (ver CC, art. 193, 2ª parte).

A interrupção da prescrição somente pode ocorrer uma única vez (ver CC, art. 202).

A renúncia à prescrição, que pode ser tácita (pelo não exercício) ou expressa (manifestação inequívoca, seja escrita ou verbal), só pode ser exercida depois de consumada a prescrição, não sendo válida se anterior ou no curso do prazo prescricional e, mesmo assim, desde que não prejudique direitos de terceiros (CC, art. 191).[16]

A prescrição iniciada contra uma pessoa continua a correr contra o seu sucessor (CC, art. 196).[17]

---

14. CPC, Art. 332. Omissis

    § 1º O juiz também poderá julgar liminarmente improcedente o pedido se verificar, desde logo, a ocorrência de decadência ou de prescrição.

15. CC, Art. 192. Os prazos de prescrição não podem ser alterados por acordo das partes.

16. CC, Art. 191. A renúncia da prescrição pode ser expressa ou tácita, e só valerá, sendo feita, sem prejuízo de terceiro, depois que a prescrição se consumar; tácita é a renúncia quando se presume de fatos do interessado, incompatíveis com a prescrição.

17. CC, Art. 196. A prescrição iniciada contra uma pessoa continua a correr contra o seu sucessor.

Os relativamente incapazes e as pessoas jurídicas têm ação contra seus assistentes ou representantes se estes derem causa à prescrição ou se não a alegaram oportunamente (CC, art. 195).[18]

Os prazos prescricionais que se iniciaram na vigência do Código Civil de 1916 e foram alterados pelo novo Código Civil contam-se pela forma estatuída no art. 2.028.[19]

---

18. CC, Art. 195. Os relativamente incapazes e as pessoas jurídicas têm ação contra os seus assistentes ou representantes legais, que derem causa à prescrição, ou não a alegarem oportunamente.

19. CC, Art. 2.028. Serão os da lei anterior os prazos, quando reduzidos por este Código, e se, na data de sua entrada em vigor, já houver transcorrido mais da metade do tempo estabelecido na lei revogada.

Lição 22
DECADÊNCIA

Sumário: 1. Conceito – 2. Alguns prazos decadenciais; 2.1 Negócio jurídico anulável; 2.2 Prazo subsidiário do negócio jurídico anulável; 2.3 Prazo para o exercício do direito a retrovenda – 3. Diferenças entre prescrição e decadência – 4. Questões comuns à prescrição e à decadência.

1. CONCEITO

Decadência é a extinção do próprio direito material, pela inércia do titular em exercitá-lo no prazo fixado em lei (decadência legal) ou no contrato (decadência convencional), e, por via de consequência, extinção de qualquer ação tendente a reconhecer aquele direito.

Diferentemente da prescrição, a decadência fulmina o próprio direito e, por via de extensão, a ação. Quer dizer, a diferença fundamental entre os dois institutos reside no fato do objeto: o objeto da prescrição é a ação, enquanto o objeto da decadência é o direito.

2. ALGUNS PRAZOS DECADENCIAIS

Somente à guisa de exemplo e para entender melhor como funciona o instituto da decadência, vejamos alguns prazos extintivos de direitos, previstos no nosso Código Civil:

2.1 NEGÓCIO JURÍDICO ANULÁVEL:

Quando se tratar de negócio jurídicos que tenham sido realizados com algum tipo de vício de consentimento, o prazo para o exercício do direito de ação é de 4 (quatro) anos. Importante esclarecer que, depois de passado o prazo decadencial, o negócio que era imperfeito antes, passa agora a vigorar como se nunca tivesse tido defeito nenhum (CC, art. 178).[1]

2.2 PRAZO SUBSIDIÁRIO DO NEGÓCIO JURÍDICO ANULÁVEL:

Quando a lei dispuser que determinado negócio jurídico é anulável, mas não fixar um prazo, esse prazo será de 2 (dois) anos (CC, art. 179),[2] vejamos 2 (dois) exemplos:

a) **Ato do representante:**

Veja-se que, conforme está estatuído no Código Civil, o negócio jurídico celebrado pelo representante consigo mesmo em prejuízo do representado é anulável, porém sem fixar prazo (CC, art. 117).[3] Assim, aplica-se a regra acima mencionada, que é de 2 (dois) anos.

b) **Venda de ascendente para descendente:**

A venda realizada por ascendente para seu descendente sem a anuência do seu cônjuge e dos demais descendentes é anulável (CC, art. 496).[4] Mais uma vez, o Código fala em ser anulável o negócio jurídico, mas não fixa prazo, logo temos que aplicar o prazo subsidiários de 2 (dois) anos.

2.3 PRAZO PARA O EXERCÍCIO DO DIREITO A RETROVENDA:

Nesse caso, no próprio artigo onde está disciplinada a matéria vem fixado o prazo decadencial que é de 3 (três) anos (CC, art. 505).[5] A lei permite que as partes fixem prazo inferior para o exercício desse direito. Se o contrato

---

1. CC, Art. 178. É de quatro anos o prazo de decadência para pleitear-se a anulação do negócio jurídico, contado:

   I – no caso de coação, do dia em que ela cessar;

   II – no de erro, dolo, fraude contra credores, estado de perigo ou lesão, do dia em que se realizou o negócio jurídico;

   III – no de atos de incapazes, do dia em que cessar a incapacidade.
2. CC, Art. 179. Quando a lei dispuser que determinado ato é anulável, sem estabelecer prazo para pleitear-se a anulação, será este de dois anos, a contar da data da conclusão do ato.
3. CC, Art. 117. Salvo se o permitir a lei ou o representado, é anulável o negócio jurídico que o representante, no seu interesse ou por conta de outrem, celebrar consigo mesmo.
4. CC, Art. 496. É anulável a venda de ascendente a descendente, salvo se os outros descendentes e o cônjuge do alienante expressamente houverem consentido.

   Parágrafo único. Em ambos os casos, dispensa-se o consentimento do cônjuge se o regime de bens for o da separação obrigatória.
5. CC, Art. 505. O vendedor de coisa imóvel pode reservar-se o direito de recobrá-la no prazo máximo de decadência de três anos, restituindo o preço recebido e reembolsando as despesas do comprador, inclusive as que, durante o período de resgate, se efetuaram com a sua autorização escrita, ou para a realização de benfeitorias necessárias.

não fizer previsão de prazo, a decadência será a legal de 3 (três) anos. Se, de outro lado, o contrato estabelecer prazo menor, diremos que a decadência é convencional.

3. DIFERENÇAS ENTRE PRESCRIÇÃO E DECADÊNCIA

Embora na prática a decadência e a prescrição tenham muito parecença, elas não se confundem; vejamos:

a) **Quanto aos prazos:**

De prescrição são somente os prazos regulados nos arts. 205 e 206 do Código Civil. Todos os outros demais prazos constantes do Código Civil são de decadência.

b) **Quanto aos direitos:**

A prescrição se aplica, via de regra, aos direitos patrimoniais, enquanto a decadência aos não patrimoniais (como direitos pessoais e de família, por exemplo).

c) **Quanto à suspensão e à interrupção:**

A prescrição se suspende e se interrompe (ver CC, arts. 197 a 204). A decadência não, por isso se pode afirmar que, como regra, os prazos decadenciais são fatais e peremptórios (CC, art. 207).[6]

d) **Quanto ao que extingue:**

A prescrição extingue a pretensão (ação), enquanto a decadência extingue o próprio direito.

e) **Quanto à fixação dos prazos:**

Os prazos prescricionais são somente aqueles fixados em lei, enquanto os decadenciais podem ser fixados em lei ou também pelas partes.

f) **Quanto à possibilidade de renúncia:**

A prescrição pode ser renunciada após a sua consumação (CC, art. 191), já a decadência legal não admite renúncia (CC, art. 209).[7]

---

6. CC, Art. 207. Salvo disposição legal em contrário, não se aplicam à decadência as normas que impedem, suspendem ou interrompem a prescrição.
7. CC, Art. 209. É nula a renúncia à decadência fixada em lei.

4. QUESTÕES COMUNS À PRESCRIÇÃO E À DECADÊNCIA

Tanto a prescrição quanto a decadência não podem ser alegadas pela primeira vez em recurso especial (STJ) ou em recurso extraordinário (STF), porque a admissibilidade destes recursos exige, como requisito indispensável, que a matéria tenha sido apreciada pelas instâncias ordinárias, através do chamado prequestionamento.

A decadência legal deve ser pronunciada de ofício pelo juiz (CC, art. 210).[8] Já a convencional deverá ser alegada pelo interessado, em qualquer grau de jurisdição (CC, art. 211).[9]

Já no tocante à prescrição, o juiz pode pronunciar *ex offício*, isto é, sem provocação de quem quer que seja (ver CPC, art. 332, § 1º).

---

8. CC, Art. 210. Deve o juiz, de ofício, conhecer da decadência, quando estabelecida por lei.
9. CC, Art. 211. Se a decadência for convencional, a parte a quem aproveita pode alegá-la em qualquer grau de jurisdição, mas o juiz não pode suprir a alegação.

Lição 23
DAS PROVAS DO NEGÓCIO JURÍDICO

Sumário: 1. Conceito de prova – 2. Necessidade das provas – 3. Alcance e importância das provas – 4. Meios de provas; 4.1 Provas diretas; 4.2 Provas indiretas; 4.3 Todos os meios realizadores de provas – 5. Ônus probatório – 6. Ônus probatório e o papel do juiz na coleta de provas – 7. Observações importantes sobre as provas.

---

1. CONCEITO DE PROVA

A prova no sentido geral é o meio pelo qual se busca convencer alguém no tocante a uma determinada verdade.

No que diz respeito à prova judiciária, podemos afirmar que **é o meio pelo qual as partes procuram demonstrar a certeza de um fato ou a veracidade de uma afirmação** com a finalidade de convencer o julgador da certeza do direito posto em apreciação.

"No direito processual, provar resume-se na realização de uma tarefa necessária e obrigatória, para constituir estado de convencimento no espírito do juiz, este na condição de órgão julgador, a respeito de um fato alegado e sua efetiva ocorrência, tal como foi descrito".[1]

2. NECESSIDADE DAS PROVAS

Toda pretensão formulada pelo autor em um processo judicial e resistida pelo réu se embasa em fatos que poderão, ou não, corresponder à verdade. Nestas circunstâncias, **quem alega ou nega determinado fato deverá provar a veracidade e existência do alegado**. Essa é a regra geral insculpida no Código de Processo Civil (art. 373).[2]

---

1. Aclibes Burgarelli. Tratado das provas cíveis. p. 53.
2. CPC, Art. 373. O ônus da prova incumbe:
   I – ao autor, quanto ao fato constitutivo de seu direito;

3. ALCANCE E IMPORTÂNCIA DAS PROVAS

Pode acontecer de ser carreado para o processo um grande número de elementos probante e, mesmo assim, não se atingir o objetivo maior, que é o convencimento do magistrado. Por isso é preciso ter em mente que as provas se subordinam a algumas condições, sob pena de não atingirem os fins colimados. Vejamos:

a) **Fatos do processo:**

Primeiramente, as provas devem se reportar a fatos pertinentes ao processo, isto é, relacionados com a causa, sob pena de serem declarados inúteis.

b) **Fatos relevantes:**

Os fatos devem também ser relevantes, ou seja, que possam influir de forma decisiva no julgamento da causa.

c) **Fatos controvertidos:**

Ademais, devem se reportar aos fatos controvertidos, porque, se os fatos já foram aceitos, expressa ou tacitamente, pela parte contrária, não haverá interesse processual em demonstrá-los.

4. MEIOS DE PROVAS

São os instrumentos pessoais e materiais trazidos ao processo para revelar ao juiz a verdade dos fatos. São todos aqueles moralmente legítimos, ainda que não especificados em lei, desde que hábeis a provar os elementos em que se fundam a ação do autor ou a defesa do réu (CPC, art. 369).[3]

II – ao réu, quanto à existência de fato impeditivo, modificativo ou extintivo do direito do autor.

§ 1º Nos casos previstos em lei ou diante de peculiaridades da causa relacionadas à impossibilidade ou à excessiva dificuldade de cumprir o encargo nos termos do caput ou à maior facilidade de obtenção da prova do fato contrário, poderá o juiz atribuir o ônus da prova de modo diverso, desde que o faça por decisão fundamentada, caso em que deverá dar à parte a oportunidade de se desincumbir do ônus que lhe foi atribuído.

§ 2º A decisão prevista no § 1º deste artigo não pode gerar situação em que a desincumbência do encargo pela parte seja impossível ou excessivamente difícil.

§ 3º A distribuição diversa do ônus da prova também pode ocorrer por convenção das partes, salvo quando:

I – recair sobre direito indisponível da parte;

II – tornar excessivamente difícil a uma parte o exercício do direito.

§ 4º A convenção de que trata o § 3º pode ser celebrada antes ou durante o processo.

3. CPC, Art. 369. As partes têm o direito de empregar todos os meios legais, bem como os moralmente legítimos, ainda que não especificados neste Código, para provar a verdade dos fatos em que se funda o pedido ou a defesa e influir eficazmente na convicção do juiz.

4.1 Provas diretas

As provas diretas são aquelas que fornecem ao magistrado, de forma objetiva, os elementos de convencimento da ocorrência e da existência do fato que se pretende provar. Nesse norte, e à guisa de exemplo, a testemunha descreve o que viu ou ouviu; o perito atesta em seu laudo as circunstâncias em que o ato se realizou e a extensão dos danos; o contrato prova a relação obrigacional entre credor e devedor; e a confissão torna os fatos incontroversos.

As provas diretas estão discriminadas no Código Civil (art. 212)[4] e melhor detalhadas no Código de Processo Civil (ver arts. 385 a 484), sendo elas: o depoimento pessoal e a confissão; os documentos; as testemunhas; e a perícia.

4.2 Provas indiretas

Para a formação do livre convencimento motivado do juiz, a prova de determinado fato não se faz apenas de maneira direta, mas também de forma indireta, através dos indícios e presunções, os quais, estando em perfeita harmonia com os demais elementos constantes dos autos, autorizam um juízo de mérito.

Presunções se formam a partir de um conjunto de fatos provados e relacionados entre si que, por dedução lógica, leva o aplicador da norma a concluir que os acontecimentos ocorreram de determinada maneira.

4.3 Todos os meios realizadores de provas

Os meios de prova (diretas ou indiretas) enumerados no Código Civil estão elencados no art. 212, e são os seguintes:[5]

a) **Confissão** (art. 212, I):

Advirta-se desde logo que, no âmbito do processo civil, **a confissão é a rainha das provas**, pois se o réu ou o autor confessou um fato favorável à outra parte, tornou aquele fato incontroverso, a não ser que tenha feita a confissão mediante erro de fato ou coação (CC, art. 214),[6] quer dizer,

---

4. CC, Art. 212. Salvo o negócio a que se impõe forma especial, o fato jurídico pode ser provado mediante:
   I – confissão;
   II – documento;
   III – testemunha;
   IV – presunção;
   V – perícia.
5. Para um melhor estudo sobre as provas, sugerimos uma leitura detalhada dos arts. 332 a 442 do Código de Processo Civil.
6. CC, Art. 214. A confissão é irrevogável, mas pode ser anulada se decorreu de erro de fato ou de coação.

mediante um vício da vontade. Pode ser **judicial**, quando confessada em audiência perante o juiz; ou **extrajudicial**, quando realizada por qualquer meio de forma particular; e, ainda de forma **presumida ou ficta**, como no caso da revelia, onde a ausência do réu faz presumir que os fatos são verdadeiros. A confissão é ato que só pode ser praticado por quem tenha titularidade sobre os direitos sobre o qual repousa a controvérsia (CC, art. 213).[7] Quando se tratar de direitos indisponíveis, a confissão é inválida (CPC, art. 392).[8]

A confissão pode ser obtida **espontaneamente** ou mesmo de maneira **forçada**, por depoimento pessoal da parte perante o juiz.

b) **Documento** (art. 212, II):

É qualquer forma mecânica de comprovação de fatos que possa ser levada aos autos do processo, podendo ser **público** quando produzido por funcionários investidos de funções públicas, como, por exemplo, a escritura lavrada pelos Cartórios de Notas; ou **particular**, quando produzido ou encontrado pelas próprias partes, tais como o contrato, o telegrama, a fotografia, o filme etc. Os documentos, de regra, devem ser apresentados no original, porém é admitida a cópia com a mesma força probante quando for extraída de processo judicial (CC, art. 216)[9] ou dos traslados extraídos por tabeliães ou oficiais de cartórios (CC, art. 217),[10] bem como a cópia xerográfica de documento autenticada por esses mesmos funcionários (CC, art. 223).[11] As reproduções fotográficas, cinematográficas, os registros fonográficos e, em geral, quaisquer outras

---

7. CC, Art. 213. Não tem eficácia a confissão se provém de quem não é capaz de dispor do direito a que se referem os fatos confessados.

   Parágrafo único. Se feita a confissão por um representante, somente é eficaz nos limites em que este pode vincular o representado.
8. CPC, Art. 392. Não vale como confissão a admissão, em juízo, de fatos relativos a direitos indisponíveis.

   § 1º A confissão será ineficaz se feita por quem não for capaz de dispor do direito a que se referem os fatos confessados.

   § 2º A confissão feita por um representante somente é eficaz nos limites em que este pode vincular o representado.
9. CC, Art. 216. Farão a mesma prova que os originais as certidões textuais de qualquer peça judicial, do protocolo das audiências, ou de outro qualquer livro a cargo do escrivão, sendo extraídas por ele, ou sob a sua vigilância, e por ele subscritas, assim como os traslados de autos, quando por outro escrivão consertados.
10. CC, Art. 217. Terão a mesma força probante os traslados e as certidões, extraídos por tabelião ou oficial de registro, de instrumentos ou documentos lançados em suas notas.
11. CC, Art. 223. A cópia fotográfica de documento, conferida por tabelião de notas, valerá como prova de declaração da vontade, mas, impugnada sua autenticidade, deverá ser exibido o original.

    Parágrafo único. A prova não supre a ausência do título de crédito, ou do original, nos casos em que a lei ou as circunstâncias condicionarem o exercício do direito à sua exibição.

reproduções mecânicas ou eletrônicas de fatos ou de coisas fazem prova plena destes, se a parte, contra quem forem exibidos, não lhes impugnar a exatidão (CC, art. 225).[12]

Atenção: quando tratar-se de documentos em língua estrangeira deverá ser traduzido para o português (CC, art. 224)[13] e, para sua validade, terá que ser realizada por tradutor juramentado, pois este goza de fé pública (LRP, art. 129, § 6).[14]

c) **Testemunha** (art. 212, III):

Podem ser de dois tipos: aquelas que prestam seu depoimento em juízo – chamadas **judiciárias**; e aquelas que assinam algum tipo de documento particular – chamadas **instrumentárias**. Quando se trata da prova a ser produzida em juízo, resulta no depoimento das pessoas que viram ou ouviram alguma coisa, ou que tomaram, de alguma forma, conhecimento dos fatos que estão sendo discutidos no processo.

d) **Presunção** (art. 212, IV):

As presunções se formam a partir de um conjunto de fatos provados e relacionados entre si que, por dedução lógica, pode levar o aplicador da norma a concluir que os acontecimentos ocorreram de determinada maneira. Por exemplo, sabemos que o credor só entrega ao devedor o título representativo da dívida quando houver o pagamento, logo se o título estiver em mãos do devedor, presume-se que ele pagou (CC, art. 324).[15] A maioria das presunções decorre da lei (*juris*) como a presunção de que os filhos nascidos na constância do casamento são do marido da gestante (CC, art. 1.597),[16] que é baseada no princípio *pater is est quem*

---

12. CC, Art. 225. As reproduções fotográficas, cinematográficas, os registros fonográficos e, em geral, quaisquer outras reproduções mecânicas ou eletrônicas de fatos ou de coisas fazem prova plena destes, se a parte, contra quem forem exibidos, não lhes impugnar a exatidão.
13. CC, Art. 224. Os documentos redigidos em língua estrangeira serão traduzidos para o português para ter efeitos legais no País.
14. LRP, Art. 129. Estão sujeitos a registro, no Registro de Títulos e Documentos, para surtir efeitos em relação a terceiros:
    (Omissis)
    6º todos os documentos de procedência estrangeira, acompanhados das respectivas traduções, para produzirem efeitos em repartições da União, dos Estados, do Distrito Federal, dos Territórios e dos Municípios ou em qualquer instância, juízo ou tribunal; (Lei nº 6.015/73).
15. CC, Art. 324. A entrega do título ao devedor firma a presunção do pagamento.
16. CC, Art. 1.597. Presumem-se concebidos na constância do casamento os filhos:
    I – nascidos cento e oitenta dias, pelo menos, depois de estabelecida a convivência conjugal;
    II – nascidos nos trezentos dias subsequentes à dissolução da sociedade conjugal, por morte, separação judicial, nulidade e anulação do casamento;
    III – havidos por fecundação artificial homóloga, mesmo que falecido o marido;

justae nuptiae demonstrant. Também são admitidas as presunções que decorrem da experiência comum (*hominis*), tais como a culpa de quem abalroa a traseira de outro veículo que lhe segue à frente. As presunções podem ainda ser **absolutas** (*júris et de jure*), quando não se admite prova em contrário, ou **relativas** (*juris tantum*), quando é possível desfazer a presunção através da contraprova.

e) **Perícia** (art. 212, V):

É a chamada prova técnica, na qual há necessidade de comprovação de fatos que exigem do realizador (perito) conhecimento técnico ou científico específicos, e poderá ser requerida pelas partes ou determinadas pelo juiz toda vez que os fatos a serem provados dependam de uma opinião abalizada sobre o corrido. Divide-se em **exame**, quando o perito vai analisar algum material ou pessoa e informar ao juiz suas conclusões daquilo que foi examinado (exame grafotécnico, hematológico, por exemplo); **vistoria**, quando o perito vai observar um determinado fato e registrar a sua ocorrência, normalmente voltada para os bens imóveis com o fim de verificar extensão de danos ou apurar o valor de benfeitorias realizadas; e **avaliação**, quando o *expert* apresentará seu laudo com base na análise de mercado com a finalidade de atribuir valor a um determinado bem, como, por exemplo, o valor de um imóvel nas desapropriações. Em alguns casos, a recusa em submeter-se à perícia pode induzir o juiz a considerar que o fato se encontra provado (CC, arts. 231 e 232).[17]

5. ÔNUS PROBATÓRIO

Prevalece na legislação brasileira a regra geral de que **o ônus da prova incumbe a quem alega** (seja autor, réu ou terceiros interessado), no que diz respeito ao fato constitutivo, impeditivo, modificativo ou mesmo extintivo de um direito (CPC, art. 373, já citado), em completa fidelidade com o princípio dispositivo pelo qual é das partes a iniciativa de movimentação da máquina judiciária.

IV – havidos, a qualquer tempo, quando se tratar de embriões excedentários, decorrentes de concepção artificial homóloga;

V – havidos por inseminação artificial heteróloga, desde que tenha prévia autorização do marido.

17. CC, Art. 231. Aquele que se nega a submeter-se a exame médico necessário não poderá aproveitar-se de sua recusa.

CC, Art. 232. A recusa à perícia médica ordenada pelo juiz poderá suprir a prova que se pretendia obter com o exame.

LIÇÃO 23 • DAS PROVAS DO NEGÓCIO JURÍDICO **255**

É importante deixar claro que **a lei não obriga as partes a fazer a prova**, mas lhes atribui o ônus de provar tudo quanto tenha sido alegado e, em caso de omissão, deverão arcar com as consequências da não realização das provas necessárias ao convencimento do julgador. Quer dizer, ninguém é obrigado a fazer prova de nada, mas depois não poderá reclamar se a decisão final não lhe foi favorável por falta de provas.

6. ÔNUS PROBATÓRIO E O PAPEL DO JUIZ NA COLETA DE PROVAS

Compete ao juiz determinar, de ofício ou a requerimento das partes, **as provas necessárias ao seu convencimento**, enquanto destinatário final das provas, assim como indeferir aquelas que repute manifestamente desnecessárias ou protelatórias (CPC, art. 370).[18]

A busca de uma solução justa para o processo exige que o magistrado deixe de lado a postura passiva e passe a atuar diretamente na produção da prova, tendo em vista a busca da verdade real, tudo com a finalidade de que o processo tenha como solução final uma decisão a mais justa possível.

O Código de Processo Civil prevê a hipótese de o juiz distribuir o ônus da prova de maneira diferente, nos casos previstos em lei ou diante de determinadas peculiaridades do caso sub *judice*. Para isso deverá fundamentar sua decisão e garantir prazo para a realização da prova. A isto a doutrina chama de **"teoria da carga probatória dinâmica"** (ver CPC, art. 373, § 1º).

7. OBSERVAÇÕES IMPORTANTES SOBRE AS PROVAS

Finalizando esta lição vamos aproveitar para chamar a atenção do estudante para alguns aspectos que são de fundamental importância no que diz respeito as provas.

Vale rememorar que, como regra, quem alega determinado fato deve ter condições de prová-lo, pois alegar e não provar é o mesmo que não ter alegado nada.

a) **Não podem ser testemunhas:**

Os menores de 16 anos; os interessados no litígio, o amigo ou inimigo capital da parte; e os cônjuges e parentes até o 3º grau de alguma das partes. Porém, em caráter excepcional, para a prova de fatos que só elas

---

18. CPC, Art. 370. Caberá ao juiz, de ofício ou a requerimento da parte, determinar as provas necessárias ao julgamento do mérito.

Parágrafo único. O juiz indeferirá, em decisão fundamentada, as diligências inúteis ou meramente protelatórias.

conheçam, pode o juiz admitir o depoimento das pessoas a que se refere este artigo (CC, art. 228).[19]

Atenção: a pessoa com deficiência poderá testemunhar em igualdade de condições com as demais pessoas, sendo-lhe assegurados todos os recursos de tecnologia assistida.

b) **Não podem ser obrigadas a depor:**

As pessoas que, por dever de profissão, devam guardar segredo (advogados, por exemplo); e a pessoa que possa expor a si própria ou seu cônjuge ou parentes a qualquer tipo de desonra, ou, ainda, que ofereça perigo às mesmas (CPC, art. 388).[20]

c) **Não são admitidas as provas ilícitas:**

No processo civil brasileiro o uso de prova ilícita é inadmissível por força de disposição constitucional (CF, art. 5º, LVI).[21] Esta previsão também está prevista no Código de Processo Civil, ainda que por vias inversas (art. 369).[22]

Por exemplo: a intercepção telefônica realizada sem autorização judicial é prova Ilícita; assim também a quebra de sigilo bancário; ou ainda a violação de correspondência, dentre tantas outras hipóteses.

---

19. CC, Art. 228. Não podem ser admitidos como testemunhas:

    I – os menores de dezesseis anos;

    II – (Revogado);

    III – (Revogado);

    IV – o interessado no litígio, o amigo íntimo ou o inimigo capital das partes;

    V – os cônjuges, os ascendentes, os descendentes e os colaterais, até o terceiro grau de alguma das partes, por consanguinidade, ou afinidade.

    § 1º Para a prova de fatos que só elas conheçam, pode o juiz admitir o depoimento das pessoas a que se refere este artigo.

    § 2º A pessoa com deficiência poderá testemunhar em igualdade de condições com as demais pessoas, sendo-lhe assegurados todos os recursos de tecnologia assistiva.

20. CPC, Art. 388. A parte não é obrigada a depor sobre fatos:

    I – criminosos ou torpes que lhe forem imputados;

    II – a cujo respeito, por estado ou profissão, deva guardar sigilo;

    III – acerca dos quais não possa responder sem desonra própria, de seu cônjuge, de seu companheiro ou de parente em grau sucessível;

    IV – que coloquem em perigo a vida do depoente ou das pessoas referidas no inciso III.

    Parágrafo único. Esta disposição não se aplica às ações de estado e de família.

21. CF, LVI – são inadmissíveis, no processo, as provas obtidas por meios ilícitos;

22. CPC, Art. 369. As partes têm o direito de empregar todos os meios legais, bem como os moralmente legítimos, ainda que não especificados neste Código, para provar a verdade dos fatos em que se funda o pedido ou a defesa e influir eficazmente na convicção do juiz.

LIÇÃO 23 • DAS PROVAS DO NEGÓCIO JURÍDICO **257**

d) O direito não se prova:

O juiz é um perito no direito, logo ninguém precisa fazer prova do direito. Contudo, devido ao nosso sistema jurídico complexo onde vigem, ao mesmo tempo, normas municipais, estaduais e federais, poderá o juiz determinar que a parte faça a prova da vigência de determinada lei municipal ou estadual, tendo em vista que não se pode exigir dele que conheça todas as legislações dos 27 estados brasileiros, nem muito menos dos mais de cinco mil municípios. Isso também se aplica ao direito estrangeiro e consuetudinário (CPC, art. 376).[23]

e) Nem todo fato precisa ser provado:

O Novo Código de Processo Civil diz não ser necessário provar os fatos notórios, aqueles de conhecimento de todos; os fatos afirmados por uma das partes e aceitos pela outra parte, pois não haverá controvérsia; e, finalmente, aqueles em que a lei ou mesmo a jurisprudência lhes atribui presunção de existência e veracidade (CPC, art. 374).[24]

f) Não se prova o fato negativo indeterminado:

No processo civil não se pode exigir das partes que provem os fatos negativos, quer dizer, fatos que não ocorreram. Por exemplo, não se pode exigir de alguém que prove nunca ter visitado o bairro do Jardim Robru (fato negativo indeterminado). Mas é possível provar o fato negativo determinado, como, por exemplo, não estive ontem à noite no Jardim Robru porque neste mesmo horário estava na festa de casamento do Jojolino em Carapicuíba (isso é possível provar).

g) Inversão do ônus da prova:

Embora a regra geral seja de que o ônus da prova incumbe a quem alega (ver CPC, art. 373 – já mencionado), existe a possibilidade de inversão do ônus da prova que pode ser por determinação legal (ver CDC, art. 12, III, § 3º),[25] convencional (CPC, art. 373, § 3º)[26] ou mesmo judicial (CDC, art. 6º, VIII).[27]

---

23. CPC, Art. 376. A parte, que alegar direito municipal, estadual, estrangeiro ou consuetudinário, provar-lhe-á o teor e a vigência, se assim o determinar o juiz.
24. CPC, Art. 374. Não dependem de prova os fatos:

    I – notórios;

    II – afirmados por uma parte e confessados pela parte contrária;

    III – admitidos, no processo, como incontroversos;

    IV – em cujo favor milita presunção legal de existência ou de veracidade.
25. CDC, Art. 12. (Omissis).

    § 3º O fabricante, o construtor, o produtor ou importador só não será responsabilizado quando provar:

Atenção: poderá ainda o juiz distribuir de forma diversa o ônus da prova em face de peculiaridades da causa e a impossibilidade de se obter a prova pela forma tradicional de distribuição do ônus. É aquilo que chamamos de carga probatória dinâmica (CPC, art. 373, § 1º).[28]

h) Não há hierarquia entre as provas:

Tendo em vista que a nossa lei instrumental adotou o princípio da persuasão racional, também chamado de livre convencimento motivado do juiz, será ele que irá valorar a prova frente ao caso concreto, não se podendo *a priori* dizer que esta prova será mais importante do que aquela.

I – que não colocou o produto no mercado;

II – que, embora haja colocado o produto no mercado, o defeito inexiste;

III – a culpa exclusiva do consumidor ou de terceiro.

26. CPC, Art. 373. (Omissis).

§ 3º. A distribuição diversa do ônus da prova também pode ocorrer por convenção das partes, salvo quando:

I – recair sobre direito indisponível da parte;

II – tornar excessivamente difícil a uma parte o exercício do direito.

27. CDC, Art. 6º São direitos básicos do consumidor: (Omissis).

VIII – a facilitação da defesa de seus direitos, inclusive com a inversão do ônus da prova, a seu favor, no processo civil, quando, a critério do juiz, for verossímil a alegação ou quando for ele hipossuficiente, segundo as regras ordinárias de experiências.

28. CPC, Art. 373. (Omissis).

§ 1º Nos casos previstos em lei ou diante de peculiaridades da causa relacionadas à impossibilidade ou à excessiva dificuldade de cumprir o encargo nos termos do caput ou à maior facilidade de obtenção da prova do fato contrário, poderá o juiz atribuir o ônus da prova de modo diverso, desde que o faça por decisão fundamentada, caso em que deverá dar à parte a oportunidade de se desincumbir do ônus que lhe foi atribuído.

BIBLIOGRAFIA CONSULTADA E RECOMENDADA

Para um aprofundamento de estudos sobre a TEORIA GERAL DO DIREITO CIVIL, recomendamos as seguintes obras e autores:

ARISTÓTELES. *Ética a Nicômacos.* (Tradução do grego para português, introdução e notas de Márioda Gama Kury). 3ª. ed. Brasília: UnB, 1999.

BITTAR, Carlos Alberto. *Os direitos da personalidade.* 5ª. ed. Rio de Janeiro: Forense Universitária, 2001.

BURGARELLI, Aclibes. *Tratado das provas cíveis.* São Paulo, Juarez de Oliveira, 2000.

CAHALI, Yussef Said. *Prescrição e decadência.* São Paulo: Revista dos Tribunais, 2008.

CENEVIVA, Walter. *Lei dos registros públicos comentada.* 14ª. ed. São Paulo: Saraiva, 2001.

CHAVES, Antonio. *Tratado de direito civil* – parte geral. 3ª. ed. São Paulo: Revista dos Tribunais, 1982.

CHINELATO E ALMEIDA, Silmara J. J. *Tutela civil do nascituro.* São Paulo: Saraiva, 2000.

COELHO, Fábio Ulhoa. *Curso de direito comercial.* 5ª. ed. São Paulo: Saraiva, 2002. v. 2.

COMPARATO, Fábio Konder. *A afirmação histórica dos direitos humanos.* 4ª. ed. São Paulo: Saraiva, 2005.

CUPIS, Adriano de. *Os direitos da personalidade.* (Tradução de Afonso Celso Furtado Rezende). Campinas: Romana Jurídica, 2004.

DINIZ, Maria Helena. *Curso de direito civil brasileiro* – teoria geral do direito civil. 28ª. ed. São Paulo: Saraiva, 2011. v. 1.

_____. *Lei de introdução ao Código Civil brasileiro interpretada,* 16ª. ed. São Paulo: Saraiva, 2011.

DONIZETTI, Elpídio; QUINTELLA, Felipe. *Curso didático de direito civil,* 6ª. ed. São Paulo: Gen-Atlas, 2017.

DUGUIT, Léon. *Fundamentos do direito.* (Tradução de Márcio Pugliesi). São Paulo: Martin Claret, 2009.

FERRAZ JUNIOR, Tércio Sampaio. *Introdução ao estudo do direito.* São Paulo: Atlas, 1988.

GAGLIANO, Pabol Stolze; PAMPLONA FILHO, Rodolfo. Novo curso de direito civil - parte geral, 13ª. ed. São Paulo: Saraiva, 2011.

GOMES, Orlando. *Introdução ao direito civil*, 14ª. ed. Rio de Janeiro: Forense, 1999.

GONÇALVES, Carlos Roberto. *Direito civil brasileiro* – parte geral. 11ª. ed. São Paulo: Saraiva, 2013. v. 1.

GUSMÃO, Paulo Dourado de. *Introdução ao estudo do direito*, 23ª. ed. Rio de Janeiro, Forense, 1998.

KELSEN, Hans. *Teoria pura do direito*. (Tradução de João Baptista Machado). 6ª. ed. São Paulo: Martins Fontes, 1998.

LOBO, Paulo. Direito Civil – parte geral. São Paulo: Saraiva, 2009.

MAXIMILIANO, Carlos. *Hermenêutica e aplicação do direito*, 10ª. ed. Rio de Janeiro: Forense, 1988.

MELO, Nehemias Domingos de. *Dano moral – problemática: do cabimento à fixação do quantum*. 2ª. ed. São Paulo: Atlas, 2011.

_____. *Da culpa e do risco como fundamentos da responsabilidade civil*. 2ª. ed. São Paulo: Atlas, 2012.

_____. *Responsabilidade civil por erro médico* – doutrina e jurisprudência. 4ª. ed. Leme: Mizuno (prelo).

_____. Lições de Processo Civil, 3ª. ed. Indaiatuba: Foco, 2022, v. 1, 2 e 3.

MENEZES CORDEIRO, Antonio Manuel da Rocha e. *Da boa fé no direito civil*. Coimbra: Almedina, 2011.

MONTEIRO, Washington de Barros. *Curso de direito civil* – parte geral. 41ª. ed. São Paulo: Saraiva, 2007. v. 1.

NADER, Paulo. *Curso de direito civil* – parte geral. 7ª. ed. Rio de Janeiro: Gen-Forense, 2010.

PEREIRA, Caio Mário da Silva. *Instituição de direito civil*. 21ª. ed. Rio de Janeiro: Forense, 2005. v. 1.

PIOVESAN, Flávia. *Direitos humanos e o direito constitucional internacional*. 3ª. ed. São Paulo: Max Limonard, 1997.

PONTES DE MIRANDA, Francisco Cavalcanti. *Tratado de direito privado*. Rio de Janeiro: Borsoi, 1954-1955. v. 1 a 7.

REALE, Miguel. *Teoria tridimensional do direito*. São Paulo: Saraiva, 1968.

_____. *Filosofia do direito*. 8ª. ed. São Paulo: Saraiva, 1978.

_____. *Lições preliminares de direito*. 16ª. ed. São Paulo: Saraiva, 1988.

RIZZATTO NUNES, Luiz Antonio. *Manual de filosofia do direito*. São Paulo: Saraiva, 2004.

RODRIGUES, Silvio. *Direito civil* – parte geral. 24ª. ed. São Paulo: Saraiva, 1994. v. 1.

SENISE LISBOA, Roberto. *Manual de direito civil* – teoria geral do direito civil. 5ª. ed. São Paulo: Saraiva, 2009. v. 1.

SERPA LOPES, Miguel Maria de. *Curso de direito civil*, 4ª. ed. Rio de Janeiro: Freitas Bastos, 1962, v. 1.

TARTUCE, Flávio. Manual de direito civil. 7ª. ed. São Paulo: Gen-Método, 2017.

VELOSO, Zeno. *Invalidade do negócio jurídico*. Belo Horizonte: Del Rey, 2002.

_____. *Teixeira de Freitas e Pontes de Miranda*. Belém: Unama, 2010.

VENOSA, Silvio de Salvo. *Direito civil* – parte geral. 12ª. ed. São Paulo: Atlas, 2013. v. 1.

Anotações

ANOTAÇÕES